U0518230

“十三五”国家重点出版物出版规划项目

转型时代的中国财经战略论丛

全球化视野下国家文化差异与对外直接投资关系研究

陈相森　著

中国财经出版传媒集团

经济科学出版社
Economic Science Press

图书在版编目（CIP）数据

全球化视野下国家文化差异与对外直接投资关系研究/
陈相森著．—北京：经济科学出版社，2020.4
（转型时代的中国财经战略论丛）
ISBN 978－7－5218－1438－5

Ⅰ.①全…　Ⅱ.①陈…　Ⅲ.①文化－影响－对外投资－直接投资－研究－中国　Ⅳ.①F832.6

中国版本图书馆 CIP 数据核字（2020）第 053272 号

责任编辑：郎　晶
责任校对：王肖楠
责任印制：李　鹏　范　艳

全球化视野下国家文化差异与对外直接投资关系研究
陈相森　著
经济科学出版社出版、发行　新华书店经销
社址：北京市海淀区阜成路甲 28 号　邮编：100142
总编部电话：010－88191217　发行部电话：010－88191522
网址：www.esp.com.cn
电子邮件：esp@esp.com.cn
天猫网店：经济科学出版社旗舰店
网址：http://jjkxcbs.tmall.com
北京季蜂印刷有限公司印装
710×1000　16 开　15.75 印张　240000 字
2020 年 8 月第 1 版　2020 年 8 月第 1 次印刷
ISBN 978－7－5218－1438－5　定价：62.00 元
（图书出现印装问题，本社负责调换。电话：010－88191510）

前　言

20世纪90年代以来，对外直接投资逐渐成为世界经济领域的重要现象。随着对外投资规模的不断扩大，伴随着投资过程的风险也日益凸显，其中文化差异风险是对外直接投资过程中时常面对的一个现实问题。由于文化背景差异，对外直接投资过程中的文化冲突或误解时有发生，因忽视文化差异导致直接投资失败的案例屡见不鲜。随着经济全球化的深入发展和世界市场的开放，文化因素对直接投资活动的影响越来越突出，越来越显性化。国内外学者也加强了对文化差异与直接投资关系的研究，特别是霍夫斯泰德（Hofstede，1980）的文化维度理论的提出开启了对文化差异进行实证研究的先河，取得了丰富的研究成果。

本书以国际直接投资快速发展的现实为背景，从跨文化的角度分析了文化差异对直接投资活动的影响。本书在理论分析的基础上，利用统计数据实证研究了文化差异对直接投资流量和进入模式选择的影响，并比较分析了中国对外直接投资现状以及文化差异对中国对外直接投资的影响。全书内容主要包括以下几个方面：

首先，从理论上分析了文化差异的表现形式以及文化差异对对外直接投资的影响，这是本书研究的重点内容之一。由于文化内容复杂多样，本书借鉴已有的研究成果，从理论上对文化内涵与构成进行了界定，将文化构成要素分为语言、教育、价值观、宗教信仰、风俗习惯、管理制度等多个方面。在此基础上，本书详细阐述了文化差异的表现形式，随后重点探讨了不同文化差异表现形式通过何种渠道影响对外直接投资行为。

其次，在理论分析的基础上，利用外商在中国的直接投资数据，借鉴霍夫斯泰德的文化维度理论，实证分析文化差异对直接投资流入和进入模式选择的影响。实证结果表明，文化差异显著影响外商对华直接投资流入和进入模式的选择，而且进一步分析发现文化差异与直接投资进入模式存在更复杂的U型曲线关系。

再次，针对当前中国对外直接投资进入快速发展的现实，分析文化差异对中国对外直接投资的影响。本书首先回顾了中国对外直接投资的发展历程及现状，探讨中国对外直接投资面临的文化差异风险，然后运用微观和宏观统计数据实证研究文化差异对中国直接投资区位选择及流量影响，结果表明文化差异显著影响到中国对外直接投资的区位选择及对外投资流量。

最后，在前述研究基础上，对本书研究结论进行系统总结，结合中国企业对外直接投资的现实，就海外中国企业如何协调文化差异、避免文化冲突风险提出建设性对策建议，以提升中国企业的市场竞争力。

目 录

第1章 绪　　论

1.1 选题背景与意义

1.1.1 研究背景

自20世纪90年代以来，随着经济全球化深入发展，金融资本市场改革的深化，全球对外直接投资（foreign direct investment，FDI）进入迅猛发展时期。联合国贸易与发展会议的《世界投资报告》显示：到2000年全球对外直接投资流入量达12700亿美元历史纪录，与1990年相比增长6倍多，年均增长19%，进入21世纪受“9·11”事件和国际金融危机的影响，全球对外直接投资经历了先下跌后逐渐回升的过程，2006年全球FDI流量重新回到“9·11”前的水平，当年全球对外直接投资流量为13060亿美元，2008年受国际金融危机的影响，对外直接投资流量出现下降，但随后进入波动上升时期，2015年全球FDI流量达到1.77万亿美元历史新高，同比增长33%。国际资本在全球范围内快速流动对推动各国经济增长、促进技术进步和提高国民福利方面发挥着越来越重要的作用，因此对外直接投资成为20世纪90年代以来世界经济领域最引人注目的现象。尽管FDI对世界经济的影响非同小可，但国际直接投资活动并非一帆风顺，跨国企业对外直接投资过程中经常面临着诸多意想不到的问题，其中文化差异（culture distance）是对外直接投资过程中无法回避的一个现实问题。因为跨国企业员工和管理层通常来自不同国家，员工间在语言、教育、价值观等方面都存在较大差异，由于文化背景差异，员工之间的文化冲突或误解时有发生，文化冲突和误解阻碍了企业的生产和经营活动顺利开展，甚至导致直接投资活动的失败。

在国际直接投资领域，因忽视文化差异导致对外直接投资失败的案例屡见不鲜。1992 年迪斯尼集团在法国巴黎开办迪斯尼乐园，乐园开办后经营状况并不理想，造成大面积亏损，到 1994 年巴黎迪斯尼亏损达 20 亿美元。造成迪斯尼亏损的原因是多方面的，其中欧美文化之间的差异是造成经营亏损的重要原因。早在开业前巴黎社会各界对迪斯尼进行过抵制，认为米老鼠、唐老鸭等卡通形象是一种“俗文化”，与法兰西历史悠久的高雅文化根本无法相提并论，甚至媒体认为迪斯尼根本不算是文化，只是一种商品而已。巨大的文化反差使得迪斯尼乐园难以对法国游客产生吸引力，最终的亏损自然也在情理之中。再如，对外直接投资的重要模式跨国并购，因其具有缩短投资周期、提高投资回报率、更容易获取东道国的专有资产和充分利用被并购企业的营销网络等优点成为国际企业普遍偏好（preference for M&A）的一种进入国际市场的模式。20 世纪 90 年代以来，全球跨国并购交易稳步上升，并逐渐超过绿地投资，成为跨国公司对外直接投资的主要方式。联合国贸易与发展会议的统计显示，2008 年发生的跨国并购交易约 8000 起，涉及交易金额 1.05 万亿美元。尽管全球跨国并购数量和金额稳步上升，但由于跨国企业的员工有不同的文化背景，他们的价值观、宗教信仰、工作习惯等方面存在很大的差异，企业内部员工之间、企业与合作伙伴之间、企业与客户之间经常发生摩擦和冲突，最终导致很多的并购案例以失败告终。1993 年库珀斯－来布兰（Cooper & Lybrand）公司对全球 100 家知名公司的首席执行官进行调查发现，大约有 54% 的企业并购以失败而告终，85% 的受访者将并购失败的原因归为管理风格和文化差异影响。美国学者戴维·A. 利克斯（David A. Ricks）曾表示，跨国公司大的失败，几乎都仅仅是因为忽略了文化差异——基本的或微妙的理解所招致的结果。而全球知名咨询公司麦肯锡的调查数据显示，过去 20 年全球并购成功案例仅为 50%，中国企业并购成功率为 33%，67% 并购以失败告终，其中文化差异是导致跨国并购失败的主要原因。国内学者郑海航（1999）在《中国企业兼并研究》一书中指出人际关系、公司文化冲突、管理等相关问题成为推动并购成败的关键因素。随着经济全球化的深入发展和世界市场的开放，文化因素对直接投资活动的影响将会越来越突出，越来越显性化。因此，加强文化差异与对外直接投资关系研究，积极应对文化差异风险，保证对外直接投资顺利实施是十分必要的（Granell，2000）。

对于中国企业来说，认识和理解文化差异的意义同样重大。进入21世纪以来，中国在深化国内市场开放的同时，鼓励中国企业走向国际市场，开展跨国经营，对外直接投资规模不断扩大。商务部公布的《2016年中国对外直接投资统计公报》显示，2016年我国对外直接投资流量达到1961.5亿美元的历史最高值，同比增长34.7%，投资额占当年全球对外直接投资流量的13.5%，净额排名位居全球第2位。截至2016年底，我国海外投资企业达2.54万家，分布在世界189个国家和地区，对外投资存量规模达13574亿美元，居全球第6位，对外直接投资取得了丰硕的成果和骄人的业绩。然而，随着国内企业海外投资规模的扩大，对外投资过程中由于投资双方文化差异带来的风险也逐渐显露出来，一些在海外从事直接投资的企业，因为忽视东道国文化环境和文化差异，给直接投资活动带来了意想不到的困难和损失。例如，2004年家电企业TCL公司收购法国汤姆逊的全球彩电业务，在国内曾一度引起轰动，李东生本人也荣获2004年度中国经济年度人物。然而就是这样一笔被大家看好的跨国并购业务也存在问题。后来的发展事实证明，TCL的并购并非如当初想象的那样顺利，并购后中法双方因价值观差异导致的文化冲突时有发生，甚至影响到双方间的沟通和融合。比如，在产品设计上法方技术人员秉承了法兰西文化谨慎、严谨、精益求精的作风，强调追求产品细节，而中方技术人员认为在平板电视快速发展的时代，效率更加重要。双方理念的差别，常常影响到公司新产品的推进速度，对公司的盈利能力带来负面冲击。再如，法国人非常强调生活品质，在法国人眼里，生活质量绝对是第一位的，生活质量优于事业成功。因此，当董事长李东生飞往法国，准备在周六召开董事局会议时，董事会的法方人员一个都未到场。因为在法国人的文化中工作就是工作，休息就是休息，不能因为工作影响到休息，而在中国人眼中加班加点是很正常的，甚至把加班加点看作劳动者工作积极的表现，这就是双方间文化上的差异。① 双方的文化差异导致在沟通过程中不断产生摩

① TCL遇并购综合症：面对国际化的诱惑与困惑［EB/OL］. 新浪网，http：//tech.sina.com.cn/it/2005-04-17/1448584973.shtml.

擦和冲突，严重影响到并购后双方的协调融合，为后来并购的失败埋下伏笔。此外，上海汽车收购韩国双龙汽车失败、[①] 2006 年中国有色集团在赞比亚的谦比希铜矿工人罢工，原因之一也是忽视了当地文化环境，没有充分重视文化差异引起的。[②] 文化差异带来的风险不仅影响到中国海外企业的正常生产经营和企业信誉，而且会对国家形象产生十分不利的影响。

显然，如何处理好对外直接投资过程中面临的文化差异风险，推动对外直接投资活动顺利进行，成为跨国企业急需解决的课题。本书以此为选题，试图系统分析国际直接投资过程中跨国经营企业面临的文化差异风险，研究文化差异的表现形式，探讨文化差异给对外直接投资活动带来的影响，提出在不同文化背景下对外直接投资遵循的原则和方法，这些对做好跨国投资的文化适应工作，保证对外直接投资活动顺利开展具有指导和借鉴意义。特别是对那些刚刚走出国门，走向国际市场，开展对外直接投资活动的中国企业来说，其意义不言自明。

1.1.2 研究意义

首先从理论上看，虽然国外已有一系列文献研究了文化差异对直接投资活动的影响，但大多数文献主要是针对文化差异与直接投资关系中某一问题、某一方面开展理论和实证研究工作的。我们查阅相关文献发现，还未曾有人全面系统地论述文化差异与直接投资的关系及其内在作用机理，大多数文献从实证的角度就某个具体问题考察文化差异对 FDI 的影响。与国外相比，国内关于文化差异与直接投资关系研究的文献相对较少，针对文化差异影响外商对华直接投资或中国对外直接投资的问题更是鲜有涉及。本书在吸收借鉴前人研究成果的基础上，从文化差异视角系统地探讨了国家间文化差异是如何影响到对外直接投资的，在理论分析的基础上，以中国为例，利用翔实的统计数据，定量考察文化差异对直接投资流入、区位分布及进入模式选择的影响。本书的研究结论

---

① 上汽高层首度开口，细解并购韩国双龙汽车得与失［EB/OL］. 搜狐网，https：//business. sohu. com/20060625/n243926488. shtml.

② 中色赞比亚罢工风波：如何处理海外劳资关系［EB/OL］. 中国有色网，https：//www. cnmn. com. cn/ShowNews1. aspx？id＝225066.

可以从理论上弥补完善现有文献成果，对后续相关研究工作起到借鉴和推动的作用。

从现实角度看，尽管当前世界经济发展充满不确定性，但国际直接投资出现金融危机后的缓慢复苏，直接投资规模呈现稳步上升的趋势。联合国贸发会议发布的2017年《世界投资报告》显示，2010年全球外国直接投资流量达到1.24万亿美元，较上年增长5%，2016年进一步增长至1.55万亿美元。2017年《世界投资报告》认为中国是世界上最具潜力的FDI来源国。从中国实际现状看，无论是利用外商直接投资还是中国对外直接投资的快速发展都成为事实。首先，按照邓宁的对外直接投资发展阶段理论，当一国人均国内生产总值达到2000～4750美元时，该国利用外资和对外直接投资发展将进入关键时期，当人均国内生产总值超过5000美元时，该国对外直接投资超过利用外资将成为资本的净输出国。2006年中国人均国内生产总值超过2000美元，达到2022美元，2010年中国人均国内生产总值达到4000美元，2015年则超过8000美元，由此可以判断中国完全具备较大规模对外直接投资和利用外资的能力。其次，扩大对外直接投资也是我国推动高水平对外开放的重要措施，特别是在“一带一路”倡议下，中国对外直接投资将进入新的发展阶段。随着投资规模和投资区域的扩大，对外直接投资过程中的文化差异和文化冲突可能相伴而来。对于跨国经营经验并不丰富的中国企业来说，需要一套有效理论系统探讨国际直接投资中的文化差异和风险，探讨化解文化冲突风险的对策，推动对外直接投资活动的顺利开展。因此，结合中国对外直接投资实践，探讨文化差异给对外直接投资活动带来的影响并提出可行性的对策建议，实践上指导和启发中国海外投资企业活动，具有深远意义。

1.2 研究内容与方法

1.2.1 研究内容

本书主要围绕文化构成要素、文化差异与对外直接投资的关系这一核心问题展开讨论。全书包括6章，各章内容如下：

第1章为绪论部分，主要介绍了研究项目的选题背景和研究意义，并就研究方法、本书结构和主要的创新之处做了简单说明。

第2章首先介绍了跨文化管理的相关理论及主要内容，然后针对文化差异与对外直接投资关系的研究文献进行梳理。现有文献研究主要集中于三个方面：一是文化差异对直接投资区位选择的影响；二是文化差异对直接投资进入模式选择的影响；三是文化差异对直接投资绩效的影响。本章在对上述研究文献进行分类介绍的基础上，对已有文献进行了简单的总结评述。

第3章从理论上探讨了文化差异影响对外直接投资的微观机理，这也是本书所研究的重点内容之一。首先探讨了作为社会现象的文化含义及其在社会经济生活中的作用，然后分析了全球化背景下文化差异的外在表现形式。文化差异的表现形式主要体现为语言差异、教育差异、价值观差异、宗教信仰差异、风俗习惯以及管理制度等方面的差异，文化差异的这些微观形态以不同方式影响着国际直接投资活动。接下来本章重点分析不同的文化差异形式是如何影响对外直接投资活动的以及是通过何种渠道影响对外直接投资的。

第4章在前述理论分析的基础上，借鉴霍夫斯泰德的文化维度理论，以外商对华直接投资为例，从实证的角度考察了文化差异对国际直接投资活动的影响。本章分别从文化维度和文化差异角度研究文化是否显著影响对外直接投资活动。研究表明文化差异对FDI流入以及进入模式具有显著影响。另外，本章通过实证分析进一步探讨了文化差异与进入模式之间的关系，发现文化差异与进入模式可能存在一种非线性的U型关系。

第5章结合中国企业对外直接投资实践，分析了中国对外直接投资企业面临的文化差异，并从实证角度分析文化差异对中国对外直接投资流量及区位选择的影响，结果表明文化差异显著影响中国对外投资流量与区位选择。

第6章为基本结论与对策建议。首先，本章系统总结分析了前文的理论分析和经验分析的结论与观点。然后，本章从研究结论出发，以中国企业对外直接投资为例，就跨国企业在对外直接投资过程中如何协调文化差异、应对文化冲突提出相关对策建议。

1.2.2 研究方法

本书主要采用理论研究、实证研究、结合案例进行比较分析以及跨学科交叉结合的研究方法，在对已有文献分析评述的基础上，对文化差异影响对外直接投资机理进行了理论探讨，循序渐进、逐步展开相关研究工作。

1. 理论研究与实证分析结合

理论研究是本书采用的重要研究方法之一。本书主要综合运用归纳与演绎、分析和综合等各种方法从理论上系统分析文化差异影响对外直接投资的微观机理。实证分析是目前广泛应用的经验研究方法，本书借鉴前人的研究成果，运用定量方法分别考察文化维度及其差异对直接投资产生的影响。本书通过理论与经验分析相结合，较全面地考察了文化差异对直接投资活动的重要影响。

2. 比较研究分析

比较分析法又称对比分析法，其优点是按照一定的标准把研究对象在不同情况下加以比较，辨别其异同，以认识事物的本质和规律并做出正确的评价。项目研究中大量运用比较分析法，比如对语言、教育水平、宗教信仰、价值观等文化差异的考察，主要通过对比分析发现其中的差异之处。本书运用比较研究分析文化因素对不同进入模式选择偏好的影响。

3. 学科交叉研究方法

由于文化差异既是一个理论问题又是一个客观现实问题，对其的研究涉及内容广泛，包括国际直接投资理论、跨文化管理理论、跨国经营理论、管理学理论、社会学等多种学科交叉融合，因此在本书的研究过程中，我们注意吸收利用这些学科理论成果、研究方法，并将其应用于综合分析文化差异问题。

1.3 创新之处

本书以文化差异为切入点，系统地分析了文化差异影响对外直接投资的内在机理，并以理论分析为基础进行定量的实证检验，最后结合中国对外直接投资实践，分析文化差异给中国对外直接投资带来的影响，并提出相应的对策建议。本书的主要创新之处包括三个方面：

1.3.1 研究视角的创新

文化作为复杂的社会现象，无处不在，无时不在，影响到社会生活的方方面面。对外直接投资过程中面临多种文化交融与冲突，其自然不可避免地对直接投资产生重要影响，因忽视文化差异导致投资失败的案例不胜枚举。但文化本身具有复杂性和抽象性的特征，令人难以捉摸，所以对文化的研究充满了不确定性。因此，充分认识文化差异给直接投资活动带来的影响，成为国际企业急需解决的问题。但现有文献未曾全面系统地分析文化差异对直接投资活动的影响，从事国际直接投资的企业无法全面把握文化差异风险及其影响。本书从文化视角入手，系统地分析了文化与对外直接投资的关系，并从理论和实证的角度探求文化差异对直接投资活动的影响，无疑具有较强的实用价值。

1.3.2 研究内容创新

本书在先前研究的基础上，通过整合跨文化理论与国际直接投资理论，较全面系统地分析了文化差异影响对外直接投资的机理，即从语言、教育、价值观、宗教信仰和社会习俗等方面较全面地解释了文化差异影响对外直接投资的内在机理。实证研究方面，考虑到数据的可得性等原因，我们以外商对华直接投资为例，通过引入文化差异变量，利用霍夫斯泰德的文化维度得分，构建了文化差异复合指数，实证分析文化差异对直接投资流入以及进入模式选择的影响。我们同时还分别从东道国和投资母国的角度考察文化维度对 FDI 的影响。

1.3.3 针对文化因素影响中国对外直接投资的研究

随着中国对外直接投资的快速发展，众多文献探讨了中国对外直接投资动因、风险以及管理体制等问题，但是从文化差异的角度系统研究中国对外直接投资的文献较少。在理论分析与经验研究的基础上，本书从文化差异的角度阐述了中国企业对外直接投资过程中面临的文化差异风险及其产生根源，阐述了文化差异给中国对外直接投资带来的影响，并从实证角度检验了文化差异对中国对外直接投资流量及区位选择带来的影响。通过对文化差异影响中国对外直接投资的理论与经验分析，理论上可弥补国内文化差异与中国对外直接投资关系研究不足，实践上可为中国从事对外直接投资的企业如何认识中西文化差异、规避文化差异风险提供借鉴和思考。

第2章 文化差异相关理论与文献综述

在对外直接投资领域，民族文化不可避免地影响到直接投资活动的各方面。世界上不同民族在语言、教育、宗教信仰、价值观等方面的种种差异，使得人们对同一问题的认识也不完全一致。由于文化差异的客观存在，许多学者对文化差异问题进行过深入研究，以帮助人们理解特定群体的行为特征，避免用本民族的文化去理解其他民族的文化，加强文化差异研究具有特别重要的意义。

2.1 跨文化维度理论

2.1.1 霍夫斯泰德文化维度理论

当前在跨文化管理理论研究中，影响力最大、应用最广泛的首推荷兰管理学家霍夫斯泰德（Hofstede）提出的文化维度理论。从20世纪60年代开始，霍夫斯泰德专注于文化差异对跨文化管理的影响研究，其团队通过对国际商业机器公司（IBM）在全球40多个国家或地区的11.6万名员工进行访谈调查和分析，调查人们对管理方式和工作环境的认知和偏好，并归纳了四个识别民族文化的维度：个人主义与集体主义；权力距离；不确定性回避；男性化与女性化。20世纪80年代后，霍夫斯泰德重复了10年前的研究工作，这次研究除了进一步证实先前四个文化维度的存在外，还发现了一个新维度——长期取向和短期取向。虽然第五个维度对我们理解文化差异也非常重要，但是众多文献对前四个文化维度给予的关注最多，因此也是我们主要关注的。

1. 个人主义与集体主义（individualism & collectivism）

个人主义是指人们对自己和家庭成员的关心倾向，并且强调依靠个人的拼搏来为自己或家庭成员谋求利益。集体主义强调人们从属于某一集体或组织，成员间相互关心、相互忠诚的倾向。个人主义和集体主义差别反映了不同的社会文化对个人或集体态度的认知差异。在集体主义盛行的国家里，人们高度忠诚于自己所属集体，个人在关注自身利益的同时要关注他人利益，成员对组织具有精神上的义务和忠诚；而在推崇个人主义的社会中，个人只顾及自身的利益而对他人利益无须过多关注，个人仅对自己负责，每个人拥有自由选择行动的权利。但是在个人主义盛行的国度里，人们通常极为重视个人的独创性精神和成就，社会鼓励个人独立自主决策而不是依赖集体。相反，个人主义较弱而集体主义倾向较高的国家更加强调集体决策的作用，强调个人是集体中的一员，个人只有通过集体组织的力量，才能获得成功。霍夫斯泰德研究发现，经济越发达的国家个人主义倾向越明显，而贫穷落后的发展中国家集体主义倾向相对明显。霍夫斯泰德通过个人主义指数（individualism index）来衡量一个社会的个人主义—集体主义倾向。这一指数的数值越大，说明该社会的个人主义倾向越明显；反之数值越小，则说明该社会的集体主义倾向越明显。表2－1是部分国家个人主义指数的得分与排名情况。

表2－1　部分国家或地区个人主义指数

国别	得分	排名	结论
美国	91	1	很强的个人主义倾向
英国	89	3	很强的个人主义倾向
法国	71	10/11	较强的个人主义倾向
德国	67	15	较强的个人主义倾向
日本	46	22/23	较强的集体主义倾向
危地马拉	6	53	很强的集体主义倾向

资料来源：G. Hofstede. Culture and Organizations: Software of the Mind [M]. London: McGraw－Hill, 1991.

2. 权力距离（power distance）

所谓权力距离是指组织或机构中的权力较少的成员接受权力不平等分配的程度。霍夫斯泰德的研究表明，各民族文化对权力距离的大小认知有很大区别。表2－2是霍夫斯泰德给出的部分国家或地区的权力距离指数。

表2－2　　部分国家或地区权力距离指数

国家或地区	得分	排名	结论
马来西亚	104	1	很强的权力距离倾向
巴拿马	95	2/3	很强的权力距离倾向
菲律宾	94	4	很强的权力距离倾向
阿拉伯国家	80	7	较强的权力距离倾向
巴西	69	14	较强的权利距离倾向
哥伦比亚	67	17	较强的权力距离倾向
秘鲁	64	21/23	较强的权力距离倾向
澳大利亚	36	41	很弱的权力距离倾向
挪威	31	47/48	很弱的权力距离倾向

资料来源：G. Hofstede. Culture and Organizations：Software of the Mind ［M］. London：McGraw－Hill，1991.

从表2－2我们可以看出，多数亚洲国家如马来西亚、菲律宾以及部分拉美国家是高权力距离国家，而澳大利亚、北美及多数欧洲国家权力距离较低，说明这些国家对权力差距的接受程度较低。在组织管理中权力距离高低常常与集权程度和决策方式联系在一起。在一个高权力距离国家，组织管理范式通常采用集权式的，金字塔式层级组织结构是其最倾向选择的模式，下层组织常依赖其上层组织领导人，管理者一般倾向采取集权化决策方式，上层组织做出决策后，下层组织需接受决策并遵照执行。而在低权力距离的国家，组织架构通常是分权式的，组织结构更倾向于扁平化，管理层与下属之间只存在一个较低程度的权力差距，下属可以广泛参与影响管理层工作行为的决策。

3. 不确定性回避（uncertainty avoidance）

所谓不确定性回避是指人们对不确定性持有的态度，即人们在多大程度上倾向于通过建立制度和规则以减少和回避不确定性的影响。霍夫斯泰德指出人类抵抗未来不确定性的途径主要有科技、法律和宗教三类。对于来自自然界的不确定性风险，人类选择用科学技术来抵抗；对于来自其他社会成员或组织的不确定性风险，人类选择法律来抵抗；而宗教则被人类用来化解无法抵抗的死亡和来世的不确定性风险。霍夫斯泰德的调查表明，不同民族对不确定性回避的态度存在很大差异。有些民族把生活中遭遇的风险、挫折等不确定性视为大敌，想方设法加以避免；而有些民族把风险、挫折视为常态，采取顺其自然的态度，表现出较高的风险承受能力。为了衡量和评价对不确定性认知的差异，霍夫斯泰德提出了用不确定性回避指数衡量这种倾向。表2－3中给出部分国家的不确定性回避指数得分。

表2－3 部分国家或地区的不确定性回避指数

国别	得分	排名	结论
希腊	112	1	很强的不确定性回避倾向
危地马拉	101	3	很强的不确定性回避倾向
日本	92	7	很强的不确定性回避倾向
意大利	75	23	较强的不确定性回避倾向
德国	65	29	较弱的不确定性回避倾向
伊朗	59	31/32	较弱的不确定性回避倾向
英国	35	47/48	很低的不确定性回避倾向
新加坡	8	53	很低的不确定性回避倾向

资料来源：G. Hofstede. Culture and Organizations：Software of the Mind［M］. London：McGraw－Hill，1991.

那些鼓励社会成员战胜不确定性，努力开辟未来的社会文化，可被视为不确定性回避较强的文化；反之，那些教育其成员接受风险，学会忍耐，接受不同行为的社会文化，可被视为不确定性回避较弱的文化。在不确定性回避较强的国家或地区，人们有较高程度的安全需求，面对各种不确定性风险，人们的焦虑感和压力感更强，对专业知识和专家评定更加依赖；而不确定性回避较弱的国家或地区，人们敢于冒风险，对未来充满自信。因此，在一个高不确定性回避的国家或地区，人们倾向于建立规范的组织机构，倾向于建立更多的工作条例、流程以应付不确定性；在一个低不确定性回避的国家或地区，人们更容易接受不满和分歧，组织控制程度较低，工作中有更多的发挥独创性的机会。纵观人类社会，世界上不同民族的不确定性回避的程度是不一样的。乌拉圭、希腊、日本和韩国等国家属于不确定性回避程度较高的国家，而新加坡、瑞典、英国等国家不确定性回避的程度较低。

4. 男性化与女性化（masculinity & femininity）

男性化（masculinity）是指“追求成功、金钱与物质”这种价值观在社会中占主导地位的程度。与之相应的女性化（femininity）是指“关心他人和注重生活质量”这种价值观在社会中占主导地位的程度。在高度男性化的国家，人们成功的重要标志是其财富拥有量的多少，对生活的看法则是“活着是为了工作”，因此人们以追求个人高收入、高社会地位为目标，社会鼓励个人自主决策，但生活节奏紧张，工作压力大。而在高度女性化的国家，一个人成功的标志不是财富的多少而是和谐的人际关系和高质量的生活品质，对生活的看法则是“工作是为了生活”。因此，人们更注重良好的工作环境和就业保障，社会鼓励集体决策而非个人决策，工作压力小。霍夫斯泰德的研究发现，高度男性化的国家包括日本、奥地利、委内瑞拉，高度女性化的国家包括挪威、瑞典、荷兰。男性化——女性化的倾向用男性化指数（masculinity dimension index）来衡量，这一指数的数值越大，说明该社会的男性化倾向越明显，男性气质越突出；反之，数值越小，说明该社会的男性化倾向越不明显，而女性气质突出。表 2 - 4 给出了一些国家的男性化指数得分。

表 2 - 4　　部分国家或地区男性度指数

国别	得分	排名	结论
日本	95	1	很强的男性化倾向
英国	66	3	较强的男性化倾向

续表

国别	得分	排名	结论
德国	66	10/11	较强的男性化倾向
美国	62	15	中上的男性化倾向
法国	43	43	中等的男性化倾向
韩国	39	44	中等的男性化倾向
瑞典	5	53	很弱的男性化倾向

资料来源：G. Hofstede. Culture and Organizations：Software of the Mind［M］. London：McGraw－Hill，1991.

霍夫斯泰德的四维文化维度理论在充分考虑了组织权力、社会环境以及社会对女性的重视程度等因素后，从社会角度来分析文化对组织的影响。其通过个人与集体主义维度来分析评判个人和组织间的关系，通过权力距离这个维度判断权力在社会和组织中不平等分配的程度，通过不确定性回避来分析社会对未来的持有态度，通过男性化、女性化评判一个社会里占主导地位的价值观。霍夫斯泰德的研究工作在跨文化管理研究领域做出了开创性的贡献，对后来学者从事跨文化管理的研究产生了非常深远的影响，他指出文化四个方面的特征在很大程度上影响着社会的整体文化，进而影响着人们的行为方式与组织模式，对指导跨国企业的国际直接投资活动至今仍发挥着相当大的作用。①

2.1.2 六价值取向理论

六价值取向理论是美国人类学家克拉克洪与斯乔贝克（Kluckhohn and Strodtbeck）于1961年提出的。1961年克拉克洪与斯乔贝克出版了《价值取向的变奏》一书，提出人类共同面对六大问题，这六大问题分别是：（1）对人性的看法；（2）人们对自身与外部自然环境关系的看法；（3）人们对自身与他人之关系的看法；（4）人的活动导向；（5）人的空间观念；（6）人的时间观念。克拉克洪与斯乔贝克认为不同文化中的人们对这六大问题的态度、价值取向和解决对策都不尽

① 张海东．国际商务管理［M］．上海：上海财经大学出版社，2005：109.

相同。这些不同体现了不同社会群体的文化特征，从而可以描绘出各个文化群体的文化轮廓图，将不同的文化区分开来。表 2－5 概括了克拉克洪和斯乔贝克提出的六种文化维度以及每一种维度可能的变化情况。

表 2－5　　克拉克洪和斯乔贝克价值维度变化

价值维度	变化		
人的本质	善	恶	混合
与环境关系	控制	屈从	和谐
与他人关系	个人主义的	等级的	群体的
活动取向	存在	做	控制
空间观念	隐私的	公开的	混合的
时间观念	过去	未来	现在

资料来源：作者根据相关资料整理而得。

1. 对人性的看法

对人性的看法是指文化对人的认识，即文化把人视为善的、恶的，还是两者的混合物。克拉克洪与斯乔贝克研究发现不同文化对人性的看法有很大差异。在多数文化里，人们认为人类本质上都是诚实和可信的，然而基督教的原罪说却认为人类在本性上是恶，人原本就是罪人，只有通过一定的宗教信仰和行为，人的罪行才能被宽恕和谅解，而北美对人类本性的看法倾向于二者之间。比如，美国文化对人性的看法比较复杂，认为人生来并非善良或险恶，而是可善可恶，是善恶混合体，同时认为人性的善恶有可能在出生以后发生变化。这种对人本质的看法会影响到企业管理者的领导风格。如果一个社会文化所关注的是人的邪恶一面，则会采取专制的领导风格来规范人的行为，避免人的恶性；而在持信任文化价值观的社会中，采取的是以自由放任为主流的领导风格；在混合型文化中，领导风格可能会重视参与，但同时拥有严格的管控手段以迅速识别违规行为。①

① 王朝晖．跨文化管理［M］．北京：北京大学出版社，2009：74.

2. 对自身与外部自然环境关系的看法

这个问题关注人类与环境的关系，即人类是屈从于环境，还是与环境保持良好和谐关系，抑或能够控制环境。不同文化对这问题的认识存在差异，有的文化认为人类是可以控制自然的，人定胜天的思想占据主流；然而在另外一些文化认为自然不能被控制。介于这两个观点之间的是一种较中立的立场，即努力寻求人与自然的和谐关系。

人类对待环境的不同看法会影响组织的实践活动。例如，影响组织的目标设置，在屈从环境的社会中，人们认为人类无法战胜自然，因而很少设置组织目标，认为那样会难以实现；在一个与环境保持友好和谐的社会中，组织可能会使用目标，但由于预期到它会发生偏差，因而对未能达到目标的惩罚也是较轻的；而在一个控制环境的社会中，人们广泛地应用着目标，希望实现这些目标，对未能达到目标的惩罚也是很重的。

3. 对自身与他人之关系的看法

文化通过个人、群体和等级关系构建人与人之间的关系。其中个人和群体强调的是谁在社会中发挥主导作用，而第三方面强调的是对等级关系的考虑。在不同的文化背景里，人们对自身与他人的看法不尽一致。比如，在高度个人主义的美国社会，强调使用个人特点和个人成就来定义自己，认为一个人的责任是照顾好自己。而马来西亚人和以色列人更注重于群体。例如，在以色列集体农场中，人们一起劳作，共享成果和奖励，他们更加重视的是群体的和谐、统一和忠诚。而欧洲的英国人和法国人则依赖于等级关系维系社会关系。这些国家中的群体分成若干不同的层次等级，比如贵族、平民，每个群体的地位保持相对稳定，不会因为时间的改变而改变。在亚洲、拉美和中东的公司管理者更喜欢与他们熟悉的人做生意，公司也喜欢雇用亲戚、朋友或家人，因为他们彼此更熟悉，可以相信彼此的品行，因此可以依赖更加非正式的社会化控制雇员。在这种社会中，任何事情都必须通过关系办理成为想当然的事情。

文化的这一维度对组织中的工作设计、决策方式、沟通技巧、奖励机制和选拔活动有重要影响。比如，在个人主义盛行的社会中，选拔人才重视的是个人成就和努力程度；在群体社会中，能与他人很好地合作则可能是最为重要的标准，而在等级社会中，选拔决策更加重视候选人的社会等级地位。

4. 人的活动导向

活动导向描述的是文化中的个体是否倾向于不断行动。活动导向的差异可以显示人们是怎样对待工作和娱乐的以及人们的偏好是怎样的。一些文化重视做事或活动，其强调成就；另一些文化重视存在或即时享乐，其强调体验生活并寻求对欲望的满足；还有一些文化重视控制，其强调使自己远离物质、约束欲望。例如，北美人生活在做事取向的社会中，他们认为人必须不断地做事，才能创造价值，才有意义。因此，他们工作勤奋，并希望因为自己的成就而获得晋升、加薪以及其他方式的认可；相反，墨西哥人则是存在取向，在这种文化中，他们强调即时享乐，认为工作是为了生活；法国人则是控制取向，他们强调理性和逻辑。

5. 人的空间观念

这一问题关注特定文化环境中人们对空间的拥有态度。在一些文化非常开放的社会里，人们公开从事商业活动；而在一些文化保守的社会中则极为重视隐私权，希望事情私下进行；大多数社会是两种极端的混合物。例如，日本的组织表现出日本社会的公开特性，那里几乎没有私人空间，公司的管理层和操作工人在同一处房间里，大家在中间没有分隔的桌子上办公。而德国人相对保守些，让员工在一个敞开的办公室集体办公是一件很为难的事情，因为听见他人谈话是一种缺乏隐私权保护的表现，所以德国人经常使用一些单独的办公室，办公室的门上写着主人的名字，提醒着过往的人们。北美人的公司文化也反映出他们的价值观。他们通过一个人使用的办公室和拥有的秘密来反映这个人的地位，重要会议都要在关着门的房间里进行，空间常常是除本人之外其他人无权使用的。在具有混合取向的社会中，隐私和公开是交融在一起的。特定文化下在空间概念方面的差异同样对国际组织的管理产生影响，进而影响组织效率。

6. 人的时间观念

这一问题关注的是一国的文化注重的是过去、现在还是将来。过去取向文化的人们强调传统，炫耀过去；现在取向的人们倾向于只争朝夕，几乎不做明天的打算；未来取向文化的人们相信今天发生的一切将来会有回报。比如，美国人关注的是现在和近期未来。我们可以在绩效评估的短期取向中看到这一点，典型的北美组织每6个月或1年对员工进行一次评估。相反，日本人则以一种更长远的观点看待时间，这也在他们的绩效评估方法中得到反映。日本的工人常常用10年以上的时间来证明他们的价值。意大利人关注的是过去，人们追随着他们的传统，并寻求保护他们历史的实践活动。

克拉克洪与斯乔贝克从自己的研究出发，指出不同民族和国家的人在这六大问题上有不同的观念，而在这六大问题上的不同观念则显著地影响了他们生活和工作的态度和行为。但该理论没有探索更深层次的原因，即为什么不同国家和民族在这六大价值取向上会如此不同。

2.1.3 强皮纳斯的文化维度理论

荷兰研究员强皮纳斯（Trompenaars，1993）仿效霍夫斯泰德在其出版的《文化踏浪》一书中提出人们处理与他人关系方式的五个关系导向，形成新的有关文化差异的文化架构理论。这五个关系导向如下。

1. 普遍性与特殊性

普遍性（universalism）是指理论和实践不需要改动，可以应用在任何人和任何场合、任何时间的情形，它强调人们对所有事物需要采取客观公正的态度。特殊性是指理论和实践应用受到环境制约，需要根据外部环境进行调整，强调具体问题具体分析，因人而异，因事而异，因时而异。

普遍性和特殊性这一维度体现在商务活动中就是不同文化环境中对合同重要性认知的差异。在普遍性文化流行的社会中，合同是人们日常生活关系的一种重要方式，人与人之间依赖合同而存在。在特殊性文化盛行的社会中，人们更多地依赖与他人的关系达成和执行交易。在企业管理方面，普遍性社会与特殊性社会表现出来的区别也异常显著。在普遍性社会中，企业重视制度和系统的建立，而且这些制度和系统应该能满足多数人要求并为多数人服务，制度一旦建立，人人都须遵守，对所有人都一视同仁，没有人可以凌驾于制度之上。美国是强调普遍主义的国家，几乎所有企业都有详细的规章制度和各种内部管理系统。特殊性社会企业管理的特点则是“人际关系”。虽然企业也制定相关制度，但大都停留在纸面上。无论是企业管理人员还是员工，首先想到的是如何通过关系或熟人来解决问题，而不是通过公司正规的制度渠道进行。因此，建立个人可靠的关系网就成为这些社会中的人们孜孜不倦的追求。另外，普遍性的思维逻辑是特殊中找到普遍，并在管理中广泛应用；特殊主义者的思维方式更倾向如何从普遍中找出特殊，如何将自己的问题特殊化，以便作为特殊情况处理。

2. 个人主义与集体主义

与霍夫斯泰德的研究结果相似，这个维度关注的是社会更看重个人还是把个人看作群体中的一员。不同国家的个人主义—集体主义倾向深刻地影响着跨文化管理活动，例如国际商务谈判风格、公司推行的激励制度等都受到这一维度的影响。在高度个人主义的文化中，通常由一个代表出现在谈判场所，由个人单独完成谈判，谈判代表负有重大谈判责任；而在集体主义文化里，谈判不是由个人而是由委员会集体做出，个人无法代表集体，应该由团体完成该项任务，并共同承担责任。强皮纳斯指出来自高度个人主义文化的人与来自高度集体主义文化的人打交道时，必须保持足够的耐心，给予对方更充分的时间，而且应该致力于以建立双方持久关系为目标，而不仅仅是以完成当次任务为己任。反之，来自高度集体主义文化的人与来自高度个人主义文化的人打交道时，需要快速做出决定并将这些决定提交给组织，应该认识到它是在和一个谈判者打交道，而不是一个团体，该谈判者在组织内有自己的尊严和权威。

3. 中性化与情绪化

中性化与情绪化维度是另一个区分文化差异的重要方面。这个维度主要是指人际交往中情绪外露的程度。情绪表露含蓄微弱的文化被称为中性文化，而情绪表露鲜明夸张的文化被称为情绪文化。中国、日本以及其他亚洲国家属于典型的中性文化国家；意大利、西班牙以及南美众多国家属于典型的情绪文化国家；美国处在两者之间。在中性文化里，人与人之间的沟通和交流比较微妙，因为情绪表露很少，需要用心领会才行。相反，在情绪文化里，人与人之间身体的接触比较公开自然，沟通交流时表情丰富，用词夸张，充满肢体语言。强皮纳斯建议来自情绪化文化的人和来自中性文化的人做生意时，应该认识到来自中性文化的人不喜欢公开表达自己的思想，要尽可能将意见形成书面文件交给对方。与此相反，来自中性化文化的人和来自情绪化文化的人做生意时，需要热烈快速地响应对方的情绪化反应，而不是无动于衷。

4. 关系特定与关系弥散

关系特定与关系弥散这个维度用来描述和解释在不同文化中生活的个体在人际交往方式上的巨大差别。这个维度的提出源自著名社会心理学家科特·卢温（Kurt Lewin）的圆圈拓扑理论。1934 年卢温出版了《拓扑心理学的原理》一书，他提出了两类交往方式：一类被称为 U 类方式（即关系特定类型），另一类被称为 G 类方式（即关系弥散类型）。两类交往关系如图 2－1 所示。

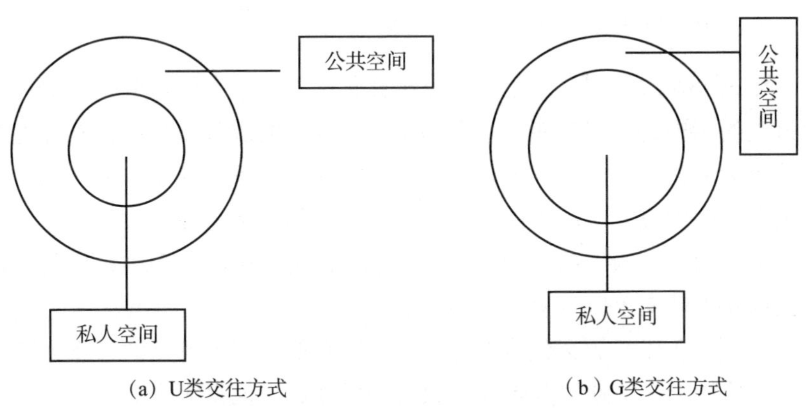

图 2－1　U 类交往方式和 G 类交往方式

资料来源：陈晓萍. 跨文化管理［M］. 北京：清华大学出版社，2005：73.

图 2－1（a）表现的是 U 类交往方式。中间的实线小圆圈代表个体的私人空间，很小而且封闭。外周的大圆圈与小圆圈之间的空间代表个体的公共生活空间，即允许他人进入的地方。从图 2－1（a）中可以看出，U 类交往方式的公共空间很大，私人空间较小。图 2－1（b）表现

的是 G 类交往方式，与 U 类交往不同的是，此图公共空间要狭窄很多，许多在 U 类文化中被看成公共空间的地方在这里被视为私人空间，私人生活空间相对较大，不封闭。[①] 美国人交往属于关系特定类型，德国人交往属于关系弥散型。德国人一般不会对陌生人微笑，只有对熟识的人才会做出友好的表示，只有对更熟识的人才会邀请他们来自己的家做客。如果你被邀请做客，你就很可能被介绍给该人其他的朋友，从而被带入此人其他的社交圈，从而慢慢地被引进该人的私人空间。美国人的公共空间很大，他们对人友善，愿意帮助陌生人，在路上行走见到陌生人也会微笑、致意。有一点交往后，他们会带你去他们的家里做客，如果下班需要搭车回家，他们会主动提供帮助。对他们来说，客厅、厨房、汽车等都是公共空间，可以对任何人开放。

强皮纳斯建议关系特定类型的人与关系弥散类型的人做生意时，应该尊重他人的头衔、年龄和背景；相反，关系弥散类型的人与关系特定类型的人做生意时，应学会明智地使用议程而不是他们的头衔、知识水平或技能来组织会议，因为这些与议题毫不相干。

5. 注重个人成就与注重社会等级

注重个人成就的文化是指在这种文化中，一个人的社会地位和他人对该人的评价是按照其履行职责的水平和取得的成就进行的。在注重社会等级的文化中，一个人的社会地位和他人的评价是由该人的出身、血缘关系、性别或年龄决定的，或者是由该人的人际关系和教育背景决定的。奥地利、美国、瑞士和英国趋向于以成就为中心，而委内瑞拉、印度尼西亚更倾向于以社会等级为中心。

注重个人成就的文化造就追求个人成就的个体，越是通过个人努力而不是依靠别人或通过其他途径取得的成就，越值得大家尊敬。美国是一个典型的注重个人成就的社会。在美国社会中，个人在求学、创业的道路上，有时会故意隐去自己的家庭背景，哪怕他出身名门望族，这样做的目的是更好地证明自己的工作成就来自个人的努力而不是家庭背景。相反，在注重社会等级的文化中，人们会努力地寻找一切可能的关系或背景为自己增加社会价值，证明自己的重要性。很多这些社会文化里的人关注

---

① 陈晓萍. 跨文化管理［M］. 北京：清华大学出版社，2005：74.

的不是自身的努力和取得成就，而是能够衬托自己价值的其他因素。

强皮纳斯的文化构架理论填补了前面几种理论中没有触及的文化层面，有利于我们更全面地了解文化内涵和差异。但他的理论存在不足，如该理论没有特别严谨的实证研究作依据，所以得到的数据参考价值不大。另外，该理论也没有摆脱前面的理论只注重文化差异研究的樊笼，没有将目光转移到跨文化的融合上来，只注重消除文化差异的鸿沟，没有把不同的文化当作一种资源来共享。

2.1.4　霍尔的高低语境模型

美国文化人类学家爱德华·霍尔（Edwart Hall）认为人类交际受到语境的影响，他从交际和感知的角度提出研究文化差异的有效方式，并将语境分为高语境（high context）文化和低语境（low context）文化。

在高语境文化里，社会成员在历史、社会传统、风俗习惯等方面表现出较高一致性，人类交往的大部分信息包含在既成的语境中，因此，在沟通过程中人们重视“语境”而非“内容”。在这种文化里由于语言表达的信息是不充分的，被清晰传递的信息是很少的，大部分信息包含在沟通接触过程中，需要借助共有的语境进行交流。在这种文化中，除了口头语言外，人们经常使用肢体语言来表达感情和所要传递的信息。因此，对语言的理解要放在特定环境中，同样的语言放在不同环境中理解，其语义会出现较大差异。在低语境文化里，社会成员普遍缺少共同的文化历史背景，没有形成非语言的语境，人类在交往中必须更多地借助直接的、清晰的符号编码信息。因此，低语境文化中信息表达要求直接而明确，语言成为人们信息沟通的主要载体。这种文化强调通过语言表达自己的思想，每一个信息都会通过语言准确表达出来。

在高语境文化中人们表达感情或传递信息比较喜欢使用含蓄或隐晦的方式，表现出一种内向型；在低语境文化中人们喜欢用坦率直白的方式进行沟通，表现出外向型、热衷自我表白。高语境文化是集体主义导向的文化，追求整体和谐，竭力回避对立冲突；低语境文化是个人主义导向的文化，采取面对面的方式解决问题。在高语境文化中，承诺和信任是极其重要的，一个人说的话就是其信誉的保证，因此，没有必要去预测意外事件的发生和提供外部法律制裁。在低语境文化中，口头承诺并不完全可信，人们习惯把它记录下来，法律在这样国家非常重要。

霍尔认为有复杂文化的中国就处于高语境背景中，是东方文化的代表。而美国及大部分北欧文化倾向于低语境。他认为，美国人与中国人在信息传播方面的差异，主要体现在双方对直爽和委婉的偏好。相比较而言，美国人偏好直言不讳；中国人强调社会和谐，不直接表露自己的情感，言语使用上表现出一种柔和。由于语言交流含蓄，接受者的敏感性与领会话外音的能力以及理解隐含意义的能力显得特别重要。在西方，人们通过辩论和公共演讲等正式的训练手段来提高信息传播的效率；而东方人则尽力提高受者的敏感度。

2.1.5 跨文化管理研究的未来展望

以霍夫斯泰德为首的跨文化管理研究学者提出的跨文化管理理论，开创了跨文化管理研究的先河，为跨文化管理领域的发展做出了不可磨灭的贡献，为我们准确理解来自不同文化背景的人们的行为提供了参考依据，并能够引导未来跨文化研究工作，但其也存在一些不足。首先，这些理论研究没有形成统一的、普遍接受的文化差异研究范式。从文化内涵及外延的定义到文化维度的度量，不同理论模型在理解上存在较大分歧。其次，理论模型的适用性问题有待进一步检验。虽然理论模型对文化维度进行了刻画，但理论研究普遍存在样本抽样不足、文化维度定义较狭窄、研究成果有待实践检验等问题。最后，其普遍视文化差异为静态的，忽视其动态性。事实上，文化的特点之一在于其动态性，文化在不断变化中演进，虽然这种演进很慢长。因此，单纯的静态的文化维度模型影响了对现实生活的解释力。即使得到最广泛应用的霍夫斯泰德的文化维度理论也是几十年前提出的，这一理论的支撑数据主要在20世纪60～70年代搜集的，与那时相比，现代人的人生观、价值观有了显著变化，忽视这些变化制约了该理论在当今国际环境中的解释力。①

① 针对跨文化管理研究存在的不足，近年来一些学者开始从更广泛的范围对文化差异进行研究。如，沃顿商学院的豪斯（House）教授领导的组织行为（GLOBE）项目，该研究项目涉及60多个国家800多行业。结合采集的数据，豪斯教授在分析过去20年间有影响的文化维度的基础上提出了9个新的文化差异维度，与霍夫斯泰德的四维度理论相比较，豪斯教授的研究持续时间更长，调查范围更大，也更接近当代实际，是跨文化研究的进一步发展。

针对文化差异研究的不足，未来的研究应注意两点：一是文化维度模型整合、研究范式的统一和规范性有待深入发展；二是注意文化发展的动态性，实现文化静态与动态结合，全面考察文化维度对跨文化管理的影响。

2.2 文化差异与对外直接投资关系研究综述

在世界经济领域，早已有较成熟的理论从不同的角度来解释国际直接投资现象。但是这些理论的共同特点就是忽视了文化差异对直接投资活动的影响。可能的原因是：一方面学者们对文化差异的衡量存在困难；另一方面理论研究中对文化因素的影响没有引起学者们足够的重视。过去30多年来，随着国际直接投资活动迅速发展，跨文化冲突时有发生，国家间的文化差异逐渐引起大家的关注（Gerhart & Fang，2005）。在长期的跨文化管理实践中，人们逐渐认识到文化是理解人类行为的关键因素，国际商务中的跨文化研究变得越来越重要和紧迫。特别是20世纪70年代，霍夫斯泰德提出文化维度理论之后，解决了文化差异的衡量问题，推动了学术界关于对外直接投资中文化差异研究升温。大量研究发现在控制国家和企业的相关特性后，文化因素对直接投资存在显著影响（Kessapidou et al.，2002）。著名的跨国公司管理专家约翰·邓宁（John Dunning，1997）承认文化在影响企业经营尤其是跨国公司行为和绩效方面的作用，不考虑文化差异显然是不合适的。在原有折衷范式基础上，邓宁挖掘了理论框架本身所包含的文化寓意，并把它们作为原先所有权优势、区位优势和内部化优势（ownership，location，internalization，OLI）变量的影响因素添加进去，使折衷范式符合“有限理性”的假设。文化因素在国际商务研究中扮演着如此重要的角色，以至于缺乏文化因素的国际商务研究都不是完整的（Cho and Padmanabhan，2005）。下面回顾20世纪70年代以来关于文化差异与国际直接投资关系的研究文献。

2.2.1 文化及文化差异的内涵与度量

1. 文化及文化差异的内涵诠释

国际直接投资是一项涉及跨文化管理的投资行为。因此，文化、文化差异成为经常被关注的概念。然而文化作为一种复杂的社会现象，人们对其的理解千差万别，乃至难以定义和规范（Boyacigiller et al.，1996）。爱德华·泰勒（Edward Taylor）是较早对文化进行规范定义的学者，他将文化视为一个复合整体，包括知识、信仰、艺术、道德、法律、风俗以及作为社会成员而获得其他方面的能力和习惯。荷兰著名的跨文化管理学者霍夫斯泰德（1984）把文化定义为一个民族区别于另一民族的共同心理程序的集合。莱德瑞史（Lederach，1995）认为文化是一个民族为识别、解释、表达和对社会现实做出反应而创造的共享知识和程序。对文化差异的理解，文献里同样没有给出一个统一的定义，多数研究是通过对国家文化环境的不同层面进行剖析，描述国家间的文化差异，认为文化差异主要体现在不同国家、民族、社会团体在生活方式、宗教信仰、传统习俗等方面的差别。卢奥斯塔宁（Luostarinen，1980）把文化差异理解为各种社会要素的综合，这些要素一方面引致人们对知识的需求，另一方面导致知识和信息在母国与东道国间流动时的障碍。霍夫斯泰德（1991）强调文化差异体现在不同国家个体在特定行为上的差异，这些差异影响工作惯例和方式在不同国家之间的转移程度。康和江（Kang and Jiang，2011）认为文化差异是影响跨国公司在东道国获得合规性（normative legitimacy）的主要壁垒，从而对国际直接投资活动产生影响。贝尼托和格里普斯鲁德（Benito and Gripsrud，1992）把文化差异理解为心理差异，二者联系起来的原因在于文化差异与心理差异是紧密相关的概念。可见不同学者对文化及文化差异的理解有较大出入，但学者们普遍认为文化是作为社会规范而存在的，不同国家、民族间的文化是有差异的，文化差异的客观存在影响人们的价值观、思维方式，生活态度，进而对国际直接投资产生影响。

2. 文化及文化差异的度量

由于文化的复杂性和多样性，因此仅对文化进行定义就存在诸多分歧和困难，制定和衡量文化差异的标准更是一个巨大的挑战（Shenkar，2001）。在跨文化理论研究中，对文化的分类和度量最具影响力的当属荷兰学者霍夫斯泰德（1980，1991）的文化维度模型。霍夫斯泰德通过对 IBM 分布于世界各国的员工进行调查分析，提出了识别一个民族文化特征的四个维度。这四个维度分别是权力距离、个人主义、男性化和不确定性回避。霍夫斯泰德分别对这四个维度进行得分赋值，通过得分高低反映不同国家在不同文化维度上的差异。除了霍夫斯泰德的文化维度模型，施瓦兹（Schwartz，1997）对文化的度量也做出了重要贡献。施瓦兹提出了一个较有影响力的文化差异模型，他将社会文化的差异归结为三个问题和六个文化维度。三个问题分别是个人与群体的关系、社会行为激励、人们在自然与社会中的角色。六个维度包括保守主义、自由主义（包括精神自由与情感自由）、等级制度、平等主义、改造与共生六个方面。20 世纪 90 年代，沃顿商学院的豪斯（House）教授领导的全球影响力和组织行为项目（GLOBE 项目），对全球 60 多个国家的 800 多个行业的跨文化组织行为进行研究，在此基础上提出了包括九个维度的国家文化量表。与霍夫斯泰德的研究不同，豪斯教授的研究不但对各国文化维度进行赋值，而且综合考虑了文化现实和文化价值观等因素。此外，强皮纳斯（1993），特里·克拉克（Terry Clark，1999）对民族文化特征也做过深入研究，提出了一定影响力的文化维度理论模型。霍夫斯泰德的文化维度理论是目前跨文化管理研究中最具影响力的模型，后来的研究文献在处理文化变量时普遍采用霍氏标准来表征和衡量文化及文化差异。施瓦兹模型涉及内容比霍夫斯泰德模型更加广泛和全面，足以与霍氏理论媲美，但由于历史的原因，其影响力远逊于霍氏模型。相比之下，豪斯教授的 GLOBE 项目研究持续时间更长，调查范围更广，国家文化维度划分更细致，也更接近当代实际，是对跨文化研究的进一步发展。

除了对文化维度的刻画，文献中还涉及对文化差异的度量。目前，文献研究主要有两种方法来度量文化差异。一是通过借用霍夫斯泰德等提出的文化维度量表，根据文化维度得分来计算文化差异的复合指数衡量国家间的文化差异。其代表性学者有寇伽特和辛格（Kogut and Singh，1988）、莫洛西尼等（Morosini et al.，1998）。寇伽特和辛格是较早将文化差异概念数量化的学者。在霍夫斯泰德文化维度模型的基础上，寇伽特和辛格创造性地构建了代表不同国家文化差异复合指数的计算公式并将其应用到经验研究中。莫洛西尼等在寇伽特和辛格的研究基础上又给出修正的文化差异计算公式。自此经验研究中大量文献广泛引用上述学者开创的度量方法，从实证角度定量分析文化差异对国际直接投资的影响并取得丰富的研究成果。二是直接计算单一文化维度绝对差衡量文化差异（Grosse and Trevino，1996；Liuhui Tang，2012）。与文化差异复合指数相比较，单一文化维度可从多角度评估文化差异对直接投资的影响，因而可能更全面（Barkema and Vermeulen，1997）。但应用研究中采用文化差异复合指数的研究文献居多。另外，随着豪斯教授研究项目的影响在扩大，采用 GLOBE 文化维度衡量文化差异的文献呈增加的趋势。

2.2.2　文化差异对直接投资区位选择的影响

1. 文化差异与直接投资区位选择的理论分析

文化差异最早在国际商务领域的应用是贝克曼（Beckerman，1956）解释国际企业出口市场的选择行为。贝克曼认为由于市场间的一些因素阻碍信息在不同国家之间的流动，从而降低跨国经营企业对市场机会的敏感性，同时增加了企业误解市场机会的风险，其结果是降低企业利用国际市场机会的可能性。他认为出口总是从心理距离较近的国家开始，随着经验增加，逐渐过渡到心理距离较远的国家。心理距离被定义为阻碍信息在目标国和企业间流动的包括诸如语言、文化、制度等各种因素。随后的国际化进程研究中，文化差异被引入国际直接投资领域。20 世纪 70 年代，北欧学派将文化差异应用到对外直接投资的市场选择与进入模式上来（Johanson and Wiedersheim－Paul，1975；Johanson and Vahlne，1977）。对于文化与国际直接投资流向偏好研究来说，学者们的研究视角各不相同。有的研究强调文化近似性（culture proximity），指出文化近似有利于国际直接投资流动；有的研究从文化差异视角入手，认为文化差异阻碍了信息沟通，增加了交易成本，从而对国际直接投资流动带来负面影响。

持文化近似观点的学者认为跨国企业倾向于在文化接近的国家进行

直接投资，可以为企业带来诸多国际竞争优势。首先，在文化近似的环境中，可以降低跨国公司进入对方国家市场时的投资风险，可以减少其在对方市场上搜集信息和培训的成本以及海外商务活动成本，有利于提升投资效率；其次，在文化背景近似的国家里，管理者与员工的期望更容易协调，从而避免产生误会，增加彼此信任和团队合作（Krishna et al.，2004；String Fellow et al.，2008）。约翰森和瓦海恩（Johanson and Vahlne，1977）在《企业国际化进程——一个知识开发和外国市场承诺渐进提高模型》一文中对企业国际化进程进行了研究，认为企业国际化进程在很大程度上受母国与东道国的心理距离的影响，进一步指出心理距离包括语言、教育、文化、商业惯例、产业发展之间的差异等。分析认为跨国经营需要掌握市场知识，获得市场知识需要经验，而经验是一个漫长的积累过程。由于文化差异的存在，企业获得市场知识变得困难，因而企业在国际市场上从事国际化经营时总是从文化相近的国家开始，然后扩展到文化差异较大的国家。戴维森（Davidson，1983）详细论述了市场近似性与国际直接投资流向的关系，认为国家间市场环境相似有利于加速技术和管理资源的转移，减少不确定性风险。当企业对市场的需求、竞争、环境乃至成本难以预测的时候，为减少这种不确定性，企业投资就会流向信息充分的市场。伍德科克等（Woodcock et al.，1994）构建了一个投资阶段化模型，分析跨国公司在不同国家直接投资的时间顺序，表明跨国公司的内部扩张总是从文化差距接近的国家开始，然后逐步过渡到文化差距较大的国家。格瑞布拉特和克洛哈尔朱（Grinblatt and Keloharju，2001）在研究文化对芬兰吸引外国直接投资的影响时发现，国外的投资者往往对具有相同语言、相同文化的企业表现出特别的偏好。盖林（Guerin，2006）在研究国际直接投资在全球范围内流动时也发现文化的近似效应（familiarity effect），指出投资国与东道国在价值观、文化传统上接近，可以降低企业搜集信息的成本，减少不必要的文化摩擦，FDI倾向于流向与母国具有相似特征的国家。文化近似对直接投资流向偏好的影响还体现在跨国企业对东道国社会环境的适应和接受能力上。

但也有文献从文化近似的对立角度即文化差异的角度分析文化对国际直接投资的影响。交易成本理论（theory of transaction cost）从文化差异与成本最小化的角度分析了文化因素对国际直接投资流向偏好的影响。成本最小化是跨国公司进行投资决策时的首要目标。目标国与FDI来源国之间的文化差异越大，双方间的信息交流越困难，信息不对称现象越严重，而且较大的文化差异阻碍了知识的跨国转移，提高了投资交易成本，从这个角度看，两国间的文化差异越大，意味着对外直接投资的成本越高，投资失败的可能性越大（Siegel et al.，2006）。所以，为避免投资活动失败，国际直接投资总是被吸引到具有特定文化特征的东道国（Dunning，1998）。因为选择同一文化圈的国家或地区能够保证直接投资较高的成功可能性。所以跨国公司倾向于选择文化近似国家进行投资，以减少交易成本，提高投资的成功率。

日本学者吉野（Yoshino，1976）指出跨国公司在选择投资目标国时，除对影响区位优势的传统因素加以考虑外，还会考虑文化和文化的差异性，其是在决定对外投资结构和范围时不可忽视的重要因素，日本与西方国家较大的文化差异制约了日本在西方国家的直接投资活动。贝尼托和格里普斯鲁德（1992）充分肯定了国家文化差异对FDI区位选择的重要影响，认为FDI更有可能发生在与母国文化接近的国家或地区。巴克马和维穆伦（Barkema and Vermeulen，1997），格鲁博曼和夏皮罗（Globerman and Shapiro，2003）同样强调了文化差异会对国际直接投资流动产生重要影响。FDI是企业国际化进程中的最高级形态，文化差异对直接投资的影响尤其显著。采用FDI的模式进入国际市场时，国外投资者随着资金、技术、管理技能等资源投入水平的提高，相应风险承担水平随之提高，而且国际直接投资模式还涉及人员的跨国交流，雇佣来自东道国的员工，在文化差异较大的环境中，文化背景的迥异常使员工感觉到困惑、紧张甚至敌对，严重的文化冲突可能发生，最终导致投资活动受阻甚至失败。因此，国际直接投资的流向明显表现出对特定区位的选择偏好。

但也有研究发现，随着企业国际化进程加快，企业开拓国际市场经验增加，文化差异对直接投资的影响在减弱。弗农（Vernon，1966）在研究美国跨国公司投资行为时注意到企业国际化是一个渐进的过程，美国公司总是从文化和地理距离较近的国家逐渐扩散到文化和地理距离较远的世界各地。北欧学派国际化阶段论代表人物约翰森、瓦德协姆认为文化差异对发达国家的影响小于发展中国家，其原因是发达国家跨国公司比发展中国家跨国公司具有更丰富的开拓国际市场的经验。韦恩斯坦

（Weinstein，1977）在研究美国广告公司 20 世纪 50 年代末到 60 年代初在海外的投资区位分布时发现，从事海外业务的广告公司主要集中于文化背景近似的国家，但随着市场经验积累，其投资目光开始转向文化背景差异较大的拉美和远东地区。戴维森（1980，1983）在研究美国跨国公司直接投资区位选择行为时发现，美国公司对外直接投资从文化背景相近的加拿大、英国、澳大利亚开始，但随着时间的推移，其国际市场经验增加，对这些国家的偏好开始下降，而且国际化经验越丰富，对文化背景相近国家的偏好就越弱。随着国际化经验增加，企业获得国外市场需求、成本、收益的能力增强。在国际化的早期阶段，由于不确定性主导的市场选择函数转变为以经济因素为主的市场函数，市场选择趋向多元化。列维（Levitt，1983）认为随着经济全球化的发展，世界各国消费者存在消费心理和消费文化上的共性，消费者的口味、偏好正在转化为全球统一标准，文化差异对国际直接投资流向的影响正在逐渐稀释。恩瓦尔和瓦伦斯塔（Engwall and Wallenstal，1988）在研究瑞士银行业对外直接投资流向时没有发现 FDI 表现出对东道国特定文化的偏好，而且全球化的发展使得跨国公司可能会忽略文化差异而充分利用发展中国家的低成本优势（Sethi et al.，2003）。特普斯特拉和于（Terpstra and Yu，1988）研究了美国 20 世纪 70 年代后国际广告企业的直接投资行为，结果发现与 20 世纪 50 年代相比，文化差异对广告公司的投资区位选择不再产生显著影响。奥加拉和迪尔瓦宁（Ojala and Tyrvainen，2007）对 57 家芬兰中小软件企业做过调查，发现最初进入国际市场时，文化差异对国际市场选择有显著的负面影响，但随后的影响逐渐减弱。米特拉和戈尔德（Mitra and Golder，2002）、爱丽斯（Ellis，2007）在研究企业国际化进程中同样没有发现充分的证据表明国际直接投资流向总是从文化接近的国家逐渐向文化差异较大的国家转移。

2. 文化差异与直接投资区位选择的实证分析

（1）文化差异与直接投资区位选择。

林（Lin，1996）利用日本在美国制造业 11 个行业的直接投资数据研究证实了文化差异对直接投资产生显著的负面影响，即日美文化差异越大，日本在美国直接投资的可能性越小。戴维森（1983）利用美国 57 家公司在 1945～1976 年的 954 个产品为样本，从投资目标国的角度分析，发现国外子公司的存在会增加国际企业在该国市场进行后续投资的倾向，而且进一步数据分析表明企业扩张的初始阶段选择文化背景相近的地区进行投资，但在海外扩张的高级阶段，这一倾向有所下降。罗立和基辛格（Loree and Guisinger，1995）利用 1977 ~ 1982 年的统计数据实证分析了文化差异对美国对外直接投资区位选择的影响，结果发现 1977 年文化差异与 FDI 区位选择呈显著的负相关关系，而 1982 年这种关系在统计上并不显著，他们给出的解释是随着时间推移，跨国企业的跨国经营经验、职业培训和沟通降低了其进入不同东道国市场的文化差异障碍。琼斯和迪根（Jones and Teegen，2001）发现文化是影响美国跨国公司在 21 个国家进行研发投资布局的重要因素。巴哈德威等（Bhardwai et al.，2007）使用不确定性和信任代表文化特征变量分析了它们对 FDI 区位选择的影响，实证结果表明不确定性对 FDI 区位选择具有重要影响，不确定性高的国家 FDI 流入量较少，但信任对 FDI 流入影响在统计上不显著。

（2）文化差异与双边直接投资流量。

格罗斯和特雷维诺（Grosse and Trevino，1996）利用美国 1980 ~ 1992 年的外商直接投资数据，从 FDI 来源国的角度分析影响世界各国在美国直接投资的因素，发现文化差异与来源国在美直接投资呈显著负相关关系。即 FDI 来源国与美国文化差异越大，该国在美国的直接投资就越少，来源国与美国文化差异越小，该国在美国的直接投资就越大。即使在控制了日本在美国投资这一虚变量后，回归结果也没有发生实质性变化，仍表现出统计上的显著性。1980 ~ 1992 年美国利用 FDI 的十大国家为日本、英国、荷兰、加拿大、德国、法国、瑞士、瑞典、澳大利亚、安道尔。这些国家主要来自欧洲，与美国在价值观、教育水平、语言背景等方面具有很多相似性，文化差异小，投资风险小，所以其在美国直接投资规模就较大。罗立和基辛格（1995）也发现文化差异是影响美国股权式对外直接投资的决定因素之一。随着东道国与美国文化差异的增大，美国股权式对外直接投资水平显著地下降。哈比卜和祖拉维茨基（Habib and Zurawicki，2002）研究发现文化对 FDI 流动有负面影响，但在统计上并不显著。瑞津和唐（Razin and Tong，2005）利用 1987 ~ 2000 年 62 个国家的双边 FDI 数据进行研究，在控制一般性因素后，发现教育水平差异对 FDI 的市场选择产生了显著的负面影响，但对双边 FDI 流量未产生影响，共同语言对提高 FDI 流量有显著影响。德梅卡斯（Demekas，2005）以东南部欧洲 15 个东道国和 24 个 FDI 来源国 2000～2002 年的 FDI 数据，实证分析发现东道国与 FDI 来源国文化差异越小，其累计利用外资的规模就越大，而且在控制其他变量后，文化差异对 FDI 的影响会进一步提高。唐刘慧（Liuhui Tang，2012）利用21 个经济合作与发展组织（OECD）成员与 14 个非 OECD 成员间 1980～2000 年的面板 FDI 数据，分别以霍夫斯泰德的四个文化维度指数的绝对差值代表文化差异，发现个人主义的文化维度差距越大，越有利于推动两国间的 FDI 流动，而权力距离差距越大，两国间 FDI 规模反而越小。

但也有文献发现了与上述研究不同的结论。贝尼托和格里普斯鲁德（1992）利用挪威对外直接投资数据分析发现无论是初始 FDI 还是后续 FDI，文化差异对 FDI 流动均未产生显著影响，国际直接投资流动更多的是基于经济理性的选择，而不是基于文化差异的考虑。托马斯和格罗斯（Thomas and Grosse，2001）对流向墨西哥的 FDI 进行研究发现，文化差异与流入墨西哥的 FDI 呈正向相关关系，即投资国与墨西哥较大的文化差异反而有利于墨西哥吸引更多 FDI。分析原因认为 FDI 流向墨西哥这种新兴国家时，文化差异对 FDI 的影响方式不同于发达国家。在文化差异大的发展中国家投资有利于固化跨国公司的特定优势，充分利用发展中国家潜在的市场规模、劳动力成本优势，所以文化差异反而促进 FDI 流向墨西哥这样的新兴发展市场。莫罗西尼（1998）认为在文化差异较大的国家投资是学习有益的管理规则和程序的有效途径，这些程序是投资者在本国无法复制的。投资者可以充分利用不同文化环境下的资本协同效应，因此文化差异对 FDI 的影响并不总是负面的，也可能是积极的正面影响。

（3）文化特征与国际直接投资流入。

当采用复合指数实证检验文化差异与 FDI 关系时，表明文化差异显著地影响了 FDI 流动。但申伽尔（Shenkar，2001）指出在先前的研究中文化差异的计算存在概念和方法论上的缺陷，从而导致研究结论的不一致。针对申伽尔的批评，近来相关文献开始关注国家的特定文化特征对 FDI 流动的影响。在特定文化背景下，一个社会的某一文化特征明显优于其他社会价值观，从而影响 FDI 流动（Osland，2000）。

海德和索伦森（Head and Sorensen，2005）将一国吸引的 FDI 分为绿地投资和并购投资两大类。分别从个人主义、不确定性回避、权力距离、男性化四个维度，详细论述了不同的文化特征对绿地投资和并购投资产生的不同影响。分析认为高权力距离、低不确定性回避、集体主义和男性化特征有利于吸引绿地投资，而低权力距离、低不确定性回避、个人主义和男性化有力地促进了并购投资。戴维斯（2007）发现文化的紧密联系有利于提高双边 FDI 流量，共同语言对提高双边 FDI 水平有显著影响。夏恩（Shane，1992，1994）以层级距离与信任度关系分析二者对国际直接投资流入的影响。层级距离反映的是一个国家对权力不平等的认知程度。他认为一个社会的层级距离越大，社会组织的信任度越低，而一个国家的信任度对投资者是否愿意承担风险到该国从事直接投资活动产生显著影响（Bottazzi & Hellmann，2008）。希维特和比尔登（Hewett and Bearden，2001）同样强调在集体主义文化里，信任度在推动合作方面发挥积极作用。在一个强调平等的社会里，集体的作用非常明显，政府的政策有利于弱者、老人、失业者，这些政策有利于改善生活水平，因而有利于 FDI 流入。西格尔等（Siegel et al.，2011）认为层级距离越大，信息不对称越严重，交易成本就越高，横向并购投资规模就越小。他们以平等距离（egalitarianism distance）作为一国文化特征的反映，将外资分为债券投资、股票投资、辛迪加贷款以及并购交易四种类型，利用 50 个国家国际直接投资的数据，分别检验了不平等程度对不同类型 FDI 流入水平的影响。结果表明平等距离与 FDI 之间存在显著的负相关系。即两国间平等距离越大，流入的 FDI 规模就越小。西格尔等给出的理由是平等距离越大，说明两国不平等程度差距越大，不平等程度越高的国家市场透明度越差，产生腐败的可能性就越高，也缺乏更加有效率的反垄断管制手段，对 FDI 吸引力大打折扣。吉索（Guiso et al.，2009）利用 15 个 OECD 国家的统计数据，以信任度表征一国的文化特征，实证检验发现投资国对东道国的信任度越高，该国流向东道国的 FDI 规模就越大。具体看，信任度每增加一个标准差，东道国 FDI 流量增加 27%。巴格瓦蒂等（Bhardwaj et al.，2007）使用不确定性和信任代表东道国的文化特征变量分析它们对 FDI 流入的影响，实证结果表明东道国对不确定性回避的规避程度越高，流入该国的 FDI 就越少，而东道国较高的信任程度与 FDI 流入表现出正向相关，但回归结果在统计上并不显著。哈里布和鲁特菲（Rihab and Lotfi，2011）利用71个发展中国家2001～2006年吸引FDI的数据，以层级距离和个人主义维度代表文化特征，发现层级距离和个人主义维度与FDI呈显著负向相关，即国家的层级距离越大，个人主义维度得分越高，其吸引的FDI就越少。

2.2.3 文化差异对进入模式选择的影响

跨国公司在进入国际市场时，通常面临各种风险和不确定性的影响，为避免风险和不确定性给直接投资带来不必要的损失，进入模式的选择问题成为外资在进入东道国市场时必须面对的现实问题，进入模式选择的适当与否将会对跨国经营的成败产生直接的影响（Anderson and Gatignon，1986）。不同市场进入模式代表直接投资企业不同的风险承担水平和对海外资产的控制程度（见表2－6）。在合资经营模式下，跨国企业需要投入一定的技术、资金和管理技能等资源与东道国企业进行合作，但是因为合资双方共同承担风险与责任，因此经营风险仍然是可控的。当企业以独资模式进入国际市场时，需要承担名目繁多的成本，如企业筹建成本、雇佣适当员工的成本以及掌握不同国家管理与法制知识的成本，由于投资者单独承担在新市场的沉默成本，因此独资模式是风险程度最高的进入模式，相比之下合资模式可能更受欢迎。

表2－6　　不同进入模式的主要特征比较

特征	合资	并购	绿地投资
风险	适度	较高	较高
收益	适度	较高	较高
控制	适度	较高	较高
融合	较低	适度	较高

资料来源：作者根据相关资料整理而得。

进入模式的选择会影响跨国经营的成败，众多文献从不同角度探讨了国际企业的市场进入模式选择问题，其中交易成本理论影响最为广泛。根据交易成本理论的解释，外部不确定性是影响国际企业进入模式选择的关键因素之一。而进行国际直接投资的母国与东道国之间的文化差异是产生不确定性的主要来源，较大的文化差异导致跨国企业承担较高的交易成本与管理成本。因此，在传统交易成本理论的基础上，学者们试图引入文化因素提高交易成本理论对进入模式选择的解释能力，而实证研究发现引入文化因素后确实有利于我们充分理解跨国公司进入模式的选择。[①] 同样，文化近似理论也对进入模式选择做出了重要贡献。文化近似理论认为企业更倾向于投资文化差异较小的国家或地区，因为在完全不同的文化环境下，直接投资活动会产生各种冲突，因此尽可能地减少暴露于外国文化环境下可能是较好的选择。按照这一逻辑，文化近似理论认为跨国企业更倾向于选择合资而不是独资模式进入国际市场。合资模式可以减少在完全不同的市场上的文化暴露。因为在文化差异较大时，信息不充分使得合资企业无法承担更多的资源承诺，为减少投资风险，企业海外投资时会选择更低的控制模式。吉姆和黄（Kim and Hwang，1992）的研究发现，当企业面临较大的文化背景差异时，较低的控制模式被经常选择。

尽管众多文献对直接投资进入模式进行了广泛研究，涉及的内容及角度也不尽相同，但研究结果未取得广泛一致的结论。系统梳理已有文献发现，相关文献研究主要是沿着以下两条脉络展开的。

1. 文化差异对海外子公司所有权结构选择的影响

所谓所有权结构即股权结构，是指股份公司中股东所持股份的比例和相互关系，通常可以把股权结构分为独资模式或合资的所有权结构模式两种形式。一般认为企业控制力与所有权结构存在密切联系，所有权比例越高，股东对企业的控制力就越强（Anderson and Gatignon，1986）。由于文化背景不同，跨国企业对不确定性和成本的认知存在诸多不确定性，需要在当地寻求合作伙伴，因此，跨国企业选择在与本国文化差异较大的国家投资时，往往选择低承诺的进入模式（low comitment），即选择合资模式而不是独资模式，因为合资可以减少风险和不

① 很多学者（Kogut and Singh，1988；Hennart and Larimo，1998；Padmanabhan and Cho，1999；Brouthers and Brouthers，2000；larino，2003）以交易成本理论为分析框架，对文化差异影响 FDI 进入模式进行了大量实证研究，推动了交易成本理论深入发展。

确定性的暴露程度。但是文化差异的存在增加了与当地合作者的成本和不确定性，在这种情况下，独资模式可能是更好的选择。关于文化差异影响进入模式选择的实证研究文献大致分为以下三类。

（1）较高的文化差异使得外国投资者选择合资的进入模式。

安德森和科赫兰（Anderson and Coughlan，1987）以美国半导体企业国际市场进入模式选择为例，通过访谈方式收集一手数据，实证研究发现，这些公司在进入发达国家市场时倾向于选择独资模式，而当其进入文化差异较大的日本和东南亚市场时，大多选择了合资方式。寇伽特和辛格（1988）研究了228项进入美国的直接投资项目，认为外资来源国与美国文化差异越大，外国投资者越倾向于选择合资进入模式。因为与合资模式比较，并购模式使得外来企业与目标企业的员工在融合时产生较高的管理成本，而且管理成本随着投资国与美国的文化差异的增大而增加。阿伽瓦尔（Agarwal，1994）在寇伽特和辛格研究的基础上，以1985~1989年美国跨国公司在20个国家的148家子公司的进入模式决策为样本，实证检验发现文化差异与合资模式存在正相关关系。巴克马和维穆伦（1997）分析了1966~1994年荷兰25家跨国公司的828家子公司的进入模式，发现文化差异与合资模式存在显著的正相关关系。文化差异越大，海外投资企业越倾向于选择合资模式，因为文化差异越大，与对外直接投资相关联的不确定性就越高，而合资模式可以降低这种不确定性。但对文化维度考察发现，不同维度对进入模式的影响存在差异。具体而言，个人主义对合资模式的影响不显著，不确定性回避与合资模式呈显著负相关关系，权力距离、男性化与合资模式表现出正向相关关系。亨纳特和拉里莫（Hennart and Larimo，1998）检验了来自文化背景不同的日本和荷兰在美国子公司的市场模式，分别检验了权力距离和不确定性回避以及文化差异对所有权偏好的不同影响。其研究表明随着文化差异的增大，企业获得当地知识的难度增大，海外企业更可能选择合资模式，以通过利用当地合作伙伴获取相应的市场知识。塔托格鲁等（Tatoglu et al.，2003）以土耳其659家外国子公司为样本，运用二项logisitic回归研究文化差异与股权模式选择之间的关系，表明文化差异越大，企业选择合资模式的可能性就越大。同时他们根据股权比例，把合资企业分为多数股权、少数股权和平分股权。合资企业中所有权比例高于50%称为多数股权，等于50%称为平分股权，低于50%称为少数股权。他们在此基础上进一步把合资模式进行分类，即少数股权与平分股权模式，少数股权与多数股权模式，多数股权与平分股权模式。回归结果支持了理论分析假设。与土耳其文化差异越大的国家的外资企业越倾向于选择少数股权或平分股权模式，而很少选择多数股权模式。但文化差异系数显著为正表明随着文化差异增大，国外合作伙伴更倾向于选择平分股权而不是少数股权模式，这与潘（Pan，1996）的结论相一致。

布劳瑟斯（Brouthers，2001）把文化理解为包含投资风险在内的更加广泛的解释，认为文化能够帮助企业确定与特定市场相联系的风险或盈利能力，企业通常选择有吸引力的且风险较小的市场投资。从战略角度分析，企业会以独资的方式进入市场，以获得较高的收益，但随着投资风险增加，企业会选择合资的模式进入风险较高的市场，通过合资方式获取当地市场知识，可以使企业在长期内获得较低投资成本。德米尔巴格等（Demirbag et al.，2007）认为语言差异是文化差异的重要组成部分，其会对交易成本产生影响，语言的多样性增加了国外投资者的风险，从而投资者倾向于选择合资模式而不是独资模式。他们基于交易成本理论和制度经济学常识，提出相关研究假设，以在土耳其的6383家国外子公司股权模式为样本，实证分析了不同制度因素对海外子公司股权模式的影响，结果表明文化差异、语言差异是决定海外企业股权模式选择的重要因素。

（2）较高的文化差异使得外国投资者选择独资的进入模式。

尽管很多研究证实文化差异使得跨国公司倾向于选择合资的模式进入国际市场，但也有研究发现文化差异越大时，母公司对海外子公司的控制欲望就越强，也就是说母公司选择独资模式的可能性更大。在合资模式下虽然可以利用合作伙伴熟悉东道国文化环境的优势开展控制和某些协调工作，比如协调员工的管理和分销渠道的创建，与当地政府机构建立良好联系（Beamish and Banks，1987；Root，1987），但事实的另一方面是，随着外部不确定性增大，与当地伙伴的合作成本就会升高，为避免过高的合作成本，这时跨国企业可能倾向于选择独资而不是合资模式。

艾拉米粒和拉奥（Erramilli and Rao，1993）、亨纳特（1988）的研究认为合资企业的成本随着文化差异的增大在不断增加，因为价值观、行为准则的差异增加了寻找潜在合作伙伴以及与之谈判的困难，以致后来合约执行的效果变得扑朔迷离，而独资企业不存在寻找合作伙伴这样的困难。如果企业具有管理不确定性的能力，投资者将寻求高控制股权模式（Anderson and Gatignon，1986；Caves and Mehra，1986；Gatignon and Anderson，1988）。这些能力包括企业规模、国际化程度、技术密集性等。根据产业组织理论，企业规模越大，配置资源和控制风险的能力就越强，企业越有可能选择高控制权模式；从交易成本理论的角度看，大企业的这种控制能力使得它们承担市场失败风险的成本低于小企业（Jones，1987）。化解市场风险、降低配置资源交易成本的能力，使大公司在海外投资时面临的不确定性下降，从而选择合资模式的倾向就会下降，而国际化经验使得跨国公司更加精确地评估市场风险，只要企业具有管理海外市场风险的能力，那么就会选择高控制进入模式。艾拉米粒（1996）还利用权力距离和不确定性回避考察了国家文化特征对所有权水平选择的影响，认为高权力距离国家具有较高的人事控制权，海外子公司倾向于选择层级组织结构模式，而高不确定性回避国家依赖书面和标准规则控制组织结构模式。由此他推断来自高权力距离和高不确定性回避国家企业的海外子公司选择高股权控制模式。马德霍克（Madhok，1994）、安纳德和德利奥（Anand and Delios，1997）发现与东道国文化差异越大，海外企业越有可能选择独资进入模式，因为独资模式可以降低未来合作中的不确定性和摩擦成本。费希尔和拉纳辛哈（Fisher and Ranasinghe，2001）以新加坡建筑业为例，分析 FDI 企业的进入模式，结果表明文化差异与合资模式呈显著的负相关关系，也就是说文化差异越大，企业采用独资模式的可能性就越大，而文化差异越小，采用合资模式的可能性就越大。吉姆和格雷（Kim and Gray，2009）通过问卷调查的形式研究了韩国 228 家国外制造业的进入模式，研究结果表明文化差异与独资模式之间存在显著正向相关关系。

（3）文化差异对进入模式选择未产生影响。

上述文献研究表明文化差异显著影响了跨国公司进入模式的选择，但也有文献认为文化差异无法对进入模式产生影响。罗（Luo，2001）利用 1996 ~ 1997 年中国利用 FDI 的数据，运用二项 logistic 回归发现文化差异对外资进入中国市场模式选择在统计上没有产生显著影响。但先前的研究表明文化差异对进入模式具有重要影响，因此，罗本人推断市场进入模式与文化差异之间的关系可能与东道国的经济特征或经济类型有关。拉里莫（Larimo，1993）在研究芬兰对外直接投资企业时，发现文化差异对股权模式选择是没有影响的。赵和帕德马纳班（Cho and Padmanabhan，1995）研究了402家日本企业的756个案例，没有发现文化差异对进入模式产生影响。拉吉安和潘加尔卡（Rajan and Pangarkar，2000）以新加坡的跨国公司为例同样发现文化差异没有显著影响进入模式的选择。德米尔巴格等（2009）以土耳其522家海外子公司为样本，实证分析了影响股权式进入模式的决定因素，表明政治约束、语言差异和母公司多样化程度是影响进入模式的重要因素，但没有证据表明，文化差异对海外子公司的进入模式产生影响。

2. 从FDI行为的角度研究文化差异对进入模式的影响

学者们从FDI行为角度出发把进入模式分为绿地投资和并购投资。研究者持两种不同观点。一种观点认为文化差异使得既有管理模式的融合变得更加困难，从而使跨国公司对外直接投资时选择绿地投资模式，以充分利用企业在本国建立起来的管理惯例和制度。另一种观点认为在文化差异较大的国家建立企业，跨国企业缺乏关于当地政治、文化、社会价值观等方面的必要知识，因此，选择并购或合资方式投资可以减少投资的初始障碍。

寇伽特和辛格（1988）的研究表明不确定性回避越高的国家，其选择并购投资的可能性就越小。因为在高不确定性环境中，跨国企业的管理人员对以何种有效方式处理文化差异并没有做好充分的心理准备，而且企业员工不愿接受这种变革，因为跨国企业承担不断增加的管理变革成本（Hennart and Reddy，1997）。所以，为最小化不确定性导致的成本低效率，高不确定性回避的国家更偏好绿地投资而不是并购投资；反之，低不确定性回避的国家更偏好并购投资而不是绿地投资。霍斯金森和希特（Hoskisson and Hitt，1990）、沃纳菲尔特（Wernerfelt，1984）认为企业在扩张期内，资源和能力的储备会影响进入模式的选择，技术能力弱的企业倾向于通过收购创新企业获取新技术，而拥有较强技术能力的企业对收购既有企业缺乏动力，更愿意选择绿地投资方式进入国际市场。拉森和卢巴特金（Larsson and Lubatkin，2001）分析了跨国并购中的文化差异问题，认为文化会影响人们对环境的认知和理解，在跨国并购过程中，文化差异会影响人们对业务和管理的认知，进而影响跨国并购的结果。如果国家间的文化差异对并购目标具有互补性，那么文化差异就是一种有价值的资产，反之，就是负担和风险。跨国并购中的文化冲突会导致并购企业股东价值的下降和被并购企业的业绩恶化，而且会影响员工合作与承诺。问卷调查发现国家与国家之间的文化差异越大，并购交易和协调成本就越高，跨国并购的战略目标越需保持在较高的管理层次上；文化差距越小，文化兼容性就越高，管理者向子公司转移权力时就越舒畅。

巴克马和维穆伦（1998）以荷兰 25 家大型非金融企业在 1966 ~ 1994 年间的 829 起海外扩张案例为样本（其中 595 起并购案例，234 起绿地投资，涉及 72 个国家）研究海外扩张模式，发现文化差异对 FDI 行为模式有显著的正向影响，也就是接受外资的东道国与荷兰的文化差异越大，荷资企业在该国投资越可能选择绿地模式，接受外资的东道国与荷兰的文化差异越小，荷资企业在该国投资越可能选择并购模式。杜宾（Dubin，1975）研究了 1948 ~ 1967 年期间美国公司并购国外公司的情况，结果表明东道国和美国的文化差异越小，并购发生的概率越高，因为文化差异越小，海外子公司的员工对母公司的经营方式熟悉程度越高，母公司就越容易将其经营方法成功移植到子公司那里。张和罗森茨维希（Chang and Rosenzweig，2001）研究了 1975 ~ 1992 年 69 家日本公司和 50 家欧洲企业的 816 次进入模式，发现文化差异与绿地投资呈正向关系。肖卡特和卡莫尔（Shawkat and Kamal，2009）搜集日本企业在中国台湾地区、印度尼西亚、马来西亚、泰国的 538 起投资案例，运用 logisitic 回归发现文化差异对并购投资有反向影响，文化差异越大，日资企业在上述 4 个国家或地区投资越倾向选择绿地投资而不是并购投资。拉里莫维穆伦和巴克马（2001）、哈林（Harzing，2002）、拉里莫（2002）发现文化差异越大跨国公司越倾向于选择绿地投资而不是并购投资，因为选择并购投资，较大的文化差异会使后来的整合更加困难。与其他进入模式相比，并购模式的管理者承担整合国家文化和公司文化的双重责任，因而增加了并购失败的可能性。李（Li，1995）发现当跨国公司进入文化差异较小的国家时，面临较低的国家风险，选择绿地投资可以最大化企业特定优势。巴克马（1996）发现文化差异对并购投资的影响远超过其对绿地投资的影响，并购投资失败率超过绿地投资失败率，文化差异越大的国家间企业投资越倾向选择绿地投资模式。

但也有研究表明文化差异与进入模式之间并不存在相关关系。安纳德等（Anand et al.，1997）利用日本在西欧、北美和亚洲的1609家子公司的投资数据分析了绿地投资和并购投资模式的影响因素，研究表明文化差异与绿地投资呈负相关系，但统计上不显著。他们以批发零售业为例进行分析，认为文化差异对进入模式没有产生任何影响。布劳瑟斯（2000）以日本在西欧的直接投资为例，发现文化差异对绿地投资和并购投资没有产生显著影响。米特拉和戈尔德（2002）、李和程（Rhee and Cheng，2002）认为文化差异与直接投资进入模式间不存在相关关系。

2.2.4 文化差异对经营绩效的影响

1. 文化差异降低海外投资绩效

文化差异同样影响着跨国公司的经营绩效。文化差异对跨国公司绩效的影响存在不同观点。一种观点认为文化差异导致跨国公司海外投资绩效下降。海外跨国公司为了提高投资绩效，努力减少生产成本和各种风险，适应顾客需求，但文化差异的存在使得问题变得复杂，较高的文化差异导致绩效下降。李和吉辛格（Li and Gui-singer，1992）、张（1995）、罗和彭（Luo and Peng，1999）等认为当跨国公司在国外市场开展业务时，文化差异的存在导致组织内部冲突和较差的组织行为执行效果，同时在文化差异较大的市场上，公司管理层不能很好地利用与技术开发、联合生产、广告和分销相关的规模经济与范围经济，文化差异增加了培训监督、控制成本以及管理认知的差异，最终影响了经营绩效。帕克赫（Parkhe，1991）、申卡尔（2001）认为国与国之间的文化差异较大时，跨国公司在东道国投资的绩效往往较差，原因在于文化差异会造成交易效率的下降、敌意的产生或显著的不适、经常的文化冲突等。莱恩和比米什（Lane and Beamish，1990）认为国家文化差异能够带来企业的行为和管理系统的差异，最终导致跨文化冲突。帕克和恩格森（Park and Ungson，1997）认为国家文化差异会导致员工的价值观和行为的差异，从而导致沟通、协调的困难，增加了交易难度，降低了直接投资的效率。哈林和菲利（Harzing and Feely，2008）认为文化差异使国外投资承担更大的责任，增加了国外投资者海外从事生产经营活动的困难，综合各种因素导致海外经营失败，降低投资效率。

2. 文化差异有益于跨国公司绩效提升

另一种观点认为文化差异对跨国公司绩效产生正向效应（Gomez - Mejia and Palich，1997；Park and Ungson，1997）。持该观点的学者认为，跨国公司能够进入文化差异较大的市场是因为自身具有海外生产的巨大组织优势，尽管存在民族文化差异，跨国公司仍可通过获取关键资源提高内部管理能力，在文化背景差异较大的市场上，通过把海外公司置于高级研发环境中，从而提高与创新相关的绩效收益（Birkinshaw，1997；Hakanson and Nobel，2001）；而且较大的文化差异有利于改善营销决策、提升创新性和创造力，从这一角度看，文化差异有利于海外投资业绩的提升。摩罗西尼等（1998）在1987~1992年间调查了52家跨国公司，发现多国企业通过进入目标公司并获得嵌入民族文化中的多样性管理和技能，从而提高跨国并购的绩效。波图库奇等（Pothukuchi et al.，2002）把文化差异分为国家文化差异和组织文化差异，并分别阐述国家文化和组织文化对企业绩效的影响，并把企业绩效表征为满意度、效率和竞争力三个方面，在此基础上通过实际采访收集数据，实证研究国家文化和组织文化差异对企业绩效的影响。结果表明文化差异对合资企业的效率和竞争力具有显著的正面影响，对满意度没有产生影响，但组织文化对满意度产生显著的负面影响，而且发现文化差异对企业绩效的影响主要来源于男性化这一维度。还有的研究认为与东道国国家文化相协调的管理行为导致更好的管理绩效。①

西方学者对跨国公司海外子公司的绩效水平以及文化差异之间的关系同样非常关注。乌伦布鲁克（Uhlenbruck，2004）认为文化差异影响跨国公司子公司利用海外特定区位拥有的具有重要价值资源的能力，从而影响海外子公司的绩效。吉辛格（1991）、巴克马和潘宁（Barkema and Pennings，1996）以及拉里莫（1998）的研究结论是文化差异对跨国公司海外子公司的生存会造成负面的影响，在巴克马和维穆伦

① 一些学者（Wilkins and Ouchi，1983；Morosini and Singh，1994；Newman and Nollen，1996）做过系统研究，读者可参阅相关文献。

（2001）所做的进一步研究中，对这个结论进一步提供了佐证。但是马德斯等（Mardas et al.，1996）利用实证数据研究发现文化差异提高了海外子公司的经营绩效；科萨皮杜和瓦萨基利斯（Kessapidou and Varsakelis，2002）利用在希腊的478个国外子公司数据，分析发现了文化差异有利于提高海外子公司的业绩，文化差异越大，在希腊的国外子公司的绩效水平就越高，进一步发现在希腊投资的国外子公司的个人主义维度得分越高，其子公司的绩效越好。梅西亚和帕里奇（Mejia and Palich，1997）利用1985～1994年财富500强企业的统计数据实证研究发现文化差异与跨国经营及公司绩效没有显著的关系。

3. 文化差异与企业生存关系的实证研究

也有学者从合资企业的生存角度考察文化差异对企业绩效的影响。巴克马（1996）、申卡尔和泽拉（Shenkar and Zeira，1992）认为文化差异使得合资企业内部的紧张关系无处不在。这种紧张情绪来自双方对合资目标的分歧、企业的管理、信息公开与封闭以及对合资企业的忠诚与机会主义等，紧张关系导致企业内部冲突，进而合资企业走向解体。因此合资企业的管理是一项极精致的平衡艺术，过度紧张会导致合资双方产生难以承受的交易成本（Schaan，1988）。

巴克马和维穆伦（1997）利用1966～1994年25家荷兰跨国公司在72个国家的828起合资项目，运用事件研究法和生存研究法探讨了文化差异与合资企业的生存关系，以霍氏的五个文化维度为基础，分别讨论了每一个维度对企业生存的影响。其中不确定性回避、男性主义和长期取向对合资企业的寿命有显著负面影响，而权力距离和个人主义没有明显影响。亨纳特和曾（Hennart and Zeng，2002）认为不同国家企业组成的合资企业由于受到母国文化差异的影响，价值观的不同、管理风格和目标的差异等将导致各种冲突，这些冲突将会降低合资企业的存活率。他们采用1980年前在美国成立的97家美日和日日合资企业为样本（23家日日合资企业，74家美日合资企业）进行实证检验，发现不同国家企业组成的合资企业比相同国家组成的合资企业失败率更高：即美日合资企业比日日合资企业的存活时间更短。[①] 安纳德（2001）、梅西

① 一些学者（Harrigan，1988；Shenkar and Zeira，1992）实证研究得出类似的结论。

奇（Meschi，2005）研究了外资在新兴国家的投资后发现，在新兴国家30%～50%的合资企业在第一个5年内即被出售或解体，原因在于这些转型经济国家不稳定的政治经济环境加上文化和组织差异导致合资企业面临很大挑战。巴克马（1996）的研究部分地支持了文化差异与荷兰海外被并购企业寿命之间具有负向相关关系。梅西奇和爱德森（Meschi and Edson，2007）利用风险分析法研究了1974～2003年165家在巴西的合资企业，发现文化差异导致合资企业失败率上升，文化差异越大，合资企业失败的概率就越高，但是他们在引入文化差异与合资企业持续期的交互项后发现，合资企业持续期越长，文化差异对企业的失败影响越小，表明随着合资企业持续期的延长，文化差异对企业生存的影响开始变小。但也有研究认为文化差异有利于延长合资企业寿命。帕克（1997）发现文化差异提高了合资企业的寿命。他通过比较美日合资企业与美美合资企业发现，美日合资企业比美美合资企业被解散的可能性更小。美日合资企业最终解体的比率为39%，美美合资企业的解体比率为52%；美日合资企业的存续期为6.4年，而美美合资企业存续期不到4年。不过值得注意的是拉里莫（1993）、贝尼托和拉里莫（1995）以及贝尼托（1997）发现了文化差异与芬兰和挪威跨国公司的海外子公司的存活率之间没有明显的关联。

4. 文化差异与跨国并购绩效研究

20世纪90年代以来，随着并购活动的增加，许多文献加强了对跨国并购过程中文化差异的研究。洛西尼等（1998）系统地分析了文化差异对跨国并购绩效的影响。在跨国并购的背景下，文化差异代表并购企业与目标企业各自所在国家在标准、管理程序和技能等方面体现出的差异。特别是程序和技能与文化差异有直接的联系，对并购后的绩效具有至关重要的影响，而且其会随着文化差异变化发生较大波动（Jemison and Sitkin，1986）。在这个多元化的世界，跨国公司要想参与竞争，必须拥有多样化的程序和技能，而程序和技能依赖于跨国公司独一无二的制度和文化环境，而且不会轻易被其他公司所模仿。考虑到程序和技能的未来价值的不确定性，跨国公司内部对拥有更多管理程序和技能表现出浓厚的兴趣，而跨国并购是获得融入异国文化有价值的管理程序和技能的途径，跨国公司必须通过并购文化差异较大的企业提高企业拥有未来潜在价值程序和技能的可能性。因为在文化差异较大的国家进行并购，能够利用完全不同于本国的管理程序和技能，这些管理程序和技能可以改变企业的战略、结构以及业务，从而提高公司绩效。在这一背景下，洛西尼进一步从理论上分析了文化差异对跨国并购绩效产生影响的途径。首先，对能够产生持续竞争优势的管理程序和技能，必须是不容易被其他企业所模仿的。一条途径是通过组织内部学习提升绩效。来自不同文化背景的企业通过互动和相互学习，形成组织程序。另一途径是通过专业化影响绩效。跨国并购可以利用与当地背景相关的专业化技能完成特定任务。因为在员工履行职责时，以与本国文化背景一致的方式比以不同于本国文化背景的方式付出的代价更低。卡特莱特和库珀（Cartwright and Cooper，1993）的研究表明，由于文化的影响，一家企业被另一家文化背景不同的企业并购时会产生紧张和敌对情绪，被并购企业并不情愿执行需求的变革，导致并购活动的失败。尽管文化差异也一直被认为是导致跨国并购不能实现预期目标的主要原因，但许多跨国并购研究对民族文化持积极的态度。达塔和普亚（Datta and Puia，1995）对美国企业跨国并购的研究表明，文化适应性对价值创造具有正面影响，跨国并购的显著特征就是高水平的文化差异。拉森和芬克尔斯坦（Larsson and Finkelstein，1999）的研究认为，跨国并购中的民族文化差异意味着更高的并购潜在价值、更低的员工抑制和流失率。

5. 文化的动态影响研究

文化对国际直接投资的影响得到了众多理论和实证研究的支持。但也有研究发现，随着经济全球化的发展，企业在国际化进程中，通过组织学习增加开拓国际市场经验，从而使得文化对直接投资的影响呈弱化趋势。邓宁（1998）指出，过去 20 多年来跨国公司不断增加的经验、知识以及在不同文化和制度环境中的暴露，使得文化环境带来的效应出现下降。约翰森和瓦德协姆（1975，1977）认为文化差异对发达国家的影响小于发展中国家，其原因是发达国家跨国公司比发展中国家跨国公司具有更丰富的开拓国际市场的经验，具备更强的适应不同文化环境的能力。戴维森（1980）曾做过相似的研究，证明处于起步阶段的跨国公司在投资区位选择时对文化环境接近的国家有明显偏好，而处于成熟阶段的跨国公司投资区位选择的敏感度明显下降。因为随着国际化经验增加，企业对获得国外市场需求、成本、收益的能力增强，国际化的早期阶段由不确定性主导的市场选择函数转变为以经济因素为主的市场函数，市场选择趋向多元化。寇伽特（1985）的研究显示，随着投资者在东道国经营行为的深化，他们对当地文化的熟悉程度随之提高，跨国公司所感知的文化差距相应缩小，文化差距缩小弱化了文化对直接投资的影响力。罗立和吉辛格（1995）利用 1977～1982 年统计数据，从实证角度检验了文化差异对美国对外直接投资区位选择的影响，结果发现 1977 年文化差异与 FDI 区位选择呈显著的负相关关系，而 1982 年这种关系在统计上并不显著，他们给出的解释是随着时间推移，跨国企业的跨国经营经验、职业培训和交流沟通降低了其进入不同东道国市场的文化差异障碍。奥加拉和蒂尔瓦宁（2007）以案例调查的方式，对 57 家芬兰中小软件企业进行深度访谈，发现最初进入国际市场时，文化差异显著地影响到它们对国际市场选择，但随后的影响力逐渐减弱。

2.2.5　文化差异与外商在华直接投资关系研究

另外，值得我们关注的是文化与中国利用外资关系的研究。随着中国对外开放进程加快，越来越多的外资进入中国市场，中外文化差异对对外直接投资的影响也引起了学者们的关注。劳森（Lawson，2002）曾指出来自澳大利亚的管理人员试图与来自亚洲国家的管理人员和员工合作共事时，经常遭遇挫折，这是因为忽视文化差异引起的。尽管管理技巧可以转移，但它依赖于应用该技术的人员对其的理解和解释，但由于文化背景的不同，管理人员对其理解存在明显差异（Liu and Mackinnon，2001）。在华的合资企业和跨国公司子公司的外方管理人员遵循西方管理原则，在合资企业里，他们企图利用西方管理原则领导中方人员。但是中西方在管理实践上存在显著的文化差异（Littrel，2002）。西方社会管理者被视为强调个人主义而不是集体主义，强调责任而不是权力，强调独立性和分权而不是集权。这些特征显然与更加强调集体主义的中国文化不是完全融合的。基于西方企业的管理实践理论并不适应中国现实而且也不被中国人所理解，长期来看会导致外资企业在管理上的困难。凯伊和泰勒（Kaye and Taylor，1997）分析了中西文化差异给外资企业带来的影响，估算了外资在华直接投资失败给母公司带来的平均损失大约为6.5万~30万澳元，约16%~40%的国外管理者因文化差异问题提前结束了在中国的任期。

2.2.6 文化差异与中国对外直接投资研究

随着我国对外直接投资规模的扩大，文化差异影响中国对外直接投资问题引起了学者们的关注。在借鉴国外研究成果的基础上，学者们对中国对外直接投资问题进行了广泛深入的研究，并取得了一系列成果。

1. 中国对外直接投资研究

目前大量文献针对中国对外直接投资做过研究，包括直接投资的动因、影响因素、区位选择等问题的研究。例如，祝建民（2000）认为中国企业对外投资宏观上的战略动机是占领国际市场，分享国际资源，发展壮大跨国公司与发达国家经济相抗衡。微观上的战略动机是追求风险调整后的收益最大化。崔家玉（2010）将中国对外直接投资动因分为内部原因和外部原因。外部原因包括外部竞争的压力、经济结构调整以及东道国的优惠政策；内部原因包括追求利润最大化、需求资源和国外市场以及学习国外先进技术和经验。张为付（2006）对中国对外直接投资的动机做了概括，认为中国海外投资企业动因更多地体现在对国际市场的争夺、学习先进技术和规避贸易壁垒等因素。对中国对外直接投资区位选择问题的研究，具有代表性的是程惠芳等（2004）通过运用贸易引力模型分析了中国企业对外直接投资的区位选择问题，认为中国与投资目标国的经济规模总和、人均国民收入水平、双边贸易量等与中国对目标国的直接投资流量正相关，而中国与目标国的距离与直接投资流量负相关。唐礼智（2010）剖析了我国农业对外直接投资区位选择的动机，并据此从地区和产业两个层面提出了我国农业对外直接投资区位选择的具体路径。

2. 文化差异影响中国对外直接投资研究

近年来国内学者开始关注文化差异对中国对外直接投资的影响问题，已有文献从跨文化管理、投资模式、区位选择等方面做过探讨。熊芙蓉（2007）从跨文化管理的角度分析了中国企业海外并购的文化难题在于经营思想、管理模式、人事制度等方面的差异，此外，海外被并购企业对中国文化认同度较低也是导致并购失败的原因。周淼（2007）提出了中国企业海外并购的五种跨文化整合模式，并建议根据双方企业文化特征，采取相应的整合模式，实现跨国并购的战略目标。李众敏（2010）研究了中国对外直接投资管理体制问题。聂明华（2009）分析了中国对外投资企业面临的主要风险，并就文化冲突风险如何影响对外直接投资活动进行了阐述，从管理体制角度提出了提升对外投资风险管理的意识和水平。周凌霄（2006）认为东道国文化环境因素在跨国公司进行对外直接投资策时的作用越来越大。东道国与跨国公司母国间的文化差距越小，跨国公司在当地投资的风险越小，中国企业在进行对外直接投资时必须对东道国的社会文化环境予以足够重视。张宏（2009）利用114个东道国截面数据考察了东道国区位因素对中国对外直接投资的影响，以东道国的当地华人比例代表文化的影响因素，研究结果表明东道国与中国的双边文化因素对中国对外直接投资流量影响显著。项本武（2005）、王丹（2007）等分别检验了东道国特征对中国对外直接投资的决定作用，并分析了文化因素的影响。通过总结主要研究文献我们发现，影响中国对外直接投资的因素主要包括经济规模、政治体制、基础建设、关税水平、友善引资制度、市场发育程度、金融管制程度、经济自由、地理距离、市场开放程度、汇率等。

总揽国内文献，我们发现国内学者在对外直接投资方面的研究表现为对中国的对外直接投资发展状况和趋势进行系统理论分析，建立相关模型，考察对外直接投资的动因、优势、投资方式、区位选择和行业选择等；同时，随着统计数的完善，学者们在实证研究方面取得了众多成果，但已有文献中以文化为视角研究外商在华直接投资或中国对外直接投资的文献比较少见。

2.3 总结性评述

FDI作为战后世界经济领域的重要现象，长期以来备受学者们关注。国外关于FDI的研究文献无论从理论还是实证角度都已相当丰富，现有研究成果包括FDI动因、区位选择、对世界经济和东道国经济的影响等多层次、多视角的研究。随着研究的深入和全球化的发展，文化因素逐渐进入学者们的视野，文化因素被纳入研究的范畴。相关文献也从跨文化管理、文化集群的角度分析了对外直接投资企业面临的文化差异和冲突，并提出了克服文化冲突、规避文化风险的建议。20 世纪 70 年代霍夫斯泰德的文化维度理论提出后，进一步推动了对外直接投资与文化差异关系的研究。现有国内外文献对文化差异与国际直接投资的理论研究主要从以下四个方面展开：（1）文化差异对直接投资区位选择的影响。研究结论表明文化差异对直接投资区位选择有重要影响，跨国投资企业倾向于选择与本国文化差异小的国家或地区进行投资，但进一步研究发现文化差异对直接投资区位选择影响随着时间推移在弱化。（2）文化差异对 FDI 进入模式的影响。这里包括两个方面：一是文化差异对 FDI 企业海外子公司进入模式的影响，即绿地投资或并购投资的选择问题；二是文化差异对 FDI 企业海外子公司所有权结构的影响，即选择独资还是合资的问题。（3）文化差异对 FDI 企业绩效的影响。（4）文化影响的动态研究。文化差异与 FDI 关系的研究极大丰富了跨文化管理研究成果，尽管研究结论不尽一致。纵览现有研究文献，我们认为仍存在一些值得探讨的问题。

第一，虽然文化维度模型有助于人们理解不同国家文化的差异，有利于我们理解、解释和预测特定群体的文化行为，但都不同程度存在不足。早期的研究主要借助于人类学、社会学、心理学的相关理论作为基础，采用社会学的研究方法，更多的是建立在空想与假定的基础上的，缺乏实践检验。经验研究中每一文化价值观维度都立足于国家层面，而非个人层面，即一个国家代表一种文化。但现实情况证明国家文化与个人或组织文化是存在差异的。彼得斯和沃特曼的研究证实了一国中绩效卓越的企业可能具备一些同本国主流文化不同的特殊理念，如 IBM 公司位于高个人主义指数、短期导向的美国，但是该公司却始终非常重视团队合作和长期利益。因此，简单地将国家文化套用到一国所有个人和组织头上，这种选择是否得当值得商榷。而且，现有文献主要基于文化的静态分析，对文化的动态影响研究明显不足。然而文化作为复杂的社会现象，并非一成不变。生产力的发展、科学技术的进步都可能推动社会文化的变迁，而文化对国际直接投资的影响也会在动态变迁中不断演化，加强对文化的动态性考察，无疑是未来研究的一个新视角。

第二，理论研究方面，目前没有一个关于文化差异与直接投资的综合性理论模型，文化差异与直接投资的关系研究处于零散的初级阶段。虽然文化维度模型对民族文化差异做过解释，但这些模型主要基于跨文化视角揭示不同国家间的文化差异，国际直接投资理论主要是基于资本流动的角度，解释了国际资本流动对跨国经营活动产生何种影响，而两者的结合目前处于空白状态。因此，我们需从理论上对文化差异与直接投资的关系进行创新与发掘。另外，对于文化维度、文化差异的衡量仍存在诸多困难和不足。虽然霍夫斯泰德的文化维度理论在实证研究中得到了广泛应用，但近年来对该理论有效性的质疑之声不绝于耳（Shenkar，2001；Cho and Padmanabhan，2005）。不同文献里，作者对文化指标选取的不同所带来的实证研究结论的差异影响了文化与国际直接投资关系的判定。因此，我们期待更多学者加强在该领域的创新研究工作，进一步精细化文化的度量，提升研究质量。

第三，从研究主体看，无论是理论模型还是经验研究，大量研究文献主要集中于发达国家，针对发达国家直接投资与文化差异关系开展研究工作。施瓦兹（1997）的文化维度模型选取的样本国家多数为发达国家，影响深远的霍夫斯泰德的文化维度研究基于对 IBM 公司员工调查得出结论。经验研究文献同样基于发达国家间的 FDI 流动与文化差异展开研究，基于发展中国家的实证文献远少于发达国家。然而一个不容忽视的事实是，当前经济全球化的发展特别是新兴国家的崛起，导致流向新兴国家的 FDI 规模越来越大，现有文献的研究与发展中国家的地位明显出现不对称性。而且发展中国家有一些固有特征，如高企的通胀，低效的要素市场，恶劣的制度环境，这些特征使得发展中国家与发达国家在文化制度环境方面存在巨大差异，这些差异是否影响先前的研究结论在发展中国家的适应性，有待于学者们做进一步的探讨。托马斯和格罗斯（Thomas and Grosse，2001）针对墨西哥利用国外直接投资的数据做过研究，得出不同于以往的研究结论，所以针对发展中国家 FDI 流动事实，需要进一步探讨和验证。今后研究中关于发展中国家 FDI 流动与文化差异关系的研究值得学者们重点关注和探讨。

第四，从研究行业看，现有文献研究对象主要集中于制造企业，对快速发展的服务业的关注甚少。但是经济全球化推动服务业资本全球流动，而服务业资本的跨国流动同样受国家文化的影响，文化差异如何影响服务业 FDI 值得深入分析。

第五，国内方面，一些学者从文化角度探讨了中国利用外资和中国对外直接投资的问题，取得了相应的研究成果，但从目前研究现状来看，这些成果相对较少，研究成果中一般性论述多，定性分析多，定量的经验研究较少。随着中国对外直接投资的快速发展和规模快速扩大，文化差异和冲突影响中国对外直接投资的案例并不少见，进一步加强中国对外直接投资的文化差异研究刻不容缓。

第3章　文化差异表现形式及其影响对外直接投资理论分析

20 世纪 90 年代以来，对外直接投资的迅猛发展强化了世界各国间的经济联系，推动各国经济相互渗透、相互依赖和融合。对外直接投资在使各国经济联系更加密切的同时，也受到民族文化因素的制约，文化因素成为国际企业对外直接投资过程中不可忽视的重要因素。正确认识和识别对外直接投资中的文化差异与冲突并积极采取应对策略成为现代企业经营成败的关键。本章将从理论上重点阐述国家间文化差异的表现形式及其对国际直接投资活动的影响。

3.1　文化差异的内涵与表现

3.1.1　文化含义及构成要素

1. 文化含义与特征

文化是人类社会最为复杂的一种现象，其含义非常广泛，人们对它的理解千差万别，自从有人类文明以来，人们从不同的角度对文化进行过不同的阐释。我国的《辞海》把文化的定义分为两个层次：从广义上说，文化是指人类社会历史实践过程中所创造的物质财富和精神财富的总和；而从狭义上说，文化是指社会的意识形态以及与之相适应的制度和组织机构。“人类学之父”爱德华・B. 泰勒是较早对文化进行规范定义的学者，1871 年其在代表作《原始文化》一书中给出的文化定义是：文化是一个复合整体，它包括知识、信仰、艺术、道德、法律、风俗以及作为社会成员而获得其他方面的能力和习惯。文化影响着人们的价值观，决定了人们的态度，影响着人们的各种行为。[①] 荷兰著名的跨文化管理学者霍夫斯泰德（1984）把文化定义为一个民族区别于另一民族的共同心理程序的集合。莱德拉克（Lederach，1995）认为文化是一个民族为识别、解释、表达和对社会现实做出反应而创造的共享知识和程序。在人类历史发展的长河中，尽管不同的民族对文化的理解存在差异，但普遍认为文化具有以下几个基本特征。

（1）文化是由若干部分或因素构成的，是学而知之的。文化的内涵和外延都相当丰富，涉及语言、技术、教育、宗教、价值观、社会风俗等多种内容，这些内容相互依存、相互影响，共同构成了一个复杂的完整体系。同时文化不是与生俱来的，它是通过人类后天的学习和实践经验获得的。一个人在很小的时候就开始学习本文化群体的行为方式，在有意无意的交往中进行。人的社会观念、生活常识、专业技能、风俗习惯、道德情操等都是后天习得的，是社会化的产物，那些不需要学习的先天遗传本能不能称之为文化。

（2）文化是某个社会成员共同享有的，具有自我认同性。文化作为一种社会成员约定俗成、共同遵守的行为指南，具有典型的民族特征，即文化表现为本民族所有成员或多数成员所共同的行为共性，也是一个民族区别于其他民族的特性。因此，不同民族具有不同的文化特质，即使同一文化中包含着若干亚文化的特征。任何一个国家、一个民族的文化，在其发展过程中，都极力维护自己的民族传统，保持自身文化的特色，这被称为“文化的自我认同”。从世界范围看，世界各国在实现现代化的进程和方式上，都尽可能地保持了自己民族文化的特色，最大程度上实现了民族文化的自我认同。文化是一个民族世世代代积累的文明成果，是一个民族不断发展的源泉，可以强化一个民族的自尊心、自信心。

（3）文化具有传承性。每个民族的传统文化既有自我认同性，又有传承性。它们都具备某种传递和延续生命的手段，都有一整套自己的传承机制。民族文化传承在很大程度上影响着每个成员，每个成员的身

① 王朝晖. 跨文化管理［M］. 北京：北京大学出版社，2009：1.

上都深深镌刻着本民族传统文化的印迹，这种传承性十分稳定和持久，存在于整个民族文化的发展中，并作为民族核心要素与民族共同体相伴始终。而且，文化传承性协调并维持着一个民族的平衡，对民族的发展起调适、整合的作用。一个民族的传统文化是该民族成员世代传承相沿的共识符号，是该民族共同体团结的象征。

（4）文化是不断演进的。文化并非是一成不变的，而是在传承的过程中不断演进、发展和创新的。从古至今，每个时期的文化皆呈现与特定时期紧密相关的特征，不同时期有不同的文化特征，尽管这些特征具有传承性和稳定性。每一代人都生活在一定的文化环境之中，并且自然地从上一代人那里继承了传统文化，同时，每一代人都会根据自己的经验和需要对传统文化加以革新，在传统文化中注入新的内容，抛弃那些过时的不合需要的部分，从而推动文化变迁。

2. 文化构成要素

文化构成要素即文化包含的各种基本成分。综合前述分析可知知识、宗教信仰、艺术、道德风俗、社会组织、价值观念、行为规范、语言符号等都是文化的构成要素（表3-1是部分学者对于文化构成要素的简单总结）。

表3-1　部分学者关于文化要素研究总结

研究学者	年份	文化要素
基根	1998	宗教：影响对事物的看法与消费；家庭：是大家庭还是小家庭以及家庭在社会中的角色；教育：影响消费者对产品的了解程度与使用程度；社会因素：一个特定社会的社会结构；语言：把上述因素连接起来的纽带；观念：由上述方面综合而成
凯特奥拉和格雷厄姆	2000	物质文化：包括技术和经济；社会制度：社会组织、教育和政治结构；人和宇宙：涉及宗教、迷信及相关的权力结构；美学：包括书画、造型艺术、民间传说、音乐、戏剧、舞蹈；语言：口头语言及语言距离
希科泰姆和龙凯宁	2004	语言：口头语言和非口头语言；宗教信仰：宗教的作用； 价值观和态度；对于时间、风险等问题的认识，行为和习惯；物质要素：科学技术、社会组织等；审美：对美的认识和思考；教育：影响消费、观念和认知

资料来源：作者根据相关资料整理而得。

为了便于理解和把握文化含义，我们借鉴社会学家的研究成果，把文化要素分成以下几类。

（1）精神要素，即精神文化。精神文化是文化要素中最有活力的部分，是人类创造活动的动力，也是人类区别于动物的重要标志之一。精神文化包括哲学和其他具体科学、宗教、艺术、伦理道德以及价值观念等，其中价值观念是精神文化最为重要内容，构成精神文化的核心。价值观念是一个社会的成员评价行为和事物的标准。这个标准来自人的内心世界，并通过态度和行为表现出来。它决定人们赞赏什么、追求什么、选择什么样的生活目标和生活方式；同时价值观念还体现在人类创造的一切物质和非物质产品之中，产品的种类、用途和式样，无不反映着创造者的价值观念。价值观念是在社会共同生活中培养起来的，所以在一个群体或社会中，会形成大体一致的价值观念，这就是群体或社会的价值。群体或社会的价值决定着这个群体或社会的特有生活式样。

（2）语言和符号。语言是人类交流沟通的工具，也是知识继承和传递的桥梁。能够使用语言和符号从事生产和社会活动，创造出丰富多彩的文化，是人类特有的属性。人们用语言在自己的头脑里构造了客观的现实世界。世界上语言众多，大约有3000种不同的语言，所以语言不同，对客观世界的反映也不同。符号通常被称作是一种无声的语言，也是人类社会交流过程中不可缺少的手段，它的应用甚至比有声语言更广泛。符号一般包括身体的姿势、表情、动作、声音、图形、标志等，符号的不同也是文化特色的表现。

（3）规范体系。规范是人们行为的准则，是人类为了满足需要而设立或自然形成的，是价值观念的具体化。它既包括约定俗成的风俗，也有明文规定的法律条文、群体组织的规章制度等。不同规范之间互相联系、互相渗透、互为补充，共同调整着人们的各种社会关系。规范体系具有外显性，了解一个社会或群体的文化，往往是先从认识规范开始的。

（4）社会关系和社会组织。社会关系是上述各文化要素产生的基础，而生产关系又构成了各种社会关系的基础，在生产关系的基础上，又会发生各种各样的社会关系。这些社会关系既是文化的一部分，又是创造文化的基础。社会关系的确定和发展要有组织保障，社会组织是实现社会关系的实体。社会组织是一个社会中人与人发生关系的方式，它确定人们在社会中所扮演的角色，即人与人之间的权责模式，主要包括地位、角色、制度和社会群体。社会组织有共同的意识和规范，这些意识和规范影响人们的行为。一个社会要建立诸多社会组织来保证各种社会关系的实现和运行。家庭、工厂、公司、学校、教会、政府、军队等都是保证各种社会关系运行的实体。社会组织包括目标、规章、一定数量的成员和相应的物质设备，既包括物质因素又包括精神因素。社会关系和社会组织紧密相连，成为文化的一个重要组成部分。

总之，文化的实质是人类在行为和观念方面的一种生活方式，涉及价值观念、风俗习惯、宗教信仰、语言教育等人类生活的各个方面，这些因素共同构成文化的整体概念。虽然对文化的理解可以分为物质层次和精神层次，但本书的研究所涉及的文化主要是指精神文化，而物质文化排除在研究范围之外。精神文化是指以心理、观念、理论形态存在的文化，也是通常所指的狭义文化，它包括语言和符号、教育、价值观念、伦理道德、风俗习惯、宗教信仰、民族主义以及涵盖以上因素的企业文化等内容。

3.1.2　文化在社会生活中的作用及其对经济生活的影响

1. 文化在社会生活中的作用

文化及其产品作为人类全部精神活动，是一种社会精神力量，它渗透在社会生活的方方面面，在人类认识世界和改造世界的过程中转化为物质力量，对社会生活产生深刻影响。文化属于上层建筑的范畴，因而它是由一个国家、一定时期的经济基础决定的，同时又对经济社会的发展具有不可低估的反作用力。人的发展程度、社会的文明水平是由文化发展水准来判定的。由此，我们可以认为，在一定的社会经济政治基础上形成的文化，必然会对社会的经济基础和政治上层建筑产生强大的反作用，这种反作用中突出的一点就是对人的全面发展和社会文明程度的提升作用。

首先，先进文化在社会生活中起到积极的促进作用。作为观念形态的文化，是经济基础和自然、社会发展规律在人们头脑中的反映，在具体形态上表现为世界观、人生观、价值观，人类社会的发展必然受这些意识形态的影响和导引，它们时时刻刻发挥着作用。例如，在人类历史上，先进文化观念在解放生产力、推动社会发展进程中发挥了积极的作用。18 世纪始于英国的西方资产阶级革命胜利后，文艺复兴进入大繁荣、大发展时期，文艺繁荣推动了西方经济的崛起和经济起飞，并最终使其进入资本主义社会；我国改革开放后的经济腾飞和社会发展得益于改革开放以来我国文化战线上恢复了百花齐放、百家争鸣的优良文化传统，这使得文化事业繁荣发展，推动了社会主义建设事业蒸蒸日上。①

其次，文化的作用还体现在一个民族的文化凝聚力上。文化对一个民族具有显而易见的凝聚力，几千年来文化凝聚力推动着世界上不同的民族自强不息、奋发图强。中华民族历史上的分分合合演绎了几千年，最终都要走向国家统一，其根本原因在于中华民族几千年来博大精深的中华文化具有强大的吸纳改造精神，增强了中华民族的凝聚力。

最后，先进文化能够调动人们的积极性和创造性，提升人们的进取精神。先进文化褒扬真善美、鞭挞假恶丑，当人们接受先进文化艺术的熏陶时，通过文化艺术语言或情节的感染，可以使人产生一种积极向上的愉悦心情，身心上的重负得到释放，人们会获得一种新的精神动力。这种愉悦是文化艺术作品通过对人施加作用的最直接的表现。中国进行的社会主义精神文明建设就是致力于用先进文化激发人们的热情和创新精神，推动中华民族不断进取。

2. 文化对经济生活的影响

文化对社会的重要影响，最主要的还是体现在文化在社会经济中的运用及其对经济活动的影响。经济活动是一项人类参与的社会活动，必然形成一定的制度等行为约束，这些制度安排和行为约束就形成了各个时期的文化环境，这些文化环境又作用于经济活动，对经济活动产生影响。随着社会的发展，文化因素，包括观念、知识、信息、科技乃至心理因素越来越具有重要的、主导的甚至决定性的作用。作为经济活动主体的人，在社会经济生活中不可能是纯粹按市场信号行动的理性“经济

① 本段及下段主要参考《文化力的作用》改编，来自文化兰州网，http：//www.whlz.gov.cn/Article/ShowArticle.asp？ArticleID＝122。

人”，而是受特定时代和社会关系约束的“文化人”。人们的价值观念、社会心理以及文化传统、风俗习惯等文化因素构成经济活动的背景，进而通过影响经济活动主体的精神状态、思维方式、行为方式而影响经济活动的效率。德国社会学家马克斯·韦伯曾指出，新教伦理所孕育的时间观念、勤俭观念、天职观念、信用观念等作为经济伦理，为资本主义经济发展提供了文化上的支持。[①] 他在《新教伦理与资本主义精神》一书中提出：没有企业家阶层，就没有资本主义的发展；而没有道德宪章，就没有企业家阶层；没有宗教信仰，就没有道德宪章。随着知识经济时代来临，文化对经济影响的先导作用将进一步凸显出来，也会激发人们对经济发展的文化环境和背景的深入思考。

（1）文化与创新经济。创新是经济发展的灵魂，也是文化发展的动力核心。创新过程可以体现在文化的积累和文化传承过程中，也可以体现一个人、一个民族的进取精神和宽广的胸怀。创新不但继承了文化传统，而且还推动了文化前进，使文化得以发展。文化在经济领域最成功的运用体现在创新在推动企业发展过程中的作用。企业的创新活动提高了效率，减少了消耗，增加了产出。企业依靠创新，用更先进的生产方式来生产制造商品，既可以提高企业利润率，同时也有利于企业竞争地位的提升。因此，创新活动不但能让一个企业更好地生存，也是经济活动得以正常运行和发展的必然条件。

（2）文化与企业管理和生产经营。市场经济环境中的经济运行和企业的经营管理，不仅需要法律制度调节和规范，而且需要精神道德等无形的文化调节，这种调节手段往往比法律制度来得更经济、更有效率。当今时代企业的管理活动从泰勒的科学管理发展到人本管理、文化管理。企业管理更加强调以人为本的思想，强调把企业价值观和企业精神沉淀到企业经营活动和员工行为中去，强调人自身的发展在企业经营管理中的地位和作用。因此，推动建立以人为本的企业文化成为增强企业活力、塑造企业形象不可或缺的要素。此外，文化还会影响企业生产经营决策。随着科学技术的进步和人们生活水平的提高，经济发展中的文化含量、文化附加值不断提升。现代经济中商品的价值不仅取决于其实用性、功能性，而且取决于其文化品位、审美个性、品牌

① 齐卫华．简述当代经济与文化一体化的发展趋势［J］．经济师，2003（7）：62-63.

形象等多种因素，企业产品的营销不仅取决于其高科技含量的物质价值和使用价值，而且依赖于企业的服务、信誉、知名度、特色、形象广告等文化因素。① 一个产品只有在满足人们的使用价值的同时，最大程度地满足人们的伦理、文化、审美、心理、娱乐等多种需要的时候，才能真正赢得市场的青睐。因此，我们说文化的发展推动企业生产经营决策的进步。

（3）文化与人力资本发展。当前人类社会步入知识经济时代，人力资本的供给和素质在经济发展中的决定性作用越来越大。作为经济和文化主体的人的整体素质的提高和创新能力的增强会影响当代经济知识化的发展趋势。随着知识在经济生活中作用不断增强，在创新性的高科技行业中，人力资本逐渐取代传统的物质资本、金融资本而成为经济发展的决定因素，智力优势取代传统的自然资源优势而成为经济增长的重要动力。相应地，经济发展过程中对劳动者的科学文化和创新能力的要求也越来越高，对劳动者的职业道德、团队协作精神等思想道德素质的要求也越来越高。以提高人的素质和能力为目标的现代教育和职业培训日益引起整个社会和经济组织的高度重视，在经济发展中发挥基础性作用。展望人类未来的经济发展，人力资本和人的创造力将成为知识经济时代的最主要的推动力，智力劳动者在推动社会经济中的作用将会越来越大。

（4）文化产业的自身发展。文化在一定社会条件下逐渐发展形成了文化产业，与其他经济活动一样，文化产业作为一种特殊的文化形态和特殊的经济形态构成了社会经济活动的一部分。文化产业涉及内容非常广泛（比如东南亚的佛教文化、中国的餐饮文化，美国职业篮球联赛的篮球文化等）。根据文化产业的发展，大致可以将其分为几种类型。第一类是生产与销售分别以相对独立的物化形态呈现的文化产品的行业。这些产品包括生产与销售图书、报刊、影视、音像制品等。第二类是以劳务形式出现的文化服务行业。例如戏剧舞蹈的演出、体育、娱乐、策划、经纪业等。第三类是向其他商品和行业提供文化附加值服务的相关行业。例如建筑装潢、装饰、产品形象设计等。随着文化产业的发展，文化产业推动世界各国经济增长的态势愈加明显，其在转

---

① 于喜廷．论当代经济发展的文化机制［J］．中共中央党校学报，2011（2）：106－109.

变经济发展方式、调整国民经济结构中发挥的作用在更大范围内获得了认可。

文化对经济的影响还表现在经济增长中的科技贡献率越来越大。科学技术是文化内在发展的外在表现，科学技术及其创新精神是现代文化的核心和主要推动力。当代经济与文化一体化趋势的最重要表现就是经济发展中科技贡献率的不断提高，科技进步日益成为经济发展的决定性因素和战略资源，真正成为第一生产力。所以，文化特别是科学技术的提升有利于生产力的提高。

纵观人类社会发展的历史，文化对社会发展的作用既表现在其对社会的引导作用上，又表现在其对社会的规范、调控作用上，还表现在其对社会的凝聚作用和社会经济发展的驱动作用上。文化虽然属于精神范畴，但它可以依附于语言和其他文化载体，形成一种社会文化环境，对生活于其中的人们的价值观、人生观、审美观产生深刻影响，并进一步影响人们的社会生活和精神生活。

3.1.3　文化差异的含义及其表现

文化差异这一概念产生于对跨文化的研究，学者们在研究过程中发现不同国家、民族的文化背景、历史发展不尽相同，因此文化差异是区分一个国家、民族的重要标志。对文化差异的理解，文献里同样没有给出一个统一的定义，多数是通过对国家文化环境的不同层面进行剖析，描述国家间的文化差异，认为文化差异主要体现在不同国家、民族、社会团体在生活方式、宗教信仰、传统习俗等方面的差别。本书中我们定义的文化差异概念是指人们在不同的社会环境下形成的有关语言文字、宗教信仰、价值观念、思维方式、风俗习惯以及社会组织等方面的不同之处。文化差异可能导致人们对同一事物或同一问题的不同理解与阐释。从事对外直接投资的国际企业不可避免地面临来自东道国在语言、宗教、历史、社会文化等方面种种文化差异，因此有意识地去学习与了解不同民族文化特征，了解国际直接投资过程中面临的文化差异，了解文化差异可能给直接投资活动带来的影响，对规避直接投资中的文化冲突、避免不必要的投资损失具有特别重要的意义。从事对外直接投资的跨国企业面临的文化差异表现在以下几方面。

1. 语言差异

语言是文化差异中最具特征、区别最明显的一个要素。人们常说语言是文化的一面镜子，一种语言代表一种文化。语言也是一个国家或地区社会文化发展的缩影。通过语言的差异可以反映一个社会的发展和文明进步。例如，在英语语言中，关于工商业的词汇较多，反映出英美社会工商业发达的现实。因此，要了解一种文化，应首先了解该文化中的语言，因为语言反映了特定文化的实质和价值观。同时语言也是人类思想、文化和信息交流的工具，如果没有语言作为媒介，文化就无法传递。目前，世界上约有 3000 种语言，不同语言代表不同的文化群体、不同的社会观念和思维方式。在对外直接投资过程中，跨国企业不可避免地要涉及与东道国合作方进行语言沟通与交流的问题，因为双方的合作谈判、思想沟通、产品设计、生产管理都要用语言文字来表达。但语言的差异和复杂性会使双方沟通存在障碍和困难，而且不同国家语言文化上的差异、不同文化传统和风俗习惯会造成人们不同的社会观念和思维方式，这在一定程度上增加了外来投资者与东道国之间的沟通难度，形成了直接投资障碍。因此，从事国际直接投资的企业都非常重视语言差异给投资活动带来的影响。

2. 教育水平差异

教育是培养人的一种社会现象，是传递生产经验和生活经验的必要手段。教育水平的高低在一定程度上反映了一国国民的素养和经济发展水平。当前教育发展的一个基本事实是发达国家教育水平高，而发展中国家教育水平普遍较低。由于世界上不同国家的教育体系、教育方法和内容差别很大，导致教育水平存在较大差异，这种差异体现在以下几个方面。

首先，教育水平差异反映在一国识字率上的差异上。一般来说，一个国家经济越发达，该国识字率越高。据联合国开发计划署 2009 年公布的世界 177 个国家识字率表明，美国、加拿大、英国、德国、法国、日本等发达国家的识字率均在 99% 以上，中国识字率为 93% 左右，而在经济落后的非洲，不少国家的识字率低于 30%（见表 3－2）。

表3-2 世界识字率统计 单位：%

	成人识字率（15岁以上）			青年识字率（15~24岁）		
	1985~1994年	2000~2006年	2015年目标	1985~1994年	2000~2006年	2015年目标
世界	76	84	87	84	89	92
发达国家	99	99	99	99	99	99
发展中国家	68	79	84	80	87	91
转型国家	98	99	100	100	100	100

资料来源：联合国教科文组织发表的《全民教育全球检测报告2009》。

其次，教育差异表现在一国居民受教育时间的长短上。以义务教育年限为例，通常义务教育年限越长的国家，教育普及程度和发展水平一般也越高。1998年《世界教育报告》显示：在有数据可查的171个国家中，义务教育的平均年限为8年，非洲发展中国家的平均年限为7.2年，北美、欧洲主要发达国家的平均年限达到10~12年。经济与合作发展组织1998年出版的《教育概鉴——经合组织指标》一书指出，在绝大多数经合组织国家中，所有年轻人实际上已经享有至少11年的基础教育。[①] 2009年全民教育全球检测报告显示发达国家平均受教育年限达16年，发展中国家为10年。

最后，教育差异还体现在教育机会在不同国家、地区及男女之间存在着差异方面。尽管教育发展在世界各国取得了明显进步，但是由于各国经济发展水平、社会意识等方面的差异，导致不同国家、地区间的教育机会差异较大。根据1996年联合国教科文组织的统计数据显示，发达国家与发展中国家以及最不发达国家的第二级教育的平均毛入学率分别是100.3%、50.4%和18.8%。由此可见，不同国家之间的教育机会差异较大的。即使在一国内部，教育机会也表现出不平衡的发展趋势。例如日本的经济十分发达，但日本妇女的受教育程度却明显落后于男性。在其他一些发展中国家（如中东地区的国家）同

① 郭晓平，叶玉华．国际基础教育现状与发展趋势［J］．教育研究，2000（10）：63-67.

样存在这种现象，女性接受教育的机会明显少于男性。在联合国教科文组织2006年收集到数据的176个国家中，仅有59个国家实现了初等教育和中等教育的性别机会均等。此外，教育差异还反映在教育质量上的差异。教育质量事关教育健康发展和劳动力素质整体水平的提升，世界各国教育质量差异较大，从而使得教育水平参差不齐、相差悬殊。以能反映教育质量的高等教育入学率为例，2009年世界发达国家的高等教育毛入学率均值已达65.26%，而发展中国家这一数值为28.56%，世界平均水平则为36.06%。[①] 2013年经合组织发布《2013年教育展望》，报告称发达国家获得专科以上学历比例达到32%以上，其中加拿大最高，达到51%。

教育水平差异从根本上反映了国家间在知识和人口整体素质上的差距。这种差异导致了居民的消费结构、购买行为、审美观念的差异。例如，教育水平越高的国家，居民消费也更加理性和多样化，居民对与文化相关的产品，如艺术、旅游等有较大需求量，对新事物和新技术更容易接受。相反，在教育普及程度较低的国家，居民对产品的需求层次较低，在这些国家，高档产品的市场机会不是很大。

3. 价值观和态度的差异

价值观表明一个人对周围事物的是非、善恶和重要性的判断，是人们衡量客观事物的评价标准。态度则是以价值观念为基础对事物做出的评价。价值观构成人们的行为和思维规范，从而影响人们在社会生活中的行为选择。不同的国家、民族在价值观上常常存在较大的差异。表3-3比较了美国、日本和阿拉伯国家主要的价值观方面的差异。从统计结果看，自由对美国人是最重要的，表明美国是一个强调个人主义、追求自由和平等的国度；日本更加强调团队合作和集体主义，强调个人对集体的归属感，归属感成为日本人的最高追求；而中东国家注重的是家庭和谐和安全，人生的美满，在中东社会和谐成为人们追求的主流。

---

① 王春春，张男星．中国高等教育发展呈现七大趋势——寻找中国高等教育的世界坐标[N]．中国教育报，2013-12-16.

表3－3　　美国、日本和阿拉伯国家主要的价值观方面的差异

美国	日本	阿拉伯国家
1. 自由	1. 归属	1. 家庭安全
2. 独立	2. 团队和谐	2. 家庭和谐
3. 自力更生	3. 集体主义	3. 父母指导
4. 平等	4. 年龄/资历	4. 年龄
5. 个人主义	5. 团结一致	5. 权威
6. 竞争	6. 合作	6. 妥协
7. 效率	7. 质量	7. 奉献
8. 时间	8. 耐心	8. 耐心
9. 直接	9. 间接	9. 间接
10. 坦诚	10. 两者之间	10. 热情

注：1代表最重要的价值观；10代表最不重要的价值观。

资料来源：弗雷德·卢森斯：《国际企业管理：文化、战略与行为》，机械工业出版社2009年版。

价值观和态度的差异影响了人们制约相互行为的一些社会规则的差异，这些差异体现在以下几个方面。

（1）时间观念差异。在西方发达国家，人们重视时间和效率，崇尚时间就是生命、时间就是金钱的价值理念。因此人们的日常生活或行为习惯处处体现着节省劳动、节省时间、提高效率的观念。其中，美国人的时间观念最强。他们崇尚“时间就是金钱”“今日事今日毕”的时间价值理念，因而在生意场上，美国人对时间的安排紧张有序，谈判常常是开门见山、直入主题、直截了当，从不拐弯和拖沓，而且坚持速战速决。而在一些经济较为落后，人们的时间观念往往比较淡薄，办事拖沓，没有效率。例如，一些人时间观念较差，行事方式不温不火，他们认为今天完不成的事可以改天继续。因此他们常把“今日事今日毕”的时间理念视为傲慢无礼、缺乏对对方拥有的尊重。

（2）财富观念差异。在对待财富的态度上，不同国家间的差异也很大。欧美发达国家人们往往追求获得更多的物质财富，主张消费和对人生的享受；而在印度教和佛教盛行的国家，人们往往把道德和社会利益放在很高的位置，在消费上提倡节制，主张教徒感受清贫和清心寡

欲，在这些国家人们的财富观念没有欧美强烈。

（3）竞争观念差异。在竞争观念上西方文化是以实现自我价值为导向的，因此个人利益为竞争的根本出发点，重视个人行动的自由、权利、竞争和独立性。这种价值观表现为：从事国际商务工作的人员具有很强的个人奋斗意识和竞争意识，充分发挥个人的作用；企业提倡雇员凭借个人奋斗，努力创新，实现个人价值。所以竞争的结果迫使人们去寻找机会，争取成功。而在东方的亚洲国家，民族文化往往更加强调国家利益、集体利益的重要性，当个人、集体、国家利益出现冲突时，个人利益应服从集体利益，企业利益服从国家利益，重视团结协作，看重集体的力量。评价一个人的成就不是看他个人的能力如何出众，而是看个人为企业和国家的公众福利事业做出了多少贡献。其讲求的既是人和自然的和谐，也是人与人的和谐。企业内部的各阶层雇员之间，仍然讲求团队合作精神，反对彼此倾轧。从中美民间谚语可以看出国家间竞争观念的差异。中国有句俗语叫“枪打出头鸟”，它强调的是集体力量的重要性，反对个人的自我表现和个人欲望的自我膨胀；而美国叫做“吱吱叫的轮子先上油”，实际上是鼓励个人出头，先出头的个人反而会得到优先重视。

（4）风险意识差异。在风险意识方面不同国家或地区的认识同样存在很大差异。例如，在中国文化里，委婉含蓄、行事谨慎是主要的文化特征，受传统文化影响，中国企业家往往缺乏风险意识和冒险精神，在不确定条件下一般不会贸然决策，这种方式虽然可能规避了风险，但也可能失去有利的市场竞争机会；相反，西方一些企业家则勇于冒险、敢于探索。今天，西方企业家继承发扬这种精神，在新产品开发、新市场开拓、新技术运用等方面表现出敢于承担风险、勇于探索的精神。此外，对待变革和创新的态度，各国的表现也是大相径庭。例如，美国人比较喜欢新生事物，更倾向于尝试新产品；欧洲人相对比较保守，对新事物持一种谨慎态度，在没有证明新事物的优越性之前，不会贸然行事、主动尝试。

不同的国家、民族在价值观念和态度上的差异以及由此产生的社会观念、商业习俗广泛地渗透到社会生活的众多领域。它们对消费者的行为倾向或劳动者工作的态度，对物质利益和物质分配的态度，对生产经营和风险的态度等多个方面产生重要影响。

4. 风俗习惯的差异

风俗习惯是指人们在长期的社会生活中自发形成的，为社会多数人共同遵守的行为规范，它反映了一个社会所蕴含的价值观念、教育水平、历史传统等深层次的东西。社会风俗习惯一般包括生活习俗和商业惯例两个方面。

从生活习俗看，不同国家、民族在长期的历史发展进程中形成了有别于其他国家、民族的生活习惯。比如打招呼，中国人见到熟人、朋友习惯问“下班啦?”“到哪儿去?”“干什么?”等，但西方人认为，这不属于问候语，而是真实事实表述。更令他们不解的是问“吃饭了吗?”是什么意思？是你要请我吃饭吗？问“到哪儿去，去干什么?”跟你有关系吗?[①] 从西方人对中国人的问候语的质疑可以看出生活习俗的巨大差别。“吃没吃饭、干什么”在西方人看来都是个人隐私的事情，但在中国却可以公之于众。这表明人们日常生活中的习俗差异反映了不同民族的文化特色和文化信息。生活习俗的差异还表现为不同国家、民族具有体现本国、本民族特色的节日和庆祝方式。中国有端午节、中秋节、春节，春节是中国隆重而热烈的民族节日，人们采用各种方式庆祝自己的节日，表达自己的喜悦之情；而西方人通常要过圣诞节、复活节、感恩节；巴西人每年举办民族特色的狂欢节。这些民族节日以不同的方式表达不同的民族特性和生活习俗。

从商业习惯看，不同国家的商人表现出不同的习惯做法，即使在同一国家的不同地区，商业习惯也会有所不同。例如，国际商务谈判中，美国人直爽，不拘细节，做事干脆，讲求效率；日本人喜欢讨价还价，慢条斯理，注重个人信誉；巴西人在谈判中对对方提出很多要求，但自己却很少做承诺。谈判签约时，韩国人喜欢使用三种具有同等法律效力的文字作为合同使用文字；印度人则要求合同必须以英文和当地文字书写；法国商人在谈判时要求有文字记录，记载谈判的内容。在谈判对象上，各国商业习俗差异很大。在强调团队和集体的文化中，国际企业打交道的是集体不是个人，企业不允许以个人的名义参与商业活动；而美国企业给予基层很大权力，国际企业可以直接与负责具体事务的

① 路静．中西文化差异探析［J]．时代文学，2009（7下半月）：84-85.

当事人联系。商业习惯的差异还表现为不同国家开展商务活动的最佳时间不同。例如，在英国开展商务活动的最佳时间是每年的 2 ~ 6 月、9 月中旬至 11 月，在圣诞节及复活节前后两周最好勿去；澳大利亚商务活动的最佳时间是每年 3 ~ 11 月，12 月至次年 2 月通常为澳大利亚人的休假期。

5. 宗教信仰方面的差异

宗教信仰是人类社会普遍存在的文化现象，是社会文化环境的重要组成部分，人类每个民族几乎在不同历史时期都不同程度地信仰各种宗教。即使当今社会，宗教无论是作为文化的表现形式还是作为伦理道德的规范，在人们日常生活中仍然发挥着重要作用。宗教作为社会文化存在包含内在和外在两大因素。内在因素包括宗教思想和宗教感受，外在因素包括宗教行为与宗教组织和制度。上述四种因素构成完整的宗教体系。在这个体系里，宗教思想处于核心或基础地位；宗教感受处于第二层次；宗教行为是宗教观念和宗教感受的外在表现，属于宗教体系的第三个层次；宗教组织和制度是宗教体系的第四层次，对宗教信仰、宗教理念、宗教体验起凝聚的作用，使得宗教作为社会结构的一部分存在于社会中。世界上的不同民族具有不同的宗教信仰习惯，从而具有不同价值取向和社会态度。例如，北美和欧洲地区多数人信奉基督教，亚洲地区多数人信奉佛教，拉美各国信奉天主教，而伊斯兰教在中东地区、西部和北部非洲有着广泛的影响力。因为不同的宗教信仰有不同的价值观和行为准则，对人们的消费行为、价值观、生活态度和风俗习惯产生重要影响。在一些宗教色彩浓厚的国家，宗教已经渗透到个人、家庭、社会群体的各个方面，甚至对某种食物、衣物的接受，对某种消费行为的认可，都会受宗教的影响。例如，佛教宣扬四大皆空，教徒要感受清贫、清心寡欲，因此在信奉佛教的国家，高档消费品、奢侈品的消费难度较大；而新教并不反对教徒对美好生活的追求，鼓励教徒通过个人的努力奋斗实现人生的追求和美好生活；亚洲许多国家强调集体利益高于个人利益（如中国、日本），智利大学教授亚力安得 · 拉帕斯克认为这主要是因为亚洲大部分地区的价值观都起源于儒教，而儒教的核心就是强调集体的力量；信仰印度教的国家存在着非常严格的等级区别，下级对上级表现出尊重和绝对服从。

6. 社会组织差异

社会组织是一个社会中人与人发生关系的方式，它确定了人们在社会上所扮演的角色，即人们的权责模式，是人类行为的基础之一。人类学家把社会组织分为亲属关系和社会群体两大类。亲属关系主要是指家庭。社会群体包括年龄群体、性别群体和共同利益群体。其中共同利益群体是最重要的一类社会组织，包括劳工组织、消费者协会、职业协会等。这些社会组织在某种程度上起到鼓励或限制国际直接投资活动的作用。这里以工会组织说明社会组织方面的差异。由于历史、文化、意识形态方面的差异，不同国家的工会组织结构存在较大差异。从工会成员来源上讲，工会分为企业工会、手工业工会、产业工人工会等。工会按地区范围划分为总工会和地方工会。美国工会分为四个层次：工会联盟、跨州工会、全国工会和地方工会，其中主要组织形式是地方工会，地方工会倾向于代表工厂层次的工人。日本工会主要是企业工会。企业工会同管理方有密切联系，工会为实现管理方的目标不断地努力。德国工会力量非常强大，采用产业工会的组织形式，在德国有 17 个产业组织工会。产业工会主要在国家和地区层次上对重大问题进行协商，而在工厂由选举产生的工作委员会负责与雇主直接就工作条件进行协商。法国工会普遍的是意识形态工会，工会组织结构不一定遵从产业、职业或企业的界限，工会代表的是信奉统一意识形态的各类工人联盟。

7. 政府管理制度差异

文化因素属于上层建筑的范畴，是由其经济基础决定的，但文化因素作为社会意识形式又具有历史沉淀的特性，使得文化可以在某种程度上对经济基础和政治上层建筑产生影响。世界各国历史发展的不同特点，形成了不同的文化传统，给各国的行政体制、观念和方式带来不同的影响。例如，法国在资产阶政权建立伊始就出现政党林立和政局动荡的局面，行政体制多变，政府更迭频繁，由此而形成了现在的中央集权，中央政府地位突出，各省省长由中央任命，对中央负责的政体；美国建国时间短，历史上无君主专制的统治，建国之初正处于西方资产阶级上升时期，资产阶级的民主、平等观念深入人心，因此，美国政府成立之初便确立了民主共和制，故行政管理表现为较多的民主精神。所有这些说明，文化因素与政府管理制度有密切的联系，文化因素渗透社会系统的各个领域，从而对行政体制、政府行为、政府职能等产生广泛而深远的影响。

8. 不同国家的企业文化差异也非常明显

企业文化是指一个企业在运行过程中形成的，为全体员工普遍认可和遵循的价值观念、行为规范和思维方式的总和。由于文化的产生与本民族的历史背景密切相连，因此，企业文化作为众多文化现象之一，它的形成和发展也必然来源于民族文化并受到民族文化的影响，同时也是各民族不同文化的具体反映。企业在一定的文化背景中从事生产经营活动，长期受到这种文化氛围的熏陶，逐渐形成与特定文化类型和文化区域相适应的价值观念、思维方式及行为方式，创造出具有民族特色的企业文化。不同文化背景下的企业文化差异表现在以下方面。

（1）经营理念差异。企业经营理念又称企业经营哲学，是指导企业开展一系列经营活动的纲领和原则。不同的民族文化形成不同的企业经营理念。下面以中西方企业文化差异为例进行说明。在西方企业文化里强调理性思维的重要性，管理者习惯于行动在先思索在后，管理以结果为导向，企业重视业绩考核而忽视过程；而中国企业文化则以情感管理为纽带，寓情于理，移情于法，考虑“后果”，注重效果，偏重于人的作用与价值实现，所以在中国企业文化里集体主义精神被特别强调。西方企业要求注重法律、注重契约的观念时时刻刻渗透到企业管理的方方面面，合同或企业规则以及既定的工作计划程序和规定具有至高无上的地位，不容轻易改变。因此，西方企业文化反映在国际商务管理方面，经常表现为对人情和传统习俗的忽视，而受到尊重的是企业管理规则和制度，一切服从合同和组织计划，而中国文化的传统伦理思想所注重的则是人伦情谊关系，追求心理上的认同与和谐，存在认为企业规则和契约是由于相互之间缺乏理解和信任的补充约束的情况，所以往往情谊大于规则。西方文化是契约文化，他们非常重视契约的精确性，也非常尊重契约的权威性，契约一旦生效就会得到严格执行，可是在中国文化的传统中，更注重的是信誉和信任，契约只是其中的一部分。

（2）组织设计差异。企业组织设计是企业运行组织架构。组织设计包括两个方面：一是组织设计中要明确个人在组织中的地位和作用；二是建立适当的管理控制系统，正确评估个人在组织中的努力程度。组织设计的差异体现在不同国家文化差异上。在权力距离大的社会文化中，集体主义倾向占主导地位，个人在组织中的地位和作用并不那么重要，组织评估体系和方法一般由管理人员负责组织，建立的是以团体为单位的奖励和培训制度，每个成员是协作体中的一分子，成员间保持密切合作关系；在权力距离小的社会文化中，个人主义倾向占主导地位，业绩评估以个人行为、效率和成就为基础，强调个人对组织的贡献。例如，美国是一个个人主义倾向较高的国家，高度重视个人的独创性和成就，强调个人的自主决策。

（3）激励制度差异。不同文化环境决定企业激励制度存在重大差异。美国人罗纳做的调查研究发现：对德国员工有效的激励措施是安全需要、利益需要、进步需要和接受培训的机会；对加拿大员工有效的激励措施是自主性的需要、提高应用技巧的需要、进步的需要和同时保持良好的关系；对日本员工有效的激励措施是与同事保持和谐的人际关系、物理环境需要、进步需要、接受培训提高工作技能的需要。① 这说明由于文化不同，不同国家对激励制度表现出很大差异。下面以工资为例看一下文化差异对激励制度的影响。在美国这个高度男性化的社会里，工资收入的高低是衡量个人成功的重要标志，较高的工资能够吸引工人更加积极的工作，因此工资激励是美国企业经常采用的重要激励制度。但美国的邻国墨西哥工人对工资激励却表现出截然不同的态度。墨西哥人认为工作是维持期望生活水平的手段，而不是目的，人生是丰富多彩的，人生还有很多的追求。所以当美国管理人员试图给墨西哥员工涨工资以鼓励他们努力工作时，墨西哥工人却减少工作去享受丰富多彩的业余生活。同样，2011 年国内乳企澳优集团成功收购荷兰澳普诺凯乳业集团 51% 的股份，成为奥普诺凯的大股东，这次收购为澳优拓展国际化产业链和全球化销售奠定了基础。然而澳优在与奥普诺凯谈判的过程中面临对公司管理层激励制度的设计问题，澳优管理层提出采用国际上通行的股权激励制度来激发员工的工作热情，但这一提议遭到荷兰大股东的反对，他们认为管理层更感兴趣的是奖金而不是期权。为此双

① 熊鹤林．跨国公司在华跨文化研究［D］．武汉：武汉理工大学，2004.

方进行过多轮谈判，虽然最终荷兰方同意中国股东的意见，但并不等于他们认可中方的激励制度，正如公司的一位股东所言，股权激励远没有奖金对他们更有吸引力。

（4）区位选择差异。国际直接投资企业在海外投资时首先面临着投资区位的选择问题，文化的复杂性使得跨国企业不得不考虑文化差异带来的巨大影响。社会学家将世界文化分为高背景文化和低背景文化两大类型。在高背景文化中，内部同文同种，约定俗成相同，因此信息容易传播；在低背景文化中，内部差异较大，存在许多独立的亚文化，因此信息既不易传播，也不易被接受。所以国际企业开展国际直接投资的早期阶段首先进入与本国文化背景相同或近似的国家，随着业务拓展，慢慢进入文化差异较大的市场。美国对外投资企业选择加拿大和西欧作为重要的对外投资场所，中国企业选择亚洲特别是东亚及南亚作为投资目的地，与文化背景的近似有紧密关系。

（5）产品与营销决策差异。受文化差异的影响，不同文化背景下的人具有不同的消费偏好和消费习惯，从而对直接投资企业的产品和营销决策产生重要影响。例如，速溶咖啡在时间观念强的西方国家深受欢迎，因为它能节省时间、提高效率，但其在拉美国家却不被普遍接受。在这些国家，购买速溶咖啡被认为是懒惰的表现，因为这些国家缺乏时间观念，所以家庭主妇都购买普通咖啡回家慢慢煮，细细品尝。同样受印度教义的影响，麦当劳在印度提供鸡肉汉堡代替牛肉汉堡，因为在印度教中牛被视为圣物而备受尊重。国际直接投资企业在决定向国际市场提供什么样的产品和服务以及采取什么样的营销方式推销这些产品和服务时必须考虑这些差异带来的影响。

3.2 文化差异影响对外直接投资理论分析

从前文的分析可以看出，文化差异的表现是多方面的，从事对外直接投资的企业与来自不同文化环境、不同价值观的人们进行交流合作，文化从不同方面以不同的方式影响对外直接投资活动，因而始终面临文化差异带来的挑战。美国的一位战略管理专家曾提醒美国商人：“国外经营的成败，取决于国际企业管理人员对文化基本差异的认识和理解，取决于他是否愿意把美国文化观念当作超重的行李留在美国境内”。[①] 可见文化差异对对外直接投资活动具有很大的影响力。为保障对外直接投资活动顺利开展，了解和分析文化差异对对外直接投资活动的影响是必要的。

3.2.1　对外直接投资中加强文化因素分析的重要性

1. 对外直接投资处于复杂多变的文化环境中

不同于国内投资，国际直接投资活动是跨越国界的生产经营活动，这种经营活动使得对外投资企业置身于不同国家文化环境中。这些不同既表现在母国与东道国文化环境的不同，也表现为东道国之间文化环境差异。当国际企业在异国进行直接投资活动时自然会面临另一种不同的文化环境，当国外文化环境与国内文化存在较大差异时，就会遇到异国文化的挑战，面对异国文化的不适应性，出现文化冲突和文化焦虑感，导致直接投资活动变得复杂、多变而又难以捉摸。同时，由于文化的复杂性，在一国内部不仅具有自身特色的共同文化，而且经常存在着不同形态的亚文化群体，这些亚文化以自身独有的特征存在并对直接投资活动产生这样或那样的影响。因此，对外直接投资企业有必要加强对文化差异性和多样性研究，以应对复杂多变的异国文化环境。

2. 文化因素渗透于对外直接投资活动的方方面面

属于经济活动的国际投资在投资伙伴的选择、企业管理理念、产品的设计和市场投放等多方面均体现出文化的影子。例如，在经营理念上，西方企业强调个人价值，强调企业利润最大化，是因为西方社会个人主义价值观盛行；东方企业强调群体价值、强调企业的感情投资，因为东方国家更强调集体主义价值观；西方企业讲究原则追求效率而东方企业不太重视正式制度建立等与东西方国家形成的历史价值观有密切关系。在产品投放上，受到东道国文化模式的影响，如果将产品投放到不需要该物品甚至禁忌该物品的文化环境中，无论产品多么物美价廉都会

---

① Philip R. Cateora. International Marketing, 6th Edition, Homewood IL: Richard D. Irwin, Inc., 1986, P. 99.

徒劳无功。相反，重视东道国文化环境的影响，国际投资企业根据不同国家的文化特点、价值观念进行产品设计、广告营销和一系列企业管理活动，会取得意想不到的成功。例如，在中国，汽车后排往往是企业领导或重要宾客的专座，为此别克汽车在后排座位上做了提高和改进，加大了腿部空间的同时增加了空调和收音机控制按钮，以适应中国市场的需求，同时也体现了中国文化对通用汽车设计的影响。

3. 对外直接投资是构成文化的组成部分，其活动推动文化的发展

对外直接投资企业从事的产品开发、市场营销、方式方法的创新影响着各国消费者的消费需求及其对产品种类、质量的追求。例如，近年来苹果公司的手机在全球大行其道，引导智能手机潮流，世界各地消费者对苹果手机的追求改变着人们的生活方式，苹果手机成为时尚生活的样板。可见，对外直接投资活动在适应文化的同时又创造新文化，推动人类社会发展和文明进步。

4. 国际企业对文化因素的重视与否影响对外直接投资活动的成败

实践证明，凡是重视文化因素的国际企业，其在国际市场上的投资活动往往是较顺利的，而失败企业的教训往往在于忽视文化差异的影响或不能很好地处理文化差异带来的影响。多年来日本企业在国际市场上的成功与日本企业重视文化分析密不可分。日本的海外企业对异国文化表现出了极高的敏感性，能够透彻地了解各国文化的特点和各国人民心理变化，根据各国文化特点制定不同的直接投资策略，为取得直接投资的成功奠定了基础。从“车到山前必有路，有路必有丰田车”的广告词可以看出日本企业对中国文化的深刻理解。

3.2.2 语言差异对直接投资活动的影响

语言是人类进行信息交流和沟通的工具，在人类社会漫长的历史发展过程中，语言在推动人类社会文明进步中发挥了重要作用。但由于人们处于不同的社会环境中，创造的语言也千差万别，语言的差异和社会背景的复杂性形成了人们沟通和交流的自然障碍。研究表明，一般情况下，人类即使与和自己处于相同文化背景的人进行交流，也仅能理解讲话者谈话内容的 80% ~90%，这一事实意味着讲话者有 10% ~20% 的信息被误解或听错了，而当处于异国语言环境时，误解或听错的百分比将会进一步上升。[①] 在跨国企业从事国际直接投资的过程中，与使用不同语言的人进行信息交流和信息传递是不可避免的，但是由于语言的多样性和复杂性直接构成了投资当事方沟通的障碍，双方在沟通过程中的信息误解、信息传递失败等现象时有发生，从而影响直接投资活动的效率和活动的顺利开展。一般来说，投资国与东道国的语言差异越大，国际企业对外直接投资面临的障碍越多，投资成本越高，投资成功的概率越小。

语言差异对直接投资活动的影响还表现在投资区位选择上。“创新波及理论”认为，在文化背景相同或近似的群体内，新思想的传播或交流比较流畅，因为地缘上的邻近性及文化背景、历史背景方面的近似性可以减少新思想的进入障碍，提高新思想的传播；反之，则可能困难重重。由此可见，对一个国家文化的理解将直接影响对市场区位的选择。因此，为避免对外直接投资失败，国际企业在对外直接投资过程中，特别是在投资的初期阶段往往倾向于选择语言或文化背景与母国相近的国家或地区作为首选目的地。例如，新加坡之所以发展成为区域性世界城市、世界金融以及贸易的中心，与其使用英语具有很大关系。英语在新加坡的广泛应用降低了国际资本在新加坡的投资障碍，而国际资本主要来自欧美发达国家，所以英语的应用吸引了大量金融业 FDI 到新加坡投资。同样，在国际市场选择上，美国企业一般首选语言和文化背景相近的加拿大作为投资目的地，而不是文化迥异的亚洲国家；而在我国吉林省延边自治州有大量的韩国企业，其中语言在吸引韩资企业方面所发挥的作用也是显而易见的。近几年我国对外直接投资规模不断扩大，分布区域遍及五大洲，但是超过半数的直接投资项目主要还是分布在亚洲和中国相邻的几个国家和地区，特别是东盟一些华人集中的国家和地区，主要是因为这些国家和地区与我国的文化差异小，语言文化背景相近，大量华人华侨生活在这些地区，语言和生活习惯与我国接近，从而降低了不同文化间的磨合成本和空间距离上的运输成本，出于这些考虑，东盟国家和其他周边国家自然成为我国对外投资的首选

① 徐洁，王玮．浅析国际商务谈判中的文化差异［J］．商场现代化，2007（11）：13 -14.

区位（见表 3－4）。从统计数据可以看出，亚洲是我国对外直接投资的主要区域，来自亚洲的东盟成员国是我国对外直接投资的主要区域。2008 年以来我国对东盟成员国的直接投资占对亚洲投资总额的比例最高年份接近 70%，最低年份超过 45%。2013 年中国对外直接投资前 20 位国家中有 7 个东盟成员国。

表 3－4　　2008～2013 年中国对东盟直接投资统计　　单位：万美元

国家	2008 年	2009 年	2010 年	2011 年	2012 年	2013 年
泰国	4547	4977	69987	23011	47860	75519
马来西亚	3443	5378	16354	9513	19904	61638
印度尼西亚	17398	22609	20131	59219	136129	156338
新加坡	155095	141425	111850	326896	151875	203267
菲律宾	3369	4024	24409	26719	7490	5440
越南	11984	11239	30513	18919	34943	48050
老挝	8700	20324	31355	45852	80882	78148
柬埔寨	20464	21583	46651	56602	55966	49933
缅甸	23253	37670	87561	21782	74896	47533
文莱	182	581	1653	2011	99	852

资料来源：作者根据《中国对外投资统计公报》整理而得。

3.2.3　教育水平差异对直接投资活动的影响

教育水平是影响跨国企业进行海外直接投资的一个重要因素。一国教育水平的高低不仅反映了该国的经济发展水平，更重要的是教育水平直接地反映一国对人力资源的拥有状况，进而决定了该国科技创新能力的高低。教育水平对国际直接投资的影响表现在几个方面。

1. 教育水平高低决定着一国劳动力素质的高低，进而影响到国际直接投资规模

在知识经济时代，教育对经济的意义不言而喻。一般而言，教育水平相对较高的国家或地区，其劳动力综合素质较高，较高的劳动力素质可以较快地提升企业的生产效率，提高劳动力的边际产出水平。因此，无论是东道国的本土企业还是外来的直接投资企业都可以有较好的盈利能力预期。在国际直接投资领域，技术密集和知识密集的对外直接投资活动对劳动力的素质要求较高，而教育水平较高的地区往往拥有高素质的人力资本供给，从而更能吸引大规模的外商直接投资。

国内外大量的实证研究证明较高的劳动力素质可以吸引更多的国际直接投资。博伦斯坦等（Borensztein et al.，1997）的研究表明教育水平差异越小，两国间的直接投资流量就越大，教育水平差异越大，两国间的直接投资流量越小，而且教育差异越大，两国间相互投资出现失衡的可能性越大。全球直接投资主要集中于发达国家的重要原因在于其具有高素质的劳动力，而且发达国家与发展中国家吸引直接投资量上失衡也是显而易见的。魏尚进（1995）利用日本、英国、法国、美国和德国在 1987～1990 年间对世界上主要国家和地区的对外直接投资数据，以成人识字率等指标作为教育水平变量，分别使用固定效应模型和随机效应模型分析了五国对外直接投资的决定因素，结论显示东道国成人识字率与海外直接投资存在正向相关关系，即教育水平越发达的地区，其吸引外资就越多。杨小明（2005）利用东道国识字率作为一国教育水平的代理变量，同样发现了教育对直接投资具有正向的促进作用。我国三大地区外资比利失衡与教育水平高低密不可分。整体看，我国东部地区的教育水平远高于中西部地区，东部地区有较好的工业基础与国内一流的高校和科研机构，集聚着大量素质较高的产业工人和科研、技术人才，因而对外资的吸引力就远大于中西部地区。而中西部地区由于自然条件、地理环境的制约，经济发展相对落后，人们受教育的机会少，而且教育条件不完善，加之人们对教育的认知度不高，思想观念陈旧，使得中西部地区人口在科学知识、专业技能和综合素质等方面都与外资要求相去甚远，导致接受外资的能力不足，虽然有大量的廉价劳动力，但是因为较低的教育程度，外资管理和培训员工的难度较大，所以中西部对外资的吸引力远远落后于东部沿海地区。

另外，教育水平高低影响一国对高技术产业的投资吸引力。高新技术产业科技含量高、竞争力强，是国际直接投资的发展趋势，也是世界各国吸引外资的重点，但高技术产业对劳动力的素质有较高的要求。以跨国公司为核心的国际直接投资主体要求东道国劳动力资源不仅要具有较高的教育文化水平而且还要具备竞争意识和协作精神等综合素质。如果东道国劳动力素质无法满足跨国公司对高素质劳动力的要求，必然会影响外资对该国高技术产业的投资。改革开放初期，我国利用外资主要集中于劳动密集型产业与我国教育水平特别是高等教育水平不高、劳动力素质偏低有很大关系，外资进入中国主要利用廉价劳动力的优势。21世纪以来，随着我国高等教育深化和市场经济完善，劳动力素质大幅度提升，外资的产业结构逐渐优化，电子通信设备、航天科技等高技术产业成为制造业利用外资的重要行业。

2. 教育水平高低影响直接投资的经济溢出效应

首先，教育水平的高低影响国际直接投资对东道国经济的扩散。跨国公司进行对外直接投资时，对东道国本土企业的技术能力和管理能力有一定的要求。研究表明当两国之间的技术差距较小时，更容易产生技术溢出，因为先进的技术更容易被东道国企业学习和掌握。如果本土企业的技术水平与跨国公司的要求差距较大，难以达到跨国公司的技术要求，内外资企业很难形成有效的前后向关联，跨国公司可能选择从国外进口中间产品。如果跨国公司的经济活动主要发生在母国或者是其中间产品来源国，跨国公司与东道国经济之间的联系就微弱，跨国公司的经济活动只是充当了一个组装中心的功能，那么跨国公司的直接投资就很难对东道国经济产生技术溢出。而技术能力和管理能力的提高与东道国的教育水平是分不开的，当投资国与东道国的教育水平越接近时，东道国对技术的吸收能力越强，溢出效应越明显。其次，教育水平的高低影响直接投资的反向溢出效应。林青、陈湛匀（2008）利用法国、英国、加拿大等10国在美国的直接投资面板数据，对当地吸收能力与FDI的溢出效应进行了研究，结果发现当投资国的研发和教育水平超出东道国越多时，该国有越好的吸收能力，反向溢出效应越明显；当投资国的研发和教育水平低于东道国时，该国技术吸收能力就弱，反向溢出效应越不明显；当投资国与东道国的教育水平相互接近时，教育水平显著提升对技术的吸收能力，溢出效应也更明显。① 可见，教育水平的提高可以加速外商直接投资的技术溢出，提高本土企业对新技术的适应能力，教育水平越高的地区，利用外资的效果可能越好。

① 林青，陈湛匀．中国技术寻求型跨国投资战略：理论与实证研究——基于主要10个国家FDI反向溢出效应模型的测度［J］．财经研究，2008（6）：87－100.

3. 教育水平差异还影响对异域文化的适应和接受程度

教育水平不仅影响劳动力的供给，而且影响对异域文化的适应和接受程度，从而影响直接投资活动进程。从投资国角度看，一国教育水平越高，外来投资者对不同文化环境的反应和适应能力就越强，越有利于培养自身有意识地按东道国文化的特点思考问题和采取行动，增强对异国文化的敏感性、适应性，提高对外直接投资活动成功的可能性。从投资接受国角度看，一国教育水平越高，该国国民思想可能越开放，对外来事物越包容，直接投资在东道国越容易成功。而且，教育结构可能影响一个国家的人才结构。比如，有的国家工程技术教育比较发达，而工商管理落后；有的国家教育倾向人文、法律，而工程教育滞后。教育结构差异影响国际企业在当地能否招聘到合格的人才，进而影响直接投资活动能否顺利开展。

3.2.4　价值观差异对直接投资活动影响

不同的价值观念体系影响民众对物质分配的态度、对工商业的一般看法、对经营和风险的态度尤其是对国外投资者经营活动的态度以及上下级关系、民族心理和民族意识等。价值观体系对对外直接投资的影响往往是比较微妙的。一般来说，价值观差异影响个体行为方式、对外直接投资的态度、对外资的接纳程度、外资与当地资本合作、外资投资效益和经营成果的分配等。

1. 价值观差异对个体行为的影响

价值观影响人们的日常行为活动，不同文化的价值观对人们日常行为产生不同的影响。有的文化强调个人的价值，有的文化强调集体和组织的重要性，还有的文化强调社会生活中等级地位的重要性。对外直接投资企业的员工从各自文化价值观出发，即使对同一事物也会有不同感受和评价，在一种文化中很恰当的行为在另一种文化中可能会被看成是不合适的。20 世纪 80 年代，本田公司进军美国市场，在美国投资建立本田汽车制造厂，按照日方的管理制度，日方经理要求美国工人如日本本田制造厂工人一样，穿厂服、戴厂徽并在上班前唱厂歌，但这一做法却遭到美国工人的拒绝，因为美国人强调个性的价值观和日本强调集体的价值观存在差异，在日本行之有效的企业管理办法在美国却无用武之地。再如，在东方社会（如中国、日本等），人们努力工作甚至加班加点被视为工作进取的表现，而在西方国家随意加班被认为违反规定，是一种不道德的行为。因此，国际直接投资企业准确把握一个社会中流行的价值观念以及这些观念在个人行为中被接受的程度是非常重要的。

2. 价值观差异影响一国或地区对外直接投资的态度

对外直接投资是一项充满风险和不确定性的经济活动。世界上不同国家对风险与不确定性态度是不一致的，从而对直接投资活动的认识也千差万别。有的民族是风险偏好的，乐于接受挑战，敢于尝试，虽知对外直接投资活动充满风险但也满怀期待，因而对外投资往往表现出更加主动、更加激进的一面；有的民族行事谨慎，属于风险规避型的，因此对对外直接投资活动表现出谨小慎微的态度，只有经过充分市场调研，确认有把握之后才做出对外投资决策。例如，欧盟是世界上经济最发达的地区之一，其对外直接投资规模也非常庞大。但从地区分布来看，欧盟对外投资主要集中于欧盟内部成员国之间以及美国等西方国家，其对亚洲地区的投资相对较少，对中国直接投资始终没有大的起色，属于小规模的试探性的投资。欧盟对华直接投资规模不大，虽然其原因复杂，但欧盟国民普遍所持的价值观影响了欧盟对华的直接投资行为。欧盟各国国民以日耳曼和盎格鲁—撒克逊血统为主，日耳曼民族一生做事谨慎、细致。这一民族特征在欧盟的对外直接投资中表现得更为明显。他们在对一国进行直接投资前通常要做大量准备工作，或者由本公司的高级管理人员或者委托国际知名的投资咨询机构对东道国的投资环境进行充分调研，详细考察和论证，调研内容涉及自然、政治、经济、法律、文化等各方面，在确保投资环境稳定、投资项目有利可图之后，才会进入投资决策环节，对项目出资。中国在改革开放的初期，投资环境并不理想，难以达到欧盟的立项标准，因而其对华投资规模较低。20 世纪 90 年代以来，随着中国不断深化改革，利用外资的软、硬环境较改革开放初期有很大改善，但距离欧盟的要求仍有一些差距，欧盟对华投资的规模仍在低位徘徊，即使对华投资规模较大的德国，其投资水平也远低于同样持有西方价值观的美国。欧洲人谨慎的性格，加上欧盟对华单体投资项目较大，使得欧盟对华投资慎之又慎，即使决定出资，行动也不够果断，一般先进行小规模的试探性投资，继而逐步过渡到大规模投资。

3. 价值观的差异影响一国或地区对外资的接纳程度

对外直接投资的成败不仅仅取决于投资者自身的准备，还取决于投资接受国对外来资本的接受程度，这一点对从事对外直接投资的企业来说尤其值得关注。比如，美国是一个建国时间较短的国家，而且是一个移民国家，本国国民来自四海五洲，因而美国的民族精神是开放和包容的，崇尚自由和平等，对外来文化持一种海纳百川的态度，即使与美国文化有着很大迥异，仍然充满尊重和包容，而不是排斥，所以美国这种开放社会对外国直接投资的接纳程度较高，政府为外资提供了大量投资便利化措施，外资在这里的投资面临的障碍较少，投资也会更顺利。但外资在日本确是另一种景象，外来资本在日本投资会面临一系列问题。日本作为一个岛国，明治维新以前一直处于闭关锁国的状态，国土面积较小，自然资源十分有限，长期以来日本国民形成了强烈的危机意识和保守的民族意识，具有一种本能的排外倾向，明治维新以后日本打破闭关的状态，开始学习西方文明和先进技术，但对外来文化仍有排斥情绪，自然对外来的直接投资持一种谨慎的态度。20 世纪上半叶，日本虽然开始注意引进外资，但对外资的进入和渗透保持高度警惕，与美国和西欧国家相比，日本对外资特别是并购投资仍持谨慎的、抵触的态度，保护主义色彩依然浓厚，而且日本市场商业惯例复杂多变，外资投资难以适从，使得日本对 FDI 的接受水平非常低。进入 21 世纪，经济全球化向纵深发展，日本利用外商直接投资的水平仍落后于欧美国家，也落后于其对外直接投资水平。表 3－5 为 2001～2013 年美英日三国的 FDI 流入流出情况统计。通过三国横向比较可以看出，美国一直是 FDI 流入最多的国家，而日本 FDI 流入规模远小于美国。通过纵向比较可以发现，2001～2013 年日本 FDI 流入规模远小于其流出规模，流入与流出平均比为 1∶6.9，而同期美国 FDI 流入与流出平均比为 1∶1.07。同样，在东欧怀有欧洲古典保守主义倾向的政府，对外资心存戒心，对外开放程度实际并不高。例如，1989 年东欧剧变后，匈牙利右派政府上台，民族主义趋向日渐明显。政府在私有化进程中虽然承诺允许外资继续参与其中，但政府划分了若干领域作为战略性部门拒绝外资参与，同时在出售资产时对国民与外资实行明显区别的倾斜政策。这样，外资参与私有化的程度便呈明显萎缩状态。外资参与的收缩从以下数字可以看出：1990 年仅有的最初两宗大私有化交易全部为外资购买，1991 年的 28 宗交易卖给外资的占 22 宗，1992 年外资却只参与了 94 宗交易中的 41 宗，即不足半数，1993 年的 254 宗交易中外资参与的只有 30 宗、1994 年的 242 宗交易中外资参与的只有 12 宗，5 年间外资参与交易的比率依次为 100%、78.6%、43.6%、11.8%、5.0%，持续而明显下降。[①] 由此可见一国对外资的接纳态度对该国 FDI 流入具有重要影响。

表 3-5　2001~2013 年美英日三国 FDI 流入流出对比表　单位：亿美元

年份	FDI 情况	日本	英国	美国
2001	FDI 流入	62.41	526.23	1594.61
	FDI 流出	383.33	588.50	1248.73
2002	FDI 流入	93.30	249.50	713.31
	FDI 流出	314.80	397.00	1349.46
2003	FDI 流入	63.20	145.10	568.34
	FDI 流出	288.00	550.90	1194.06
2004	FDI 流入	78.20	783.99	1224.10
	FDI 流出	309.50	653.90	2224.40
2005	FDI 流入	27.75	1936.93	1010.25
	FDI 流出	457.81	837.08	277.36
2006	FDI 流入	65.06	1395.43	1753.94
	FDI 流出	502.66	794.57	2166.14
2007	FDI 流入	225.49	1833.86	2711.76
	FDI 流出	735.49	2754.82	3783.62
2008	FDI 流入	224.26	969.39	3161.12
	FDI 流出	1280.20	1114.11	3117.96

① 金雁. 从右派的“保守疗法”到左派的“休克补课”——匈牙利的经济转轨［J］. 国际经济评论，2002（Z3）：22-29.

续表

年份	FDI情况	日本	英国	美国
2009	FDI流入	119.39	456.76	1298.83
	FDI流出	746.99	184.63	2480.74
2010	FDI流入	-12.51	506.04	1979.05
	FDI流出	562.63	395.02	3043.99
2011	FDI流入	-17.55	511.37	2269.37
	FDI流出	1076.01	1066.73	3966.56
2012	FDI流入	17.31	457.96	1605.69
	FDI流出	1225.51	349.55	3669.40
2013	FDI流入	23.04	371.01	1875.28
	FDI流出	1357.49	194.40	3383.02

资料来源：作者根据联合国贸发会发布的历年《世界投资报告》相关数据整理得出。

4. 价值观差异影响国际投资企业组织架构

企业组织架构也就是企业组织控制模式，是指国际直接投资企业公司总部对附属公司的介入程度以及使用的控制方式。通常按照公司总部和各子公司间在集权与分权程度上的不同，企业总部和各子公司间可划分为三种组织控制模式，即母国中心的组织控制模式、多元中心的组织控制模式以及全球中心的组织控制模式。

母国中心的组织控制模式是指母公司采用集权式控制方式对海外子公司进行管理。在该管理体制下，母公司是最高决策机构，拥有海外子公司的经营目标和战略的制定权，拥有对子公司的生产、销售、人事、资源调配等权利，子公司服务于母公司的整体利益，与母公司共担风险、共享利润，以追求公司利益在全球范围内最大化。母公司具有完善、复杂的组织设置，同时派遣母国人士担任海外子公司的高层主管，以加强对子公司的控制，而子公司的组织形态相对简单。这种体制的优点是能充分发挥母公司的中心管理职能，保持公司目标的一致性，节约资源，提高效率；缺点是不利于发挥子公司的自主性和积极性。

多元中心的组织控制模式是指母公司采用分权式控制方式对海外子

公司进行管理。在该管理体制下，母公司实施分权决策，海外子公司有权根据东道国的具体情况制定独立的经营目标和发展战略，拥有在产品设计、生产销售、人事安排、资源调配等方面的权利，各子公司是独立于母公司的利润中心。母公司负责制定公司总体发展战略、发展规划和高层管理人员的任免，同时启用当地人士担任海外子公司的要职。这种体制的优点是具有管理上的灵活性和适应性，能充分调动子公司的积极性，增强子公司的责任感；缺点是母公司不能统一调配资源，子公司间缺乏沟通，各自为战，容易失去利用内部资源发展的机会。

全球中心的组织控制模式是指母公司采取集权与分权相结合的方式对海外子公司进行管理。该体制吸收集权与分权的优点，其中重大决策和管理权集中于母公司的管理机构，海外子公司在母公司的总体战略范围内制定实施具体的方案计划。母公司对子公司的控制通过公司目标、战略规划、控制准则等进行。这种体制的优点是在维护公司全球经营目标的前提下，充分考虑母子公司的需要，有利于母子公司间、子公司间的信息交流，有利于调动子公司的主动性和积极性，母公司更广泛地致力于公司的长远发展。

上述三类组织控制模式各有自己的特点和优势，受文化背景和价值观的影响，世界上跨国投资企业在组织模式选择上表现出很大差异性。例如，法国和德国的跨国企业对海外子公司倾向于采用集权的控制模式，企业中等级分明，高层管理者通过集权保持对企业的高度控制，最为重要的决策都由企业最高层领导做出。挪威、丹麦等国家的企业及其驻外子公司实行高度的分权管理，因为这些国家更重视生活质量。在管理控制决策上，因为西方国家比东方国家更强调平等理念，西方企业组织比东方企业组织要扁平些，层级更少。近年来西方企业的组织管理趋势越来越趋向于组织的扁平化、决策的民主化，民主管理成为潮流，这与西方价值观体系是紧密联系的。

5. 价值观差异影响国际直接投资企业的管理理念、决策方式

（1）对管理理念的认识。西方企业因为强调个人主义的价值观，信奉理性经济人的假设，尊重事实，理性思维决定了西方企业的管理理念是依法管理，尊崇理性的、科学的管理法则。泰勒的科学管理、福特的流水线作业等管理理论都强调制度化、标准化管理思想。相对于西方

理性管理，以儒家文化为代表的中国传统管理思想强调以感性特质为主，尊崇处处体现人本思想和人文关怀的感性管理理念。管理理念的差异导致国际直接投资企业内部不同文化背景的各方在企业战略营销规划、资源配置等方面存在分歧，产生内部协调障碍，进而影响公司顺利运营。

（2）对决策方式的影响。价值观的差异对企业的决策方式产生显著影响。美国企业决策的特点是个人决策、个人负责，重大决策由董事长或总经理个人做出。决策方式是上级决策，然后传达给下级，是一个自上而下的过程决策。强调集体主义的中国企业则是集体决策、集体负责，民主管理的风格。这是一个自下而上的决策过程。当两种不同的决策风格相遇时，产生矛盾或冲突也是自然的。

6. 价值观差异还可能影响双方之间的合作

例如，财富观念是人们对待物质利益的态度，而物质利益是国际直接投资企业追求的根本目标，也是直接投资企业获取盈利的重要手段。价值观的差异导致人们对财富的认识存在差异。世界上众多开放国家受西方价值观的影响较大，时间观、竞争观及财富观特别强，各方存在利益最大化诉求，使得双方互相合作具备了基础条件，因而引进外资更容易。而在一些落后国家或地区，由于思想观念守旧，竞争意识淡薄，随遇而安，对新事物接受程度低，投资双方之间分歧不断，引进外资变得困难而且费时费力。

3.2.5　宗教信仰差异对直接投资活动的影响

宗教信仰是一种错综复杂的社会文化现象，同样对国际直接投资活动产生不可低估的影响。

1. 宗教教义与禁忌是规范经济生活的准则，对直接投资活动具有指导意义

世界上宗教组织众多，不同宗教具有不同信仰，其教义和禁忌也千差万别。例如，伊斯兰教主张努力工作，提倡从事商业活动，鼓励穆斯林通过辛勤劳作创造幸福生活，重商和崇商的价值观是伊斯兰教价值体系的一个显著特点；新教也强调努力工作和创造财富，信仰新教的国家的人往往非常努力工作，以获取财富；而佛教和印度教强调精神价值，贬低物质欲望，反对教徒对财富的追求。宗教的这些教义对教徒行为准则和道德规范产生重要影响，影响教徒的价值观念、生活习惯和工作态度，从而直接或间接影响对外直接投资活动。宗教信仰不仅包含繁杂的宗教教义，还包含众多的宗教禁忌，这些禁忌也可能不同程度上影响对外直接投资活动。比如，伊斯兰教禁止教徒接受和支付利息。从投资接受国角度看，宗教制度越复杂，国外投资者面临的障碍可能就越多，投资遭受失败的可能性就越大。从国际投资者角度看，尊重和适应东道国的宗教信仰和风俗习惯，避免不必要的文化冲突，是在该国开展直接投资活动并获得成功的重要保证。

2. 因宗教信仰差异而产生民族间的摩擦甚至冲突，给对外直接投资带来不确定性的影响

宗教信仰是人类社会生活的重要组成部分。据不完全统计，目前世界上有较大影响力的宗教组织超过 20 多种，全球信教群众超过 58 亿人，[①] 而且在宗教组织内部又存在着众多的宗教派别。比如，基督教通常分为天主教、东正教和新教，而东正教和新教内部又分为多个教派。由于不同宗教派别在地区分布、经济利益上存在显著差异，不同教派间时常发生民族和宗族冲突，冲突的后果可能直接导致在本地区投资项目的推迟、中断甚至取消，还可能面临较大的人员伤亡和人身安全保障问题。历史上不少国家出现过因为宗教历史问题引发的教派冲突甚至战乱，宗教冲突不仅导致大量无辜人员伤亡而且影响当地经济发展，破坏社会稳定。显然，对于对外直接投资企业来说，能否保障直接投资的安全是其关注的重要问题，也是决定直接投资流向的重要因素。那些种族纠纷不断、宗教冲突频繁、相关产业政策缺乏连贯性的地区，是难以保障投资收益和投资安全的，自然也不会成为国际投资者青睐的投资目的地。

① 2012 年美国著名民调机构皮尤研究中心发表《全球宗教景观》报告，指出在全球 69 亿人口中，58 亿人有宗教信仰，其中基督徒占 32%、穆斯林 23%、印度教徒 15%、佛教徒 7%。

3. 宗教信仰对企业经营理念及员工行为准则和道德规范产生影响

企业经营理念实质上是企业家在长期的经营实践中总结出来的道德准则、行为规范和价值标准，它是企业家经营管理企业的指导原则，是员工努力工作的共同志向和精神支柱，通过它可以把企业的管理者与员工凝聚起来。宗教教义中体现了优秀企业文化和管理理念，由于宗教信仰的广泛传播和影响，因此众多企业的经营理念都渗透着宗教伦理思想。日本的企业家在企业日常管理活动中经常把宗教思想融入企业的经营哲学里，如松下电器公司提出“产业报国”的经营理念；丰田公司社训的第一条是：“上下同心协力，以至诚从事业务的开拓，以产业的成果报效国家”。这些思想体现了儒家文化的“和”、神道的“忠”的思想。此外，宗教信仰还影响企业日常的一些常规活动。日本企业通过把宗教的各种教义、精神和企业员工日常行为结合起来，使他们相信工作目的并不只是为了个人和社团，更多的是追求人类生活的共同幸福。企业利用宗教教义给予员工更多心灵深处的东西，使其自觉地为公司多做事、多奉献，并从中感受其中快乐，管理层很好地协调了企业管理部门之间的关系，同时也把下属的思想引到精神的境界，这样在公司管理层面形成统一的指导思想，避免了企业的内耗。①

总之，宗教信仰通过影响人们的消费行为、交往方式、经营风格、价值观念以及人们对时间、财富、风险的态度直接或间接地影响对外直接投资活动。开展国际化经营的企业要充分认识到宗教信仰对直接投资活动的影响，在尊重东道国的宗教信仰和教义前提下，充分利用有利契机，巧妙规避宗教风险，推动对外直接投资活动的顺利开展。

3.2.6 风俗习惯对直接投资活动的影响

风俗习惯对直接投资的影响也是多方面的。首先，不同国家表现出的风俗习惯差异会影响对外直接投资谈判和项目的顺利开展，从而对直接投资活动产生很大的约束力。例如，上海一家罐头制造企业曾在加拿大投资设立分厂，从事回锅肉和干菜烧肉的生产和销售，由于企业没能

① 日本企业和宗教文化［EB/OL］. 中国人力资源网，http：//www. chrm. gov. cn.

很好地理解加拿大的文化规范，没有充分调研开发满足当地市场需求的产品，生产罐头食品仅满足当地少数华人的饮食习惯，而忽视了西方人的消费习惯，结果产品销路不畅，造成大量积压和库存，企业最终走向破产。还有南京一家公司在泰国开办合资制药厂失利的经历，也是因为不了解当地商业习惯导致的。根据泰国的商业习惯做法，药商是可以赊账销售的，药商要等货物全部售完才能付款，结果导致该厂因流动资金不足而停产。其次，风俗习惯不同可能导致某些活动被禁止或被抵制。有些国家出于宗教、文化方面的原因，禁止外国资本的进入或禁止外国资本投向某些部门。如大部分发展中国家都制定了一些禁止西方企业进入本国新闻、出版、文化、传播等行业的政策。它们认为这些行业的对外放开将招致外来文化的入侵，久而久之将造成本民族传统文化的衰落及道德信仰的异化，最终将威胁到本民族的生存。最后，风俗习惯差异影响投资企业的融资需求。例如，储蓄是信贷资金的主要来源之一。社会通过储蓄积少成多，为生产建设提供足够资金支持，但储蓄多少受各地风俗习惯的影响较大。如东方人比较节俭，储蓄率普遍较高；西方人习惯于消费信贷，因此储蓄率较低。2013 年国际货币基金组织发布的数据显示，卡塔尔是世界上储蓄率最高的国家，超过 59%，科威特和中国紧随其后，位列第二位和第三位，其他亚洲国家，如新加坡、韩国、印度、马来西亚等也在储蓄大国的行列，而世界第一经济大国的美国储蓄率仅为 17%。而且进一步分析指出，中国保守的消费习惯是中国传统文化的组成部分，因而限制了消费，提高了储蓄率。一国如果有较高的储蓄率，信贷资金来源充足，外商直接投资企业在该国筹资较容易，而且会降低筹资成本，从而可以保证投资活动的资金需求，有利于投资活动的顺利开展。相反，一国储蓄率较低的话，筹资活动可能较困难，从而影响对外直接投资活动的开展。

3.2.7　民族主义风险影响对外直接投资活动

由于文化价值取向差异，同一文化渊源的人们对本民族文化往往存在一种强烈的认同感、优越感和自豪感，而对外来文化却自觉不自觉地表现出排斥、贬低甚至歧视，总是认为本民族文化和行为方式优越于别人，久而久之形成一种民族中心主义。显然，民族中心主义对一个民族树立自强、自信的意识和维护本民族利益具有强大的精神号召力，也是一个国家、民族立身世界民族之林的动力，但它对外来文化、事物有一种排斥心态，当外国经济文化对本国进行渗透特别是当本国的经济利益受损时，外资在当地的活动便会遭到该国的强烈反对，甚至可能发生抵制运动，进而对直接投资活动产生重要影响。第二次世界大战结束后，广大亚非拉发展中国家走向民族独立发展之路，但长期以来这些国家遭受帝国主义的政治压迫和经济剥削，从而对外来投资和外国企业产生一种畏惧心理，视外来投资和外国企业为帝国主义进行经济侵略的一种新手段，所以长期禁止或限制外国资本的输入，对想要参与控制本国资源和经济命脉相关产业的外来资本，发展中国家更是表现出极大的警觉和抗拒。例如，20 世纪 50 ~ 70 年代，许多发展中国家为维护国家主权独立，从跨国公司手中收回石油、矿产等重要资源的控制权，并对外来资本在这些行业投资制定了严格限制措施，民族产业在国民经济中的比例不断扩大，矿产、石油、农业、制造业等关键部门民族产业上升到主导地位。进入 20 世纪 80 年代，随着经济全球化的发展，国家间经济联系日益密切，世界各国为了全球化竞争中赢得先机，纷纷放松对外资的管制，国际资本流动增长迅速（见图 3 - 1）。

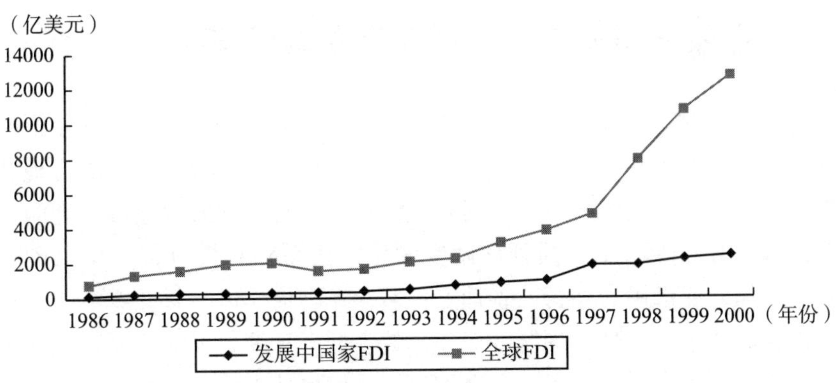

图 3 - 1　1986 ~ 2000 年全球及发展中国家 FDI 流动趋势

资料来源：作者根据《联合国世界投资报告》整理而得。

面对全球化浪潮和国际资本流动大趋势，民族主义思潮出现了微妙变化，广大发展中国家对直接投资的态度由畏惧、抵制转向欢迎和开放，逐渐放宽对外来资本限制，受此影响，流向发展中国家特别是新型工业化国家的外资出现较快增长（见图3－1）。值得注意的是虽然传统民族主义思想在逐渐削弱，但民族主义仍继续发挥着它的影响力。比如，20世纪90年代以来，西班牙不断增加对拉美国家的投资，投资规模较70年代有了显著的提高。随着西班牙在拉美投资的迅速增长，拉美人的心态逐渐发生了一些变化，由最初的支持、欢迎的态度发展到后来的批评和指责。原因在于历史上拉美国家作为西班牙的殖民地，长期受到西班牙的政治压榨、经济剥削。虽然时过境迁，但二者间曾经的特殊而复杂的关系使得西班牙企业在拉美地区的扩张被称为“第二次征服”或“重新征服”。西班牙企业凭借强大的资本优势，在拉美国家进行巨额投资，在金融、电讯、能源等战略性部门都能找到西班牙资本的影子，其在这些行业里发挥着领导者的作用。面对西班牙企业对拉美国家的大规模投资渗透，当地民族主义者表现出了不满，发起抵制运动，号召拉美人团结起来拒绝购买西班牙人提供的商品或服务。在这些民族主义者的眼里，西班牙投资虽然帮助拉美经济发展，但最终目的在于获取巨额利润，是西班牙新殖民主义的体现。这一事实充分说明一些拉美人对新殖民主义表现出忧虑和担心。民族主义思潮的变化必然影响在这些地区从事国际直接投资企业的生产经营活动。

3.2.8　管理制度差异对直接投资活动的影响

受历史渊源、政治体制、文化传统等多种因素的影响，世界上不同国家在经济发展道路上选择了不同的前进路径，也形成了不同的管理制度。国际直接投资既属于微观的企业活动，也是一国宏观经济管理的重要内容，必然受制于一国管理制度文化，从而对直接投资产生深刻影响。例如，亚洲国家在行政管理上普遍存在官僚作风、繁文缛节，行政管理程序复杂。这种管理制度保守、效率低下、缺乏灵活性而且成本很高，结果不仅人为提高了市场准入门槛，增加外来投资企业的成本，还导致企业投资效率下降，降低创新激励。僵化的官僚机构、繁文缛节的行政程序以及保护性强的投资政策，增加了外资在这些国家的生存难度；僵化的管理制度还会给直接投资活动带来不确定性，从而打乱企业计划并阻碍企业对新市场机会做出迅速反应的能力，最终将阻碍国内、国外的新投资和减弱经济实绩。据世界银行的调查，外商在马来西亚投资设厂申请需要经过25道程序，正常情况费时281天；营业执照申请需要经过9项手续，正常情况需要30天。[①] 出现这种情况是因为马来西亚政府实施的条例、规定太多，而且多头管理，影响整个公共服务的效率，导致外来投资者面对繁文缛节陷入无所适从的窘境。因此，马来西亚被世界银行视为一个太过注重繁文缛节，以至于投资企业感到为难的国家。例如，马来西亚商务签证有效期短，而且办理周期长，中国在马来西亚投资的高科技项目，由于需要国内工程师提供技术支持，但往返马来西亚的签证时间需要1～2周时间，经常造成突发性技术问题得不到及时处理的现象，影响项目进展，制约了中国企业在马来西亚的发展。正是这种僵化的管理制度，使得很多外商投资计划因此被拖慢、延后，甚至打退堂鼓，影响了马来西亚在吸引外资方面的竞争力。同样，我们的邻国印度作为世界第二人口大国和亚洲的第三大经济体，自1991年实行市场经济体制以来，利用外商直接投资一直没有太大起色，即使在印度经济增速较快时，外来投资者们对在印度投资也未表现出极高的热情。从政府管理体制看，印度政府的审批程序较为复杂，耗时长。例如，世界银行的一份报告显示，在印度，一个公司要想获得建筑工程许可，需经过34道行政审批程序，平均耗时227天，费用是印度人均国内生产总值的1631%。[②] 且印度政府不断爆出腐败丑闻，行贿索贿时有发生，对外来经济表现出某种抵制，如此使得外来投资者望而却步。相反，西方国家工业革命以来，政府部门各司其职，相互监督，大大提高了政府的行政效率和透明度，外来资本可以更加自由地在这些国家投资。上述问题从表面上来看是政府管理体制问题，但从深层次看，却是一个文化问题，是政府管理者对狭隘的地缘关系、民族主义、官本位等没落观念的认识问题。

3.2.9　社会组织对直接投资活动的影响

这里重点分析工会组织对国际直接投资活动影响。工会是现代社会

① 马来西亚投资审批程序有望简化［EB/OL］. 新浪财经，http：//finance. sina. com. cn/g/20070116/10031158542. shtml.

② 民主为何治不了印度的腐败［EB/OL］. 通讯网，http：//view. news. qq. com/zt2012/india2/index. htm.

极重要的社会组织形式，它从多个方面影响国际直接投资活动。

1. 工会组织影响工资水平

劳动力成本是企业生产成本的重要组成部分。工会组织对工资水平的影响将会对劳动力成本产生作用，进而影响国际直接投资企业的策略选择。比如，工会组织谈判提高工人的工资标准，从而推动劳动力成本上升；工会组织要求业主改善工人工作条件、提高福利水平也会导致生产成本上升；工会组织工人罢工、示威、游行影响企业的正常生产活动，导致劳动力成本上升。

2. 工会组织影响国际投资企业的雇佣水平和能力

公会通过游说政府立法或鼓励国际组织为跨国公司制定规则，这些法律或规则大大限制了跨国公司在执行公司关闭、解雇雇员等方面的能力。例如，在法国，公司受工会势力的影响解聘雇员只能优先解聘年富力强的、最具活力雇员，而老弱病残的雇员解聘受到严格约束。2004年 TCL 在收购法国汤姆逊公司后，公司在业务整合过程中试图解聘一批最缺乏竞争力的雇员，但由于受到工会制度约束，最后 TCL 不得不解聘全部雇员，仅发放给雇员的遣散费就超过 1 亿欧元，而 TCL 最后仅返聘 30 位老员工回公司工作。在欧洲，许多国家对工厂关闭、冗员裁撤都有详细的规定。因此，国际直接投资企业必须考虑这些规则和制度带来的影响。

3. 工会组织影响国际投资企业的生产布局决策

工会组织影响跨国公司生产、工作的合理化和一体化，进而影响跨国公司一体化进程。例如，20 世纪 80 年代，在德国钢铁工人协会的要求下，通用汽车不得不在德国进行大规模的投资，而当时欧洲钢铁平均生产成本较高，比世界最先进地区成本高出 15%，显然在欧洲投资钢铁并非通用汽车的最佳选择。还有 2004 年上汽集团收购韩国双龙汽车公司后，在正式签约后，邀请双龙工会代表参观了公司的生产线，详细介绍了公司的情况，以减少双龙工会对公司并购的抵触和阻力。同样，日本企业在选择进入美国市场时，经常选择工会力量薄弱的南方各州而不是工会力量强大的北方。在工会力量强大的欧洲，一些跨国公司为避开欧洲工会的压力，倾向于选择劳资关系相对缓和的国家或地区投资。

总之，国际直接投资企业应谨慎处理与东道国工会的关系，注意与工会组织的沟通，同时与国际劳工组织保持联系，以了解相关信息和国际惯例，克服工会组织的不利影响。

第4章 文化差异影响对外直接投资的实证研究——以外商对华直接投资为例[①]

前文的理论分析表明文化因素在直接投资过程中扮演重要角色，它从不同的角度以不同的方式影响国际直接投资活动，但我们的分析方法主要以定性理论分析为主。本章结合国际直接投资发展的事实，借鉴既有文献的研究成果，从定量的角度考察文化及其差异对国际直接投资的影响。文化对国际直接投资的影响错综复杂，实证研究中，因为文化因素测量困难，我们无法对上文涉及的全部文化要素逐一进行详细准确的考察，而且单变量考察无法全面反映国家文化对 FDI 影响的全貌，一个可行的做法是借鉴霍夫斯泰德的文化维度理论考察国家文化对于 FDI 的影响。[②] 因此，下文仍以霍夫斯泰德的文化维度指数代表国家文化及其差异，定量考察文化及其差异对于 FDI 的影响。实证研究中，以中国为研究对象，以外商对华直接投资为样本进行定量研究。以中国为研究对象，从数据选取上相对容易，而且研究结论对外资企业如何有效进行跨文化管理具有借鉴意义，值得强调的是中国作为最大的发展中国家，经济发展快，吸引外资规模大，以中国为例具有代表性，可以充分考察文化因素对流向发展中国家 FDI 的影响，一定程度上弥补现有文献的不足。[③]

---

① 本章未标明来源的数据均由作者根据《中国统计年鉴》相关年份数据计算而得。

② 20 世纪 80 年代以来，霍夫斯泰德的文化维度理论在实证研究中得到广泛的应用，尽管学者对于该研究提出不同的质疑，但霍氏理论仍是目前在跨文化管理领域最具影响力的理论。文化维度理论内容可参阅第 2 章 2.1 节内容。

③ 关于现有文献有研究不足，作者在第 2 章 2.2 节的总结性评述中进行过说明。

4.1 外商对华直接投资分析

4.1.1 外商对华直接投资发展历程及特征

1979年《中华人民共和国中外合资经营企业法》正式颁布实施，标志着我国境内市场向国外投资者打开了大门。此后，在国家改革开放政策引领下，外商直接投资开始缓慢进入中国市场，30多年来，我国引资工作取得了突破性进展，外商直接投资规模不断攀升。图4-1是1980~2013年我国外商直接投资统计变化图。据统计，1980年我国利用外商直接投资仅为0.57亿美元，但到1985年外资额达到15.3亿美元，1989年达到30亿美元。进入20世纪90年代以后外商直接投资进入快速发展轨道，1992年外商直接投资突破百亿美元，达到110亿美元，10年后的2002年突破500亿美元大关，2008年我国吸引外商直接投资达到923.95亿美元。2010年我国实际利用外商直接投资再次实现新突破，外资突破千亿，达到1057.4亿美元。2011~2013年，我国利用外商投资规模连续超过千亿美元。到2013年底，我国累计利用外商直接投资达到13935.9亿美元，30多年间，利用外商直接投资的年均增长速度达27%，远远超过国内生产总值的增长速度。从1991年起，我国已连续20多年位于发展中国家利用外商直接投资的首位。从1994年起，外国直接投资所占境外资金比例高达78.14%，1994年以后这一比例稳定在80%左右，进入21世纪外商直接投资占我国实际外资额的比例高达90%以上。外商直接投资一直是我国利用外资的最主要方式。回顾我国利用外资的发展历程看出，我们利用外商直接投资无论是规模还是速度均取得了骄人的业绩，外商直接投资表现出了一些特点和趋势。

外商直接投资大规模进入中国优化了国内产业结构，提升了国内企业的国际竞争力，推动了就业和国内经济增长。引进外商直接投资表现出如下特征。

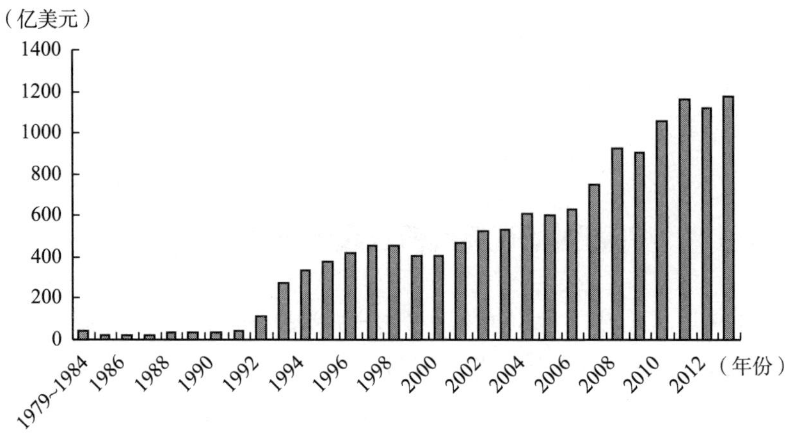

图 4－1　1979～2013 年我国利用外商直接投资变动趋势图

资料来源：1980～2014 年《中国统计年鉴》。

第一，利用外商直接投资具有明显的阶段性特点。改革开放以来，我国利用外商直接投资表现出明显的阶段特征，大致可以分为四个阶段：第一阶段从改革开放初期到 1991 年，利用外商直接投资处于起步阶段，增长缓慢，外资规模总量较小。据统计，1979～1991 年我国利用外商直接投资总额约为250 亿美元，其中“七五”时期外商直接投资为 146 亿美元，年均利用外资规模约为 20 亿美元，最高的 1991 年仅为 43 亿美元。第二阶段是 1992～1998 年，利用外商直接投资处于迅速增长阶段。其中 1998 年实际利用外商直接投资达到创纪录的 454.63 亿美元，比 1992 年增长 4 倍多，这一时期年均利用外资为 346 亿美元，远远高于第一阶段。第三阶段是 1999～2003 年，外商直接投资处于缓慢增长期。其中，1999～2000 年利用外商直接投资的规模出现小幅度下降。2001 年以后，随着我国加入世界贸易组织，利用外商直接投资再次进入上升通道。2002 年，利用外资达到 527.43 亿美元，2003 年为 535 亿美元。第四阶段是 2004 年至今，我国利用外商直接投资以较快速度增长。特别是在 2008 年以后，外商直接投资再次进入快速增长轨道。其中 2010 年实际利用外商直接投资突破千亿美元，达到 1057.4 亿美元，与 2004 年相比近乎翻了一番，2011～2013 年实际使用外商直接投均超过 1100 亿美元水平。2004 年以来利用外商直接投资平均规模为 860 亿美元。

第二，利用外商直接投资规模稳步增长，效益进一步提升。20世纪80年代，我国利用外商直接投资处于较缓慢的增长阶段。但是，进入90年代以后，随着中国社会主义市场经济体制的建立，利用外商直接投资进入快速发展的轨道。到1998年，利用外商直接投资达到创纪录的454.6亿美元。整个20世纪90年代外商直接投资年平均规模达到246亿美元，远远高于80年代的平均水平。进入21世纪，随着我国加入世界贸易组织，外商直接投资规模进一步扩大。利用外商直接投资规模在2004年达到历史最高水平606亿美元，到2009年又上升到923.95亿美元。2013年，全国新批设立外商投资企业22773家，实际使用外商直接投资额为1175.8亿美元。与此同时，利用外资逐步开始从重数量到重质量转变，在科学发展观的指导下，注重提高利用外资的效果和溢出效应，重视外资对国内产业结构调整的促进作用和对资源环境的改进。特别是十六大以来，我国利用外资已从弥补“双缺口”为主转向优化资本配置、促进技术进步和推动市场经济体制的完善，从规模速度型向质量效益型转变，利用外资实现新发展，规模和质量得以全面提升。以跨国公司在华设立研发中心和地区总部为例，据不完全统计，到2011年底，我国的外商研究和开发中心达1600多家，其中约70%是2000年后设立的。在这些研究和开发中心中，近50%从事先导技术研究，60%服务于全球市场。① 从行业上看，研究与开发中心主要集中在技术密集型行业，如电子及通信设备制造业、交通运输设备制造业、医药制造业、化学原料及化学品制造业。同时，跨国公司在中国设立的地区总部大量出现在上海、北京等地。自1999年第一家跨国公司地区总部在北京成立以来，跨国公司总部数量逐年增加。截至2014年，外商在上海设立的地区总部达484家，在北京设立的地区总部的跨国公司超过133家，这些设立地区总部的外资企业中许多为世界500强的跨国公司，而北京成为500强企业总部的首选，2013年有48家500强企业总部设在北京，居全球第一。② 跨国公司在华设立的研发中心和地区总部具有较高的知识技术含量，产业关联带动作用大，对推动产业优化升级和加快经济发展方式转变，提升我国在全球产业分工格局中的地位和影

---

① 梁达．我国利用外资仍具较大优势与空间［N］．上海证券报，2013－3－19.

② 北京拥有48家世界500强总部，首次居全球第一［EB/OL］．搜狐财经，http：//business. sohu. com/20140219/n395264184. shtml.

响力具有重要意义。随着中国利用FDI规模不断扩大，投资环境进一步优化，中国市场对FDI产生较大的吸引力，利用外资规模和质量呈进一步上升趋势。

第三，利用外商直接投资方式趋向多样化，独资模式占据重要地位。改革开放初期，来华外资的投资方式主要采取中外合资和中外合作两种模式（见表4-1）。据统计，1985年合资合作经营模式占利用境外资金比例超过93%，随后几年有所下降，到1991年下降为62.3%。进入20世纪90年代以后，利用外商直接投资方式发生明显变化，合资合作模式逐渐被独资模式超越，外商独资企业的比例以较快速度上升。1997年，外商独资经营的新设项目数超过中外合资经营的新设项目数，1998年，外商独资经营企业的合同金额首次超过了中外合资经营项目的合同金额。[①] 2000年以后，我国利用外商直接投资方式进一步走向多样化。除合资、合作、独资经营模式外，2002年中国证监会发布《合格境外机构投资者境内证券投资管理暂行办法》（以下简称《暂行办法》标志着我国合格境外机构投资者制度（qualified foreign investment instution，QFII）全面启动实施。《暂行办法》允许符合条件的境外机构投资者投资境内证券市场，促进境内证券市场开放发展。到2014年6月，我国政府共批准来自27个国家或地区的264家QFII机构，其中2012年批准通过72家机构，投资额度超过760亿美元。同时，我国制定的相关政策允许外资以并购方式参与国内企业改组改造和兼并重组。我国于2006年颁布了《利用外资改组国有企业暂行规定》《关于外国投资者并购境内企业的规定》等涉及外资并购的多项法规，外资并购政策和环境进一步改善，并购规模呈不断扩大的趋势（见图4-2）。根据联合国贸易发展委员会发布的《世界投资报告》我们可知，2011年外商在我国内地并购投资一度达到118亿美元的历史高峰，而2013年外资在华并购交易达到129.8亿美元。可以预见，随着我国引进外商直接投资政策的调整，跨国并购会成为我国利用外商直接投资的重要方式。

① 当然，由于历史上我国以中外合资经营引进外商直接投资为主，如果以累计利用外商直接投资计算，中外合资经营仍然是主要的投资方式，占实际投资额的1/2，外商独资经营所占比例不到1/3。

表4-1 1991~2013年外商直接投资方式情况

	1991年		1996年		2000年		2005年		2013年	
	项目数（个）	合同外资（亿美元）	项目数（个）	合同外资（亿美元）	项目数（个）	实际外资（亿美元）	项目数（个）	实际外资（亿美元）	项目数（个）	实际外资（亿美元）
合资	8395	60.80	12628	318.76	8378	143.43	10480	146.14	4476	237.72
合作	1778	21.37	2849	142.97	1757	65.95	1166	18.31	142	19.44
外资	2795	36.66	9062	268.10	12196	192.63	32308	429.61	18125	895.89
其他	10	12.88	17	2.92	16	5.12	47	9.19	30	22.81
合计	12978	131.71	24556	732.75	22347	407.13	44001	603.25	22773	1175.86

资料来源：作者根据历年《中国统计年鉴》数据整理而得。

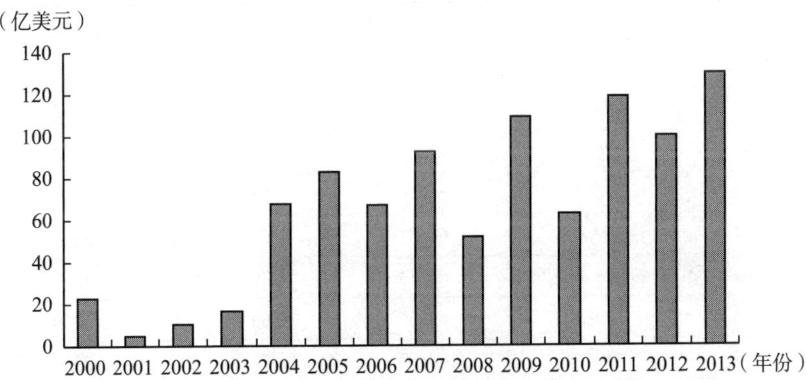

图4-2 2000~2013年外商在我国内地的并购投资金额

资料来源：UNCTD，World Investment，2001-2013［EB/OL］. http：//www. unctd. org.

第四，制造业利用外商直接投资持续增长，服务业特别是金融服务业利用外商直接投资取得突破。改革开放以来，制造业一直是我国利用外商直接投资的主要产业，制造业外资占外商对华直接投资总额的50%~70%，并呈现持续增长的趋势。统计显示，1997年制造业实际利用外商直接投资为281亿美元，占当年利用外商直接投资总额的62%；2013年，制造业实际利用外商直接投资增加到455.54亿美元，所占比例为38.7%。虽然所占比例有所下降，但制造业半壁江山的地位仍未出现根本转变。在制造业利用外商直接投资保持稳步增长的同时，随着对外开放的深入和服务贸易领域的进一步开放，服务业利用外商直接投资增长较快。1997 年，服务业利用外商直接投资规模为 68.24 亿美元，占当年利用外商直接投资总额 15%；2013 年，服务业利用外商直接投资规模达到 662.17 亿美元水平，占同年利用外商直接投资比例的 56.3%，其中金融服务业有了显著增长，2013 年实际使用外资为 23.4 亿美元。与 1997 年比较，服务业利用外商直接投资实际增长 9 倍多，在全部外资中所占比例也大幅度上升。从增长速度看，服务业利用外商直接投资增度明显快于制造业。1997 ~ 2013 年制造业利用外资增速仅为 3.7%，而服务业增速达到 15%，这一速度超过全球服务业 FDI 的增速（见表 4 – 2）。

表 4 – 2　　1997 ~ 2013 年我国制造业和服务业利用外商直接投资情况

单位：亿美元，%

年份	制造业（亿美元）	服务业（亿美元）	制造业占比（%）	服务业占比（%）
1997	281.20	68.24	62.0	15.0
1998	255.82	80.55	56.0	18.0
1999	226.03	71.39	56.0	18.0
2000	258.44	56.70	63.0	14.0
2001	309.07	60.81	66.0	13.0
2002	368.00	66.83	70.0	13.0
2003	369.36	63.35	69.0	12.0
2004	430.17	140.52	71.0	23.0
2005	424.53	149.14	70.0	25.0
2006	400.77	199.14	64.0	32.0
2007	408.65	309.84	55.0	41.0
2008	498.95	379.49	54.0	41.0
2009	467.71	385.28	52.0	43.0
2010	495.91	499.62	47.0	47.0
2011	521.00	582.55	44.9	50.2
2012	488.66	571.98	43.7	51.2
2013	455.54	662.17	38.7	56.3

注：1997 年以前，我国并未提供分行业的利用外资数据，本研究成果分行业数据从 1997 年开始。

资料来源：作者根据 1998 ~ 2014 年《中国统计年鉴》整理而得。

4.1.2　外商对华直接投资的结构分析

1. 外商直接投资的产业分布

表 4 - 3 给出了 1991 ~ 2013 年外商直接投资的产业分布情况。从统计结果看，改革开放以来我国利用外商直接投资主要集中于第二产业，第二产业利用外资比例平均约为 64%，第一产业和第三产业比例较低，其中第一产业比例最低，外资比例不足 2%，第三产业比例平均约为 35%。在第二产业中，外商主要投资工业制造业，工业利用外商直接投资额约占第二产业利用外商直接投资总额的 60%。2000 年以前，外商直接投资项目数的 72.99%、合同外商直接投资的 60.87% 集中在第二产业。在第三产业中，房地产业利用外商直接投资增加较快，自 20 世纪 90 年代开始，房地产利用外资比例持续上升，少数年份投资于房地产的外资占第三产业外资总额的比例超过 1/3，只是近些年来这个比例有所下降。2000 年以后，外商直接投资产业构成比例进一步优化，第二产业占比呈下降趋势，而第三产业直接投资比例逐年提高。2013 年，第三产业利用外商直接投资比例达到 56.30%，比 2001 年提高约 32 个百分点；第二产业利用外商直接投资所占比重则由 2001 年的 74.23% 下降到 2013 年的 42.15%，与 2001 年相比下降约 32 个百分点。

表 4 - 3　　1991 ~ 2013 年我国利用外商直接分产业统计表　　单位：%

年份	第一产业	第二产业	第三产业
1991	1.78	81.57	16.71
1992	1.24	60.08	38.68
1993	1.14	49.45	49.41
1994	1.21	56.07	42.73
1995	1.88	69.57	28.55
1996	1.63	71.66	26.71
1997	1.39	71.97	26.65
1998	1.37	68.91	29.72

续表

年份	第一产业	第二产业	第三产业
1999	1.76	68.9	29.34
2000	1.66	72.64	25.7
2001	1.92	74.23	23.85
2002	1.95	74.83	23.23
2003	1.87	73.23	24.9
2004	1.84	74.98	23.18
2005	1.19	74.09	24.72
2006	0.95	67.45	31.6
2007	1.24	57.33	41.44
2008	1.29	57.64	41.07
2009	1.59	55.62	42.79
2010	1.81	50.94	47.25
2011	1.73	48.06	50.21
2012	1.84	46.97	51.19
2013	1.55	42.15	56.30

资料来源：作者根据 1992 ~ 2014 年《中国统计年鉴》整理而得。

在外商直接投资结构进一步优化的同时，我国利用外资质量也显著提高。例如，第一产业中流向现代农业的外资明显增多，第三产业中流向商贸服务、科技服务、金融等现代服务业的外资明显增多。在第二产业中，电子信息、集成电路、家用电器、汽车制造等技术资金密集型产业成为外资投资的重点领域，新能源、新材料、生物医药、节能环保等高技术、环境友好产业日益成为外资流向的目标，因而这些产业的核心竞争力也有了明显提升。与此同时，外商加大了对我国研发的投资力度。数百家跨国公司已在我国设立研究和开发中心从事先进技术的研究，多数研发中心集中于技术优势明显的北京、上海等大城市。开发中心数量已超过 1600 家。[①] 英国《金融时报》旗下数据服务机构发表的

① 跨国公司纷纷将研发中心移至中国［EB/OL］. 新华网，http：//news. xinhuanet. com/world.

研究报告显示，2010 年 1 月至 2014 年 12 月底，中国共吸引了 88 个绿地投资研发项目，美国吸引了 91 个研发项目。从资本投资额看，自 2010 年以来，中国在研发领域吸引的绿地投资规模位居世界之首，项目数量位居全球第二，超过美国。①

2. 外商直接投资的行业分布

从外商直接投资的行业结构来看，我国利用外商直接投资主要集中于制造业，制造业外商直接投资占全部外商直接投资的比例多年来保持在 50% ~70%之间。外商直接投资的重点行业是我国具有传统比较优势的劳动密集型行业。但近年来外资投资行业分布出现新的变化，高新技术产业、设备制造业、化工行业成为外资企业重点投入的行业。另外，服务业逐渐成为利用外资的重点行业。在实际利用外国直接投资额中比重较大的有运输、邮政业，房地产业，电力、燃气业等，而批发零售、金融保险业、科学技术服务业、住宿和餐饮业的比重不大，但租赁和商务服务业利用外商直接投资增长较快（见表 4 –4）。

3. 外商直接投资的区域分布

虽然我国整体利用外商直接投资保持快速增长趋势，但外商直接投资区域分布极不均衡却是不容忽视的事实。从图 4 –3 中所反映的外商直接投资的地区结构来看，我国不同地区吸引的外商投资很不均衡。外商直接投资主要集中于东部沿海地区，中西部吸收的外商直接投资非常有限。中西部地区外商投资企业的数量与规模远远小于东部地区。据统计，20 世纪 80 年代，外商直接投资流向沿海地区的比例高达 90% 以上。进入 90 年代以后，这个比重略有下降，但总的分布趋势没有明显改变。1987 ~2010 年外商对沿海地区的累计投资额占全部投资额的比重仍保持在 80% 以上，对中西部地区投资额不足 20%，对西部地区的投资额最高年份不足 7%。从时期来看，1987 ~1991 年外商直接投资总体处于低位徘徊，区域间外商直接投资的绝对差异波动较小。但是，从 1992 年起，随着对外开放进一步深化，外商直接投资开始加速发展，

① 外企竞相在华设立研发中心［EB/OL］. 中国经济网，http：//intl. ce. cn/sjjj/qy/201508/06/t20150806_ 6142789. shtml.

表 4－4　1997～2012 年分行业利用外资分布表

单位：亿美元

年份	农林牧渔业	采矿业	制造业	电力、燃气业	建筑业	运输、邮政业	房地产业	金融保险业	信息传输、计算机服务和软件业	批发零售业	住宿和餐饮业	租赁和商务服务业	科学技术服务业	水利环境设施业	居民服务其他
1997	6.28	9.40	281.20	20.72	14.38	16.55	51.69	0	0	0	0	0	0	0	0
1998	6.24	5.78	255.82	31.03	20.64	16.45	64.10	0	0	0	0	0	0	0	0
1999	7.10	5.57	226.03	37.03	9.17	15.51	55.88	0	0	0	0	0	0	0	0
2000	6.76	5.83	258.44	22.42	9.05	10.12	46.58	0	0	0	0	0	0	0	0
2001	8.99	8.11	309.07	22.73	8.07	9.09	51.37	0.35	0	0	0	0	0	0	0
2002	10.28	5.81	368.00	13.75	7.09	9.13	56.63	1.07	0	0	0	0	0	0	0
2003	10.01	3.36	369.36	12.95	6.12	8.67	52.36	2.32	0	0	0	0	0	0	0
2004	11.14	5.38	430.17	11.36	7.72	12.73	59.50	2.52	9.16	7.40	8.41	28.24	2.94	2.29	1.58
2005	7.18	3.55	424.53	13.94	4.90	18.12	54.18	2.20	10.15	10.39	5.60	37.45	3.40	1.39	2.60
2006	5.99	4.61	400.77	12.81	6.88	19.85	82.30	2.94	10.70	17.89	8.28	42.23	5.04	1.95	5.04
2007	9.24	4.89	408.65	10.73	4.34	20.07	170.89	2.57	14.85	26.77	10.42	40.19	9.17	2.73	7.23
2008	11.91	5.73	498.95	16.96	10.93	28.51	185.90	5.73	27.75	44.33	9.39	50.59	15.06	3.40	5.70
2009	14.29	5.01	467.71	21.12	6.92	25.27	167.96	4.56	22.47	53.90	8.44	60.78	16.74	5.56	15.86
2010	19.12	6.84	495.91	21.25	14.61	22.44	239.86	11.23	24.87	65.96	9.35	71.30	19.67	9.09	20.53
2011	20.09	6.13	521.01	21.18	9.17	31.91	268.81	19.09	26.99	84.25	8.43	83.82	24.58	8.64	18.84
2012	20.62	7.70	488.66	16.39	11.82	34.74	241.50	21.19	33.58	94.62	7.02	82.11	30.96	8.50	11.64

资料来源：作者根据《中国统计年鉴》整理而得。

进入跳跃式快速增长时期。同时，三大地区利用外资开始出现明显分化，① 地区间绝对差异逐步扩大。东部地区利用外资的变化趋势几乎与全国相一致，保持快速发展的态势，中部地区的外商直接投资呈缓慢小幅上升趋势，而西部地区的外商投资却没有明显起色，多年来一直处于低位徘徊状态。

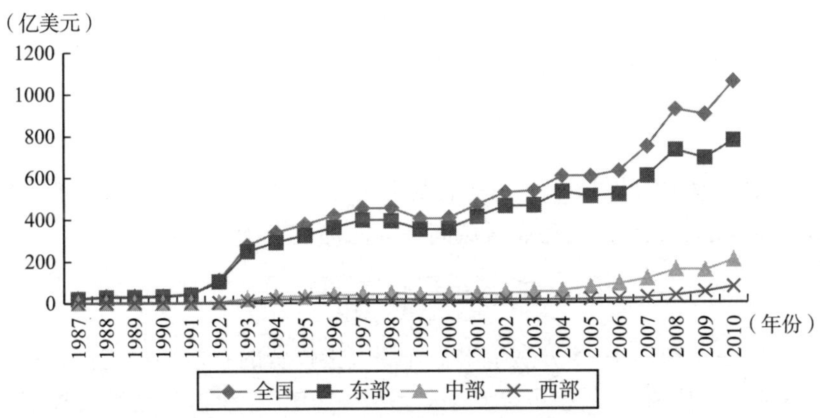

图4-3　1987~2010年全国及东中西部地区外商直接投资变化趋势图

资料来源：1987~2008年数据来自《新中国六十年统计资料汇编》，2009~2010年数据由各省统计年鉴汇总整理。

图4-3的变动趋势表明，我国三大地区间利用外商直接投资差异较大。那么，地区间的外商投资的差异主要来自哪里？是地区间的差异引起的还是地区内部不同省份间的差异引起的？为进一步考察不同地区外商直接投资差异的来源，可以利用1987~2010年全国利用外商直接投资数据，通过泰尔指数（Theil index）对三大地区的外商直接投资进行分解。泰尔指数的优点在于它不仅可以用来解释外商直接投资投资区域差异变动的事实，而且对差异来源可以进行区域内部和区域间的分解，从而较好地反映外商直接投资区域差异的演变轨迹。泰尔指数的计算公式为：

① 三大地区划分遵循1985年中央在《关于制定国民经济和社会发展的第七个五年计划的建议》中的划分。该部分内容改编自作者公开发表的论文：外商直接投资区域差异泰尔指数分解及其影响因素分析［J］. 北京师范大学学报，2012（3）：105-114.

$$T = \sum_{i}\sum_{j}\left(\frac{GDP_{ij}}{GDP}\right)\ln\left(\frac{GDP_{ij}/GDP}{FDI_{ij}/FDI}\right) \quad (4-1)$$

其中：GDP_{ij}表示 i 地区 j 省份的 GDP，GDP 代表全国 GDP 总量，FDI_{ij}表示 i 地区 j 省份的外商直接投资流量，FDI 代表外商直接投资总量。对于泰尔指数可以进一步分解为东中西三大地区间的差异 T_{BR}，以及三大地区内部的总差异 T_{WR}：

$$T = T_{BR} + T_{WR}$$

三大地区间的差异计算公式为：

$$T_{BR} = \sum_{i}\frac{GDP_{i}}{GDP}\ln\left(\frac{GDP_{i}/GDP}{FDI_{i}/FDI}\right)$$

其中：GDP_i 与 FDI_i 分别代表第 i 地带的 GDP 与 FDI。三大地区内部差异则是三大地区内各省区域间差异的加权平均，计算公式为：

$$T_{WR} = \sum_{i}\left(\frac{GDP_{i}}{GDP}\right)T_{i}$$

图 4 -4 和表 4 -5 分别给出了外商直接投资的泰尔指数变化趋势及分解结果。从图 4 -4 中可以看出，1987 ~2010 年全国外商直接投资区域差异总体呈现逐渐缩小的趋势，其中 1987 ~1993 年是地区间外商直接投资差异急剧下降时期，这个时期外商直接投资差异下降幅度和速度最快，1993 年后地区间外商直接投资差异保持平稳波动，总体上未有大的变化，2004 年起再次进入快速下降通道。外商直接投资地区差异的变动趋势与我国改革开放进程是基本吻合的。1992 年以前是我国利用外资的初级阶段，国家实行沿海开放战略，这个时期外商直接投资主要集中在东部地区，外商对中西部地区的投资微乎其微，导致这个时期地区间外商直接投资差异较大。1992 年，我国提出建立社会主义市场经济体制，对外商直接投资政策不断深化，同时开放战略向中西部延伸，所以 1992 年后外商直接投资快速增长的同时投资地域呈现多元化，使得外商直接投资地区差异比改革开放初期小得多。2001 年加入世界贸易组织以后，我国利用外商直接投资进入全新的阶段，特别是服务业利用外资逐步开放，使得外商直接投资快速上升的同时进一步缩小了地区间利用外商直接投资的差异。

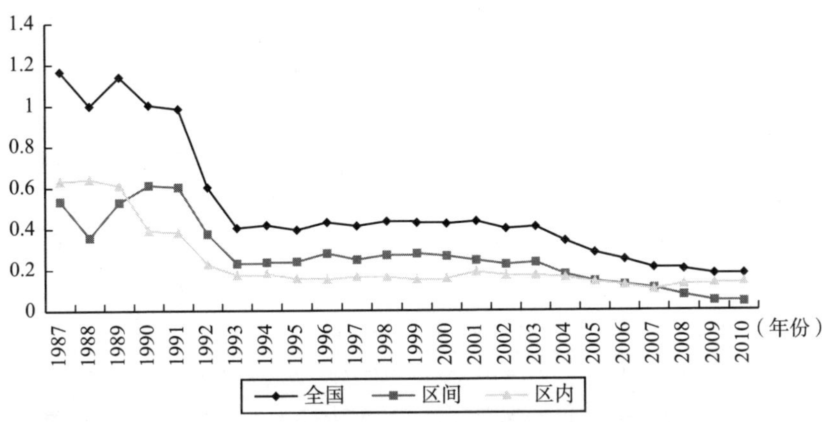

图 4－4　1987～2010 年外商直接投资区域差异的泰尔指数分解变动趋势

表 4－5　　1987～2010 年外商直接投资地区差距的静态分解

年份	对地区差距贡献				
	T_{WR}	其中			T_{BR}
		东部	中部	西部	
1987	54. 13	32. 91	12. 91	8. 31	45. 87
1988	64. 17	44. 83	10. 15	9. 18	35. 83
1989	53. 57	29. 61	8. 50	15. 46	46. 43
1990	39. 02	28. 65	4. 35	6. 03	60. 98
1991	38. 77	27. 63	5. 37	5. 77	61. 23
1992	37. 70	27. 35	5. 84	4. 50	62. 30
1993	42. 88	32. 13	4. 55	6. 19	57. 12
1994	43. 29	29. 52	5. 60	8. 17	56. 71
1995	39. 14	30. 73	4. 79	3. 62	60. 86
1996	35. 07	27. 22	4. 61	3. 25	64. 93
1997	39. 74	26. 10	3. 55	10. 09	60. 26
1998	37. 64	26. 23	4. 32	7. 08	62. 36
1999	35. 00	25. 62	4. 52	4. 86	65. 00
2000	37. 18	25. 70	4. 25	7. 23	62. 82
2001	43. 59	25. 10	9. 10	9. 39	56. 41

续表

年份	对地区差距贡献				
	T_{WR}	其中			T_{BR}
		东部	中部	西部	
2002	43.37	24.39	11.25	7.74	56.63
2003	42.36	20.84	13.69	7.83	57.64
2004	47.78	17.75	19.41	10.62	52.22
2005	49.00	19.21	15.56	14.23	51.00
2006	49.41	24.31	11.14	13.96	50.59
2007	48.32	29.85	6.32	12.15	51.68
2008	63.31	38.13	7.85	17.33	36.69
2009	74.28	44.86	6.74	22.67	25.72
2010	71.2	40.35	6.84	23.01	28.8

表4-5的数据是基于泰尔指数的分解结果。通过泰尔指数的分解发现，20世纪90年代以来，外商直接投资地区差异的变动主要是由三大地区间的差异引起的，三大地区间的差异对泰尔指数平均贡献率在1987~2010年达到53.0%，在90年代达61.2%。进入21世纪以后，三大地区间的贡献率有所下降但仍高达近50.0%。

在三大地区内部差异方面，东部地区内部差异贡献最大，整个样本期内东部地区内差异平均贡献为29.1%，中西部地带内差异的贡献相对较小，两地带内部差异合计平均贡献在整个样本期间为17.9%。这说明整个样本期间内外商直接投资地区差异主要由三大地区间的差异和东部地区内部差异引起的，这个结论对于理解外商直接投资地区差异来源以及制定针对性的促进外商直接投资区域协调发展战略具有极强的启示意义。

图4-4和表4-5的分解结果还表现出了两点值得关注的现象：第一，虽然全国外商直接投资区域差异总体上是逐步减小的，但区域间差异长时间主导地区间外商直接投资差异，而且进入21世纪以后三大地区间差异对外商直接投资地区差异的贡献开始下降，地区内的差异贡献上升较快。第二，尽管东部地区外商直接投资差异缩小的速度与幅度最大，但其绝对差异始终比中部与西部地区大，而且在2004年以后又呈逐渐拉大的趋势。中部地区内部差异波动较大，在经历缓慢下降后，进

入 21 世纪地区内部差异经历先上升后下降的趋势。西部地区差异贡献表现波动中逐年扩大的趋势。

4. 外商直接投资的来源地分布

从外商直接投资来源地分布情况看，超过 80% 的外商直接投资来自亚洲国家或地区，其中来自港澳台地区的外商直接投资又以绝对优势占居首位。据统计，改革开放以来港澳台地区的投资项目数、协议金额和实际利用外资金额均超过全国总量的 60%。亚洲以外国家或地区除开曼群岛、维尔京群岛外，其他对我国有较多投资的国家主要是美国、德国、法国等。进入 21 世纪以后，我国利用外商直接投资来源地进一步走向多元化。统计数据显示，大约有 160 多个国家或地区都在我国进行过直接投资，但从总体情况看，亚洲仍为我国吸收外商直接投资增长主要来源地区，欧美对我国的直接投资虽有较大增长但其规模仍然相对较小。具体情况如图 4 - 5 所示。

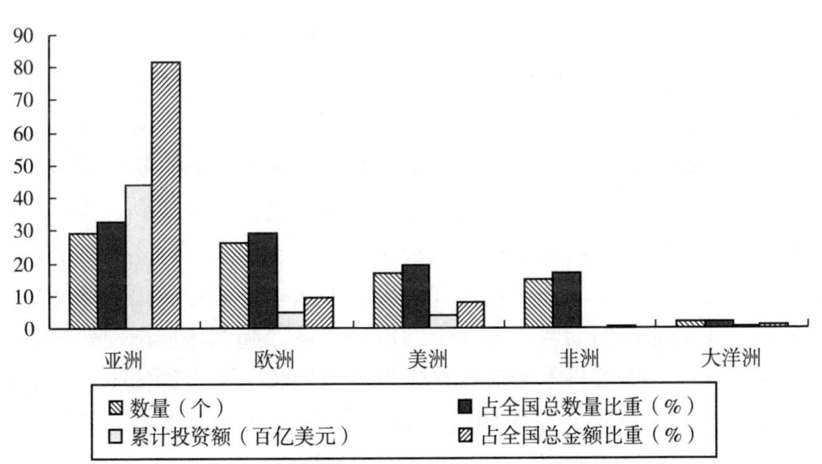

图 4 - 5　2001 ~ 2012 年五大洲对我国直接投资数量、金额及占全国总数量与总金额比重

4.1.3　外商对华直接投资的评价

外商直接投资成为我国国民经济发展的重要组成部分，外资从多个方面推动我国经济增长，为我国经济发展做出重要贡献。

1. 外商直接投资弥补我国经济建设资金缺口

长期以来，我国经济建设存在资金短缺问题，资金短缺制约了经济建设的进程，而利用外商直接投资是众多发展中国家也是中国有效弥补资金短缺的重要途径之一。我们从表 4 - 6 中可以看出，改革开放以来，外商直接投资为我国经济建设提供了资金支持。从 1981 年开始，外商直接投资在全社会固定资产投资中所占比例呈逐年上升的趋势，到 20 世纪 90 年代中期达到 11.8% 的高水平。进入 21 世纪以后，这个比例开始下降，但外商固定资产投资绝对额仍是不断上升的，到 2012 年外商固定资产投资额达 4468.8 亿元，1981 ~ 2012 年外商固定资产投资增速达到 17.8%。“十一五”期间，外商固定资产投资累计额达到 24389.3 亿元，与“十五”期间投资总额相比增加了 10709.9 亿元，累计额是“十五”期间累计额的 1.78 倍。这说明外商直接投资在弥补我国建设资金缺口、支持我国经济建设方面发挥了重要作用。外资进入中国后产生的追加投资和追随投资进一步增加国内资本存量。外资进入中国后随着业务的发展一般会再次追加投资以扩大其在中国市场的影响力和竞争力。例如，2008 年金融危机后，跨国公司收缩在欧美投资的同时纷纷追加在华投资。2011 年，可口可乐宣布 2012 ~ 2014 年 3 年期内增加在华投资额为 40 亿美元。同年，全球最大的家族制药企业勃林格殷格翰宣布追加在华投资 7000 万欧元。近年来，大众、克莱斯勒、博世、亚马逊等知名跨国企业均追加在华投资，富士康等加工制造企业加大对中西部地区的投资力度。外资进入中国后，为这些外资企业提供服务的配套企业往往追随他们的客户进入中国市场，从而起到增加国内资本存量的作用。例如，随着日本制造业在华投资的增长，日本物流企业追随这些企业进入中国市场，在中国设立物流中心，为日资企业提供物流服务。摩托罗拉进入中国后，为其提供物流服务的美国快递公司（UPS）追随摩托罗拉进入中国市场。另外，外商直接投资的作用还体现在对国内配套资金投资的带动能力上。外资进入中国后，为国内企业提供相应的市场空间，为适应外资的需求，也为抓住有力的市场机会，国内企业也会增加资金投入，从而带动国内资本特别是民间资本的投资，从而进一步补充国内资金缺口。

表 4－6　　1981～2012 年外商固定资产投资及其占全社会固定资产投资比例

年份	外商固定资产投资（亿元）	百分比（%）
1981	36.36	3.8
1982	60.51	4.9
1983	66.55	4.7
1984	70.66	3.9
1985	91.48	3.6
1986	137.31	4.4
1987	181.97	4.8
1988	275.31	5.9
1989	291.08	6.6
1990	284.61	6.3
1991	318.89	5.7
1992	468.66	5.8
1993	954.28	7.3
1994	1768.90	9.9
1995	2295.80	11.2
1996	2746.60	11.8
1997	2683.90	10.6
1998	2617.00	9.1
1999	2006.80	6.7
2000	1696.30	5.1
2001	1730.70	4.6
2002	2084.90	4.6
2003	2599.30	4.4
2004	3285.70	4.4
2005	3978.80	4.2
2006	4334.30	3.6
2007	5132.70	3.4

续表

年份	外商固定资产投资（亿元）	百分比（%）
2008	5311.90	2.9
2009	4623.70	1.8
2010	4986.70	1.6
2011	5062.00	1.6
2012	4468.80	1.2

资料来源：作者根据 1982～2013 年《中国统计年鉴》整理而得。

2. 外商直接投资的技术溢出效应

外商直接投资尤其是来自欧美地区的外资在质量上优于国内资本，与国内资本相比拥有更高的技术含量和生产效率。因此，外商直接投资被公认为是发展中国家技术和知识增长的主要来源。其中技术外溢是外商直接投资带给东道国的最大好处。发达国家凭借技术研发优势，不断进行技术与知识创新，而发达国家的创新知识能够通过外商直接投资的方式向发展中国家转移，发展中国家通过技术吸收和溢出与外资结合从而带动本国经济发展。改革开放以来，我国吸引外商直接投资的技术含量不断提升，外资中隐含的技能和技术一方面通过提高我国资本存量的边际生产力直接推动经济增长，另一方面通过技术溢出间接推动国内相关企业的技术进步和科技含量。在实证研究中，国内有学者把影响经济增长的一些因素，如市场结构、人力资本、制度、技术能力等中间变量以及外商直接投资与我国经济增长间建立数量关系，研究发现外资在促进我国经济增长方面发挥积极作用。黄华民（2000）实证检验了外商直接投资与我国经济增长的关系，研究结果表明外商直接投资通过技术进步、财政税收、贸易效应、就业效应促进我国经济增长。① 沈坤荣和耿强（2001）利用计量模型分析认为外商直接投资通过技术外溢效应提升我国的技术水平和组织效率，从而提高国民经济的综合要素生产率。②

① 黄华民．外商直接投资与我国实质经济关系的实证分析［J］．南开经济研究，2000（5）：46－51.

② 沈坤荣，耿强．外国直接投资、技术外溢与内生经济增长——中国数据的计量检验与实证分析［J］．中国社会科学，2001（5）：82－93.

3. 外商直接投资的示范效应

示范效应是外商直接投资进入中国后产生又一积极影响。外商直接投资通过示范效应带动国内企业在技术水平、组织设置、管理效率和技能等方面进行革新。

第一，外商投资企业进入我国市场，推动国内企业的制度创新，更新经营理念，提升管理水平。制度创新是现代企业保持持续竞争力的重要保障。外资进入我国市场带来的不仅是资金和技术，同时还有先进的经营管理体制和组织制度的创新，给国内企业带来的不仅是数量和规模的调整，更重要的是经营管理体制和组织制度的创新。由于跨国公司在市场竞争机制、生产技术、管理理念等方面明显优于国内企业，由此带来的示范效应促使国内企业不断进行改革创新，优化组织结构和资源配置，提高创新能力和活力。

第二，外商投资企业进入我国市场带来竞争示范效应。外资进入一方面加剧国内市场竞争，使国内直面来自国际企业的竞争，另一方面为国内企业接近世界先进技术的前沿，了解有关企业管理方面的最新理念提供了难得的机遇。外商投资企业凭借先进技术带来的竞争效应，迫使我国企业通过不断学习和创新，以保持其在竞争中的有利地位。例如，进入21世纪，我国加入WTO后加快服务业对外开放步伐，西方连锁超市如沃尔玛、家乐福等国际零售业巨头相继进入中国，繁荣了中国商业服务业市场的同时也在零售业产生了激烈的竞争效应，国内零售业为应对零售巨头的竞争，不断转换经营理念和经营模式，努力提高管理水平，推动国内零售业良性健康发展和市场竞争力显著提升。

4. 外商直接投资对我国就业的影响

（1）外商直接投资对我国就业数量的影响。外商直接投资对就业的影响首先表现为积极的就业创造效应。首先，外资以绿地投资的方式进入中国建立企业，无疑会增加就业机会；其次，外商投资企业对我国就业的促进还与生产的劳动密集程度有关。一般来说劳动密集程度高的企业吸纳劳动力的数量较多，就业创造效应较大。而长期以来我国利用外资主要集中于劳动密集型企业，其为我国大量的非熟练劳动力提供了充足的就业机会；最后，外资企业具有较高生产率水平和工资水平，通过先进的管理模式和工薪条件的吸引，短期内外企可以吸纳更多的国内劳动力，减轻国内就业压力。据统计，1990 年外商投资企业就业人员仅为 100 万，2010 年在外商投资企业就业人员达到 1823 万，20 年外商投资企业就业人员增长了约 18 倍。如果将直接或间接从事与外商投资企业有关的配套加工、服务等活动的劳务人员计算在内，利用外商直接投资大约解决了我国 2600 万人左右的就业。[①] 国内学者从实证的角度分析表明，外商直接投资的引进能积极增加我国的就业。王剑、张会清（2005）的实证分析表明外商直接投资对我国的就业增长具有正向促进作用，外资每增加 1 个百分点就业水平增加 0.008 个百分点。[②] 林勇（2008）实证分析了外商直接投资对福建省的就业影响，认为外资对福建第二、第三产业的就业产生正向而且重大的影响，FDI 每增长 1 个百分点，就业分别增加 0.086 和 0.178 个百分点。[③] 康君、赵喜仓（2005）研究了外商直接投资对江苏区域经济的影响，认为有效地利用外资能够促进江苏就业增加。[④] 丁明智（2005）通过研究表明外商直接投资对我国就业增加具有积极正效应。[⑤]

（2）外商直接投资对我国就业质量的影响。外商直接投资对就业质量的影响主要表现在工资水平和劳动生产率的水平上。一是外商投资企业能够提供较高的工资报酬和较好的工作条件、培训机会、社会保险福利等从而吸引国内外的优秀人才加盟，推动国内就业质量提升；二是在利用外商直接投资过程中，随着国内产业结构调整，国内劳动力资源逐渐由第一产业向第二、第三产业转移，第二、第三产业对劳动力的技能提出了更高的要求，劳动力转移过程中必然进行劳动技能的学习培训，从而提升国内就业质量；三是外资企业为适应市场竞争和生产经营活动需要，对职工进行技能培训和职业教育，提高了国内劳动力素质，加速了人力资本的不断积累。蔡昉、王德文（2004）分析了外商直接

---

① 赵晋平．改革开放 30 年我国利用外资的成就与基本经验［J］．国际贸易，2008（11）：5－9.

② 王剑，张会清．外商直接投资对中国就业效应的实证研究［J］．世界经济研究，2005（9）：15－21.

③ 林勇．福建省外商直接投资就业效应分析［J］．亚太经济，2008（4）：99－102.

④ 康君，赵喜仓．中国经济发展与外商直接投资问题研究［M］．北京：中国统计出版社，2005：103－105.

⑤ 丁明智．外商直接投资的就业效应剖析［J］．软科学，2005（3）：26－29.

投资对我国就业质量的影响，认为外商直接投资在增加劳动就业量、优化劳动力结构方面发挥了积极作用①。宣烨、赵曙东（2005）以江苏省为例用实证方法分析了外商直接投资对江苏经济和就业的影响，实证研究表明外商直接投资不均衡分布导致江苏省内各地工资率差距增加，而且随着引进外商直接投资增多，当地工人工资水平也水涨船高。②

5. 外商直接投资的技术进步效应

（1）通过引进国外机器设备转移先进技术。外商通过并购投资或合资的方式进入我国以后，将国外的先进设备和制造技术引进国内，直接促进国内企业技术进步。我们通过对大量现实案例进行观察发现，在国内企业特别是民营企业引进境外战略投资者后，外商不仅投入合资企业中大量急需的发展资金，而且迅速引进具有国际先进水平的设备、技术和工艺，从而短期内提高合资企业的产品档次、质量和竞争力。例如，2004年阿尔卡特公司收购上海贝尔公司后承诺，上海贝尔阿尔卡特有限公司将获得阿尔卡特开发的最新技术和产品，成为其亚太区业务中心。

（2）外资企业在中国设立研发机构，实现技术转移。为适应全球化发展战略和东道国的市场需求，许多外资企业在中国设立研发机构，开发适应我国消费者特点的技术和产品，促进我国的技术升级。根据《中国科技统计年鉴》数据可知，到2012年底，规模以上港澳台及外商投资工业企业在中国大陆设有研发机构10146家，当年从事研发活动的企业有10576家，拥有研发人员58.56万人，开发新产品76433项，占当年规模以上工业企业新产品开发数的23.6%，实现新产品销售收入37816.83亿元，占全年新产品销售收入的34.2%，其中像微软、英特尔、宝洁等著名跨国公司均在中国设有研发机构，进行研发活动。从行业上看，研发活动主要集中在电子及通信设备制造业、交通运输设备制造业、医药制造业、化学原料及化学品制造业等技术密集型行业。此外，外资企业通过与我国高校和科研机构合作、交流与竞争，促进中国

① 蔡昉，王德文．外商直接投资与就业——一个人力资本分析框架［J］．财经论丛，2004（1）：4－17.

② 宣烨，赵曙东．外商直接投资的工资效应分析——以江苏为对象的实证研究［J］．南开经济研究，2005（1）74－80.

企业技术创新的发展。

（3）通过企业人员培训转移技术。与国内企业相比，外资企业更注重人力资源的培训开发，它们制定详细的人力资源培训计划，用先进的方法培训我国管理人员、技术人员和熟练工人，一方面提高我国人力资源素质，另一方面加速了先进技术向国内的转移。外商投资企业的中高级管理人员通常具有较大流动性，这些受过外企培训的管理人员、技术人员离开原工作岗位，通过自己创业或者被国内其他企业雇用，把生产技术和管理技术扩散出去，从而推动我国技术水平的提高。另外，外资研发机构通过聘用中国的科研人员，可以提高我人力资本素质实现先进技术创新溢出。

（4）通过产业结构升级提高整体技术水平。改革开放以来，进入我国的外资主要流向第二产业和第三产业，外资进入对这些产业的规模扩张和结构升级起重要促进作用。目前外商直接投资从加工制造业、养殖业等劳动密集型的行业逐步转向交通运输、通信技术等高生产率、高技术含量和资本、技术密集型行业。在第二产业中，电子及通信设备、机械、运输设备、精密机械等资金密集型产业成为外商投资的热点。刘宇（2007）使用面板数据通过计量检验发现，外商直接投资流量和存量均对我国三次产业结构调整产生积极作用，外商直接投资的流入促进了我国产业结构的调整。但是，外商直接投资存量对三次产业调整的影响存在差异。[①] 李德军、甄文富（2007）通过建立外商直接投资与三次产业国内生产总值的对数回归模型，分析了外商直接投资对我国产业结构优化带来的正面效应，同时也分析了外资对产业结构优化的负面影响。[②] 周燕、王传雨（2008）从外商直接投资与我国三次产业结构转变、外商直接投资与区域产业结构变动、外商直接投资与我国制造业内部结构转移、外资流入促进高级化产业链互动机制发展等方面进行了分析，结论表明市场导向型外商直接投资的产业结构效应与出口导向型外商直接投资的产业结构效应相比更加明显。因为市场导向型外资具有更高的技术含量，而出口导向型外资主要是技术含量不高的劳动

① 刘宇．外商直接投资对我国产业结构影响的实证分析——基于面板数据模型的研究［J］．南开经济研究，2007（1）：125－134．

② 李德军，甄文富．外商直接投资对我国产业结构优化的效应分析［J］．改革与战略，2007（11）：118－121．

密集型行业。

6. 外商直接投资的体制改革效应

建立有中国特色的社会主义市场经济体制，是我国经济体制改革的重要目标。1992 年以来，我国政府为此做出了不懈的努力。到 2000 年，我国基本建立起具有中国特色的社会主义市场体系。在这个过程中，大量外商直接投资进入中国市场，对我国市场经济体制的建立起推动的作用。

（1）推动制度创新。

首先，来自西方的外商投资企业大都经历过市场经济的洗礼，在市场经济秩序下诞生和发展，遵循市场经济观念参与国际市场竞争。因此，外商直接投资企业进军中国市场自然对我国传统计划经济体制带来挑战。外商投资企业在参与市场竞争的过程中把国外先进的竞争手段、竞争理念带入国内，使国内市场环境、竞争方式发生显著变化，中外企业的相互竞争推动了我国市场经济体制的发展和完善。其次，外商投资企业与国内企业合资生产过程中，合资企业引进国外先进管理经验和管理模式，对国内其他企业产生示范效应，推动国内企业不断改革创新，激活国内企业的竞争活力，在提高国内企业管理效率、生产效率方面发挥了重要的作用。特别是 20 世纪 80 年代我国处于改革开放初期，国内企业特别是国有企业管理方式和管理手段粗放，缺乏科学性，管理效率低下，资源浪费严重。外商以合资的方式进入我国以后，按照市场经济要求，以致力于提高管理效率和工作效率为目标，进行系统全面改革，优化企业内部组织机构，完善公司法人治理，改变企业人浮于事、多头管理的局面，极大地激发了企业活力。

（2）提高资源配置效率。

在引进外商直接投资的过程中，国内企业在计划经济时期形成的竞争模式和资源配置的方式受到挑战，从而迫使国内企业以市场为导向，规划企业发展战略，优化资源配置结构，提高资源配置效率。外商直接投资对我国资源配置效率的影响表现在以下两个方面。

第一，外商通过收购国内经营困难的企业，盘活企业的存量资产，提高现有资源的利用效率，在一定程度上优化了国内产业结构和企业组织结构。改革开放后，随着我国积极推进经济体制改革，简政放权，国有企业逐步脱离政府走向市场，经过市场竞争一部分企业存活下来，而且竞争力大大提升，但还有部分企业因不能很好地适应市场竞争而被淘汰，企业经营效益不高，处于停产或半停产状态，导致大量国有资产闲置。引进外商直接投资以后，外资按照市场经济手段，引进国外的技术和管理手段，积极进行企业改革重组，促进企业存量资产流动和优化组合，使闲置资源得到重新利用，企业也重新焕发生机。例如，江铃汽车在引进美国福特汽车公司参股后，福特向江铃汽车注入优质资源，同时福特把自己先进技术和管理理念引入合资企业中，经过努力改变了江铃汽车连续两年严重亏损的局面。

第二，推动市场竞争机制的建立与完善。在我国实行计划经济体制时期，企业是政府的附属物，企业的生产经营活动按政府的计划组织实施，企业生产什么、生产多少由政府说了算，而不是按市场规律调整，造成的结果是企业缺乏效率，失去了其作为竞争主体的内在活力。外商投资企业进入我国以后，对我国市场经济体制的建立和企业制度的改革创新起积极的示范作用。与国内企业相比，外资企业拥有资金、技术、人才、市场营销等方面的竞争优势，外资进入中国强化国内企业的竞争压力，加剧了国内企业竞争。为应对激烈的竞争局面，国内企业被迫主动出击，积极应对。比如，国内企业不断培养市场竞争意识，提高市场应对能力；主动模仿、学习外资企业的管理制度和管理方法，提高管理水平；不断改进产品类型和提高产品质量，以适应市场需求，促进企业发展。国内家电行业的发展就是典型代表。改革开放后，外资家电巨头如索尼、松下、西门子等纷纷抢滩中国市场，加剧了国内家电行业的竞争，面对激烈的竞争压力，国内家电企业积极应对，不断引进国外先进技术，改进管理手段，在竞争中提高了自身竞力，涌现出了如海尔、海信、康佳、长虹等一批具有代表性和竞争力的家电企业。同样，我国的手机企业、计算机行业也由于爱立信、诺基亚、摩托罗拉、IBM 的进入演绎了同样的过程。可以说，外商投资企业引入的现代企业制度和企业家精神，对我国经济体制改革在微观层次上发挥了重要的作用。

（3）优化了我国的市场结构。

外资企业进入我国以后，首先是作为一个市场竞争主体出现的，促进我国国内的市场结构完善。

首先，在过度垄断的行业里，外资企业的进入增加了厂商的数量，改变了国内企业高度垄断的局面，降低了不合理的产业集中度，促进了公平竞争。国内汽车行业经历了从垄断到高度竞争的局面。20 世纪 80 ~ 90 年代国产汽车处于“一汽”和“二汽”二元寡占的格局，汽车产量低、价格高，合资企业中上海大众汽车则是一枝独秀。随着改革深化，我国汽车行业逐步开放，国际汽车巨头纷纷来中国投资，汽车企业之间的竞争变得激烈。到 20 世纪 90 年代末期，一汽捷达、二汽富康、上海大众桑塔纳形成三足鼎立的竞争关系，市场高度集中的状况得到明显改变，产品价格也不断下降。进入 21 世纪，中国加入 WTO，汽车市场进一步开放，外资加速进入中国，日本丰田汽车、法国标致雪铁龙、美国通用、韩国现代相继在国内成立合资企业，从事汽车制造。随着进入汽车行业的外商投资企业数量的增加，原来市场垄断局面被打破，促进汽车市场的竞争，提高汽车生产企业的效率。目前，国内汽车行业已形成独资、合资企业、民族品牌、进口汽车多方竞争的格局。

其次，我国市场上一方面存在市场集中度过高和竞争不充分的情况，另一方面又存在市场集中度偏低和低水平过度竞争的情况。市场集中度过低导致竞争无序，相互压价，效益低下，不利于推进国内工业化进程。我国家电、汽车零部件售后、食品饮料等行业由于产业过度分散，经常发生价格战，行业利润急剧下降，严重影响民族产业发展。外商投资企业进入我国市场以后，通过战略性并购等手段，减少了这些行业的企业数量，提高了产业集中度，形成了更加有效的竞争格局，促使产业结构朝合理化的方向发展。封肖云（2006）分析了 FDI 与电子、饮料行业集中度关系，发现 FDI 促进相关行业的集中度。

由此可见，外商直接投资进入我国以后，推动了政府与企业关系的转变，对我国经济体制改革产生了重要的影响。

4.2　文化差异影响外商对华直接投资实证研究

本节以外商在华直接投资为例，分析文化因素对 FDI 的影响。实证研究中对 FDI 的投资选择有两种方法：一是采用离散选择模型考察文化对 FDI 区位的影响；二是以 FDI 流量为因变量考察文化对 FDI 的影响。FDI 流量在一定程度上反映了外资对特定区位的偏好。我们采用第二种方法，从宏观的角度考察文化是如何影响外商对华直接投资的。

4.2.1 研究假设

1. 投资国文化特征与直接投资流动

投资国文化是指从事对外直接投资企业所在国在价值观、风俗习惯、宗教信仰等方面所表现出的态度和意识。跨国企业在对外直接投资过程中伴随着不同程度的风险暴露，风险暴露程度越高，对外直接投资的障碍越大，投资失败的可能性越大。为避免投资失败，对外直接投资企业在投资时会表现出很大的谨慎性和差异性。这些差异通常与投资国的文化特征有较大的关系。首先，不同投资国文化对风险的偏好和态度是不同的，从而投资者在投资区位选择上表现出很大差异性。一般来说，高风险偏好国家的投资者对直接投资过程中面临的风险表现出较高接受和承受能力，从而在投资区位选择上有很大的灵活性，可供选择的投资区位更多，对外投资规模可能更大；低风险承担国家对投资风险的承受能力较弱，在投资区位选择表现出谨慎性决策，因而投资规模可能小得多。其次，投资国文化会影响跨国投资企业对东道国文化的适应性和接受能力，从而影响直接投资区位选择。因为对外投资比出口需要更高水平的资源承诺且更难逆转，而且在应对诸如政治不稳定和东道国市场波动方面的投资风险时，对外投资比出口的弹性更小，因此跨国企业必须对东道国市场具有极强的适应能力。不同投资国的文化特征对风险承担和东道国的适应能力是不同的。我们以霍夫斯泰德提出的文化维度来衡量东道国的文化特征，即把投资国文化特征分为权力距离、个人主义、不确定性回避、男性化四个方面。根据我们的理论分析，由此提出以下假设：

H1a：投资国的权力距离越大，面对直接投资的风险时，为保持对外投资的控制权，对外直接投资规模可能越小。

H1b：投资国的个人主义得分越高，对外直接投资规模可能越大。

H1c：投资国的风险规避程度越高，对外投资越谨慎，对外直接投资规模可能越小。

H1d：投资国的男性化程度越高，对外直接投资规模可能越大。

2. 母国与东道国文化差异与直接投资流动

跨国经营的风险随着母国与东道国文化差异的增加而增大，文化差异越大，直接投资过程中面临的风险越高。根据交易成本理论，母国与东道国文化差异越大，直接投资的交易成本越高，为避免过高的交易成本，对外直接投资倾向于投向文化差距相近的国家。约翰森和瓦海恩（1977）研究瑞典跨国公司案例后发现，从事跨国经营的企业总是从文化近似的国家开始，瑞典企业的首次对外直接投资主要集中于北欧国家，然后逐渐延伸到文化差异较大的国家。格罗斯和特雷维诺（1996）分析认为内部语言和文化差异阻碍潜在投资者在中东欧地区的投资，进一步指出在文化背景近似的国家之间投资的潜在收益高于文化差异大的国家间的投资收益，因而在文化背景近似的国家投资规模会增加。中国传统文化与西方文化之间的显著差异，使得中西文化差异对外商在华直接投资具有显著影响。由此提出如下假说：

H2：中西文化差异越大，外商对华直接投资规模可能越小。

4.2.2　数据、变量和研究方法①

本部分以我国2001～2010年FDI流量的面板数据为样本，从宏观的角度，实证分析文化因素对外商对华直接投资的影响。依据经典的FDI理论，构建如下计量模型考察文化与FDI流入之间的关系，模型的形式设定如下：

$$FDI_i = c + aCUL_i + bX_i + \varepsilon \qquad (4-2)$$

其中，FDI_i 代表国家i在中国的直接投资额，CUL_i 代表国家i的文化维度或文化差异变量，X_i 代表一组影响FDI流量的控制变量。

1. 变量选择说明

（1）被解释变量：FDI，代表投资国对中国的直接投资额，单位为万美元。外国对华直接投资额来自《中国统计年鉴》。

（2）解释变量：CUL、CD，分别度量文化维度和文化差异两个变量。

① 该部分内容改编自作者公开发表的论文：国家文化影响外商对华直接投资的实证分析[J]. 科学学与科学技术管理，2013（11）：70－81.

①文化维度（CUL）。对文化维度度量的著名研究包括霍夫斯泰德（1980，2001）、强皮纳斯（1993）等。其中霍夫斯泰德的文化维度模型是目前影响力最大、应用最广泛的研究成果。根据这一理论霍夫斯泰德提出刻画不同国家文化的四个维度并给出量化得分。这四个维度分别是权力距离（power distance）、个人主义（individualism）、男性化（masculinity）和不确定性回避（uncertainty avoidance）。本书采用这一理论成果度量各国文化维度，分别以 PDI、VDI、MAS、UAI 表示权力距离、个人主义、男性化和不确定性回避，实证研究中四个维度分别进入计量模型，考察投资国文化维度对 FDI 的影响。由于霍夫斯泰德的文化维度量表没有包含所有样本国家，我们借鉴艾拉米粒（Erramilli，1993）的做法，对少数无法获得文化维度得分的国家，采用与其文化背景近似的邻国数据代替。各国文化维度的原始数据来自霍夫斯泰德个人网站（http：//www. geert-hofstede. com）。

②文化差异（CD）。我们在霍夫斯泰德的文化维度理论的基础上，选取两种方法计算投资国与中国的文化差异：一是遵循寇伽特和辛格（1988）的方法计算文化维度的一个复合指数，以 KS 表示；二是采用欧氏距离法（Euclidean distance）计算文化差异，以 EU 表示。具体计算公式如下：

$$\text{KS 指数：} CD_{ic} = \sum_{j=1}^{4} [(D - D_{jc})^2 / V_j] / 4$$

$$\text{EU 指数：} CD_{ic} = \sqrt{\sum_{j=1}^{4} [(D - D_{jc})^2 / V_j]}$$

其中：CD_{ic}表示国家 i 与中国的文化差异指数，D_{ij}表示国家 i 第 j 个文化维度的得分，V_j 表示第 j 个文化维度的方差，c 表示中国。该指数越低，表明投资国与中国的文化差异越小，反之亦反。

（3）控制变量。

①投资国市场特征变量（GDP 和 PGDP）。GDP 反映投资国的市场规模。市场规模是影响一国对外直接投资的重要因素，市场规模越大的经济体中通过直接投资拓展国际市场的企业也越多，对外直接投资规模就越大。我们以投资国的国内生产总值表示市场规模，预期市场规模对 FDI 具有正向影响。PGDP 为人均国内生产总值，反映投资国市场结构特征。人均 GDP 越高的国家，其经济发展水平和劳动效率也越高，人力资本往往更加丰富，对外直接投资特定优势会更加明显，因而对外投

资规模也更大。GDP 和 PGDP 数据来自世界银行统计数据库。

②投资国与中国的双边贸易规模（TRAD），反映两国间的经贸联系。宏观层面上关于贸易规模与 FDI 的关系并未取得一致的研究结论，但相当数量的文献研究表明贸易与投资经常表现出互补的关系，即更大的贸易规模与更大的 FDI 相联系。因为双边贸易规模越大，投资国与东道国在经济上的联系程度就越高，母国企业更容易获得东道国市场的投资机会信息，因而对东道国的直接投资规模就越大。因此，我们预期贸易规模与 FDI 流入存在正向促进关系。进出口贸易规模来自《中国统计年鉴》。

③东道国货币对人民币汇率（EXCH）。汇率是影响 FDI 流动的变量之一。根据汇率理论分析，一国汇率变动可能影响劳动力成本，如果东道国货币贬值，同样数量的母国货币可以雇用更多劳动力，因而投向东道国的 FDI 会增加。当然汇率变动可能产生财富效应。例如，东道国货币实际贬值，将有利于母国购买东道国的资产，从而增加东道国 FDI 流入。为考察汇率的影响，我们以 FDI 来源国货币对美元的汇率与人民币对美元的汇率之比表示相对汇率，各国货币对美元的汇率数据来自国际货币基金组织统计数据库。

④地理距离（DIST）。众多研究认为地理距离也是影响 FDI 的重要因素之一。这些研究认为投资国和东道国间的地理距离越远，在东道国市场上搜集信息和管理子公司的成本就越高，流入东道国的 FDI 就越少。我们以投资国首都与北京之间的距离表示两国之间的地理距离。地理距离数据来自地理距离网站（http：//www. geodistance. com/）。

⑤经济自由度（FREE）。罗伯特和奥拉姆德（Roberts and Almahmood，2009）指出一国较高的自由度指数有利于激发企业家创新精神和创新动力，促使企业到海外扩张，寻找投资机会，因而投资国的自由度和 FDI 间存在正向关系。纪美野町等（Kimino et al.，2007）也发现投资国稳定的商业环境推动这些国家对日本的直接投资。因此预期投资国较高的自由度将有利于推动对华直接投资。各国经济自由度指数来自美国传统基金会的出版物《经济自由度指数》（Index of Economic Freedom）。

引入控制变量后具体回归方程如下：

根据 FDI 经典理论和经验研究文献，构造如下两类计量模型，分别考察投资国文化维度与文化差异对 FDI 的影响。

$$
\begin{aligned}
\mathrm{Ln}(FDI_{i,t}) = C_0 + \alpha CUL_{i,t} + \beta_1 \ln(GDP_{i,t}) + \beta_2 \ln(PGDP_{i,t}) \\
+ \beta_3 \ln(TRAD_{i,t}) + \beta_4 \ln(DIST_{i,t}) + \beta_5 \ln(EXCH_{i,t}) \\
+ \beta_6 \ln(FREE_{i,t}) + \varepsilon_{i,t}
\end{aligned} \tag{4-3}
$$

$$
\begin{aligned}
\mathrm{Ln}(FDI_{i,t}) = C_0 + \alpha CD_{i,t} + \beta_1 \ln(GDP_{i,t}) + \beta_2 \ln(PGDP_{i,t}) \\
+ \beta_3 \ln(TRAD_{i,t}) + \beta_4 \ln(DIST_{i,t}) + \beta_5 \ln(EXCH_{i,t}) \\
+ \beta_6 \ln(FREE_{i,t}) + \varepsilon_{i,t}
\end{aligned} \tag{4-4}
$$

2. 数据来源说明

本书以 2001 ~2010 年外商对华直接投资的面板数据为样本，实证检验投资国文化维度及其差异对直接投资流入的影响。本书所用数据除在下文变量说明中给予特别说明的以外，均来自《中国统计年鉴》。根据统计显示，2001 ~2010 年约有 168 个国家或地区对中国有 FDI 流入，这些国家或地区遍布世界各大洲。由于本书的目的主要是考察文化对 FDI 的影响，实证过程中剔除了来自像开曼、维尔京群岛等避税天堂的外资，虽然这些地区外资流入规模较大，但其性质特殊、背景复杂，外资的流入流出难以用文化因素进行合理解释，因此予以剔除；同时考虑到数据的可得性，对数据缺失严重的部分国家或地区，在样本中同样予以剔除，最终实际选择有效样本国家或地区为 89 个，其中包含 28 个发达国家（地区）和 61 个发展中国家（地区），样本国家或地区来源分布见表 4 -7。从表 4 -7 看出，来华的外资主要集中于亚洲和欧洲地区，共有 55 个国家或地区，其次来自美洲和非洲国家，大洋洲有两个国家。从投资金额看，亚洲国家以绝对优势处于领先地位，欧洲第二，非洲最少。89 个样本国家或地区对华投资累计额占同期我国利用外资总额的比例达 77.1%。总体分析，样本国家遍布世界，能够反映来华外资的现实状况。

表 4 -7　　2001 ~2010 年 FDI 来源国（地区）区域分布统计

地区	数量（个）	比重（%）	累计投资额（亿美元）	比重（%）
亚洲	29	32.6	4412.35	81.78
欧洲	26	29.2	499.11	9.25

续表

地区	数量（个）	比重（%）	累计投资额（亿美元）	比重（%）
美洲	17	19.1	417.18	7.73
非洲	15	16.9	14.05	0.26
大洋洲	2	2.2	52.54	0.97

资料来源：作者根据2002～2011年《中国统计年鉴》整理而得。

4.2.3　实证结果分析

1. 投资国文化维度影响外商对华直接投资分析

根据前文分析，我们对方程（4－3）进行模型选择，LM的检验结果（P=0.000）表明排除混合效应模型，因而选择随机效应模型。回归过程中我们发现面板数据存在异方差问题，[①] 为消除异方差给回归结果带来的偏误，本书采用FGLS估计方程，采用软件Stata11。下文给出随机效应的估计结果并以此为分析依据。表4－8报告的是FDI来源国文化维度与FDI流入的估计结果。模型1～4分别加入代表文化维度的4个不同变量，即权力距离（PDI）、个人主义（VDI）、男性化（MAS）和不确定性回避（UAI）得出的估计结果。

表4－8　　　　文化维度与外商对华直接投资的估计结果

变量	模型1	模型2	模型3	模型4
PDI	－0.014* （－6.31）			
VDI		0.011* （4.70）		
MAS			0.011* （5.50）	

① BP检验表明模型不能拒绝不存在异方差的零假设（chi2=186.7，p=0.0000）。故模型估计采用可行的广义最小二乘法（FGLS）。

续表

变量	模型 1	模型 2	模型 3	模型 4
UAI				-0.025* (-14.51)
GDP	0.206* (3.21)	0.199* (3.10)	0.227* (3.68)	0.223* (4.37)
PGDP	0.093*** (1.76)	0.063 (1.13)	0.132* (2.67)	0.195* (3.81)
TRAD	0.619* (9.94)	0.581* (9.77)	0.556* (9.63)	0.602* (11.49)
DIST	-0.702* (-7.34)	-0.762* (-7.66)	-0.734* (-7.83)	-0.616* (-6.53)
EXCH	-0.008 (-0.25)	-0.017 (-0.53)	-0.009 (-0.29)	-0.035 (-1.15)
FREE	3.702* (10.02)	4.220* (12.64)	4.475* (12.81)	3.265* (9.24)
CON	-14.397* (-7.05)	-16.436* (-8.54)	-18.786* (-10.09)	-13.455* (-8.75)
年份	控制	控制	控制	控制
Wald chi2	2274.36*	2386.73*	2347.00*	4104.70*
N	873	873	873	873

注：*、**、*** 分别表示变量在 1%、5%、10% 水平上显著，圆括号内为 Z 值。

具体来看，权力距离与外商对华直接投资呈显著的负向关系，即投资国较高的权力距离阻碍了其对中国的直接投资。海德和索伦森（2005）认为高权力距离的国家从事对外直接投资时更倾向于权力距离较低的国家，因为在权力距离较低的东道国更有利于投资国发挥集权决策优势。由于我国属于高权力距离的国家，决策方式上亦采用集权决策，因而权利距离较高的投资国为避免决策方式上的冲突可能减少对华直接投资。

个人主义与外商对华直接投资在统计上呈正向相关性，即投资国较高的个人主义推动了其对中国的直接投资。这是因为对外直接投资需要与东道国企业合作，甚至做出一定程度的牺牲，以保证直接投资活动的顺利开展，因而强调个人主义的投资国更倾向于在集体主义盛行的国家进行投资，以更好地实现合作。中国是高集体主义低个人主义的国家，高个人主义投资国与高集体主义的中国在文化特征上形成一种互补，双方合作可能更容易，更有利于直接投资的顺利开展，因而个人主义越高的国家对华直接投资可能越多。

同样男性化与外商直接投资亦表现出正向关系，即男性化得分越高的国家，其对华直接投资规模就越大。男性化表现为进取性、对个人成就和物质利益的追求，因此在高度男性化的国家里，企业决策者会加大对外投资的扩张力度，以实现人生价值目标，其对外投资规模就越大。

不确定性回避与外商对华直接投资呈负向相关，且在1%水平上通过显著性检验。这说明不确定性回避程度越高的投资国，对华直接投资规模也越小。因为不确定性回避反映了一国对风险的认知态度，高不确定性回避的国家对风险往往表现出较高的厌恶倾向，而对外直接投资是一项充满诸多不确定性的投资行为，因而高不确定性回避的国家在对外投资决策上表现出谨慎性，对外投资规模可能小得多。从欧盟对华直接投资可以窥见一斑。多年来欧盟国家对华直接投资在规模上始终没有大的起色，究其原因是多方面的，但欧盟国家对风险的谨慎性态度影响其对华直接投资。欧盟各国国民以日耳曼和盎格鲁—撒克逊血统为主，日耳曼民族一生做事谨慎、细致。这一民族特征在欧盟的对外直接投资中表现得更为明显。他们在对一国进行直接投资前通常都要对东道国的投资环境进行详细的考察和分析，内容涉及政治、经济、法律、文化等多个方面，在确保投资项目有利可图之前，绝不会轻易出资。中国经过40多年的改革开放，投资环境有很大改善，但距离欧盟的要求仍有很大差距。谨慎的性格，加上欧盟对华投资项目较大，常常使欧盟难以下定投资的决心，总是先进行小规模的试探性投资，然后逐步过渡到较大规模投资。

2. 投资国与中国的文化差异影响外商对华直接投资分析

对方程（4-4）进行模型选择，LM的检验结果（P=0.000）表明选择随机效应模型是合适的。同样为避免异方差问题给回归结果带来的偏误，采用 FGLS 估计方程。表 4 -9 给出了文化差异影响外商对华直接投资的实证结果。同时我们针对发达国家和发展中国家样本进行单独回归，回归结果见表 4 -9 中第（3）~（6）列。表中第（1）、（3）、（5）列使用 KS 法衡量文化差异，第（2）、（4）、（6）列使用 EU 法衡量文化差异。引入文化差异变量后的回归结果表明，无论采用 KS 法还是 EU 法，文化差异与外商对华直接投资均呈显著的负向关系，即投资国与中国的文化差异越大，该国对华直接投资规模就越小，也就是说文化差异显著地抑制了投资国对中国的直接投资。同样针对发达国家和发展中国家样本进行单独回归时，文化差异对直接投资的影响仍表现出显著的抑制作用，再次证明研究结论的可靠性，说明文化差异确是影响外商对华直接投资的关键因素。从投资国的角度看，与中国的文化差异越大，投资国对中国市场认知度越低，投资风险就越高，出于谨慎性考虑，外商可能减少对华直接投资以控制市场风险，从而文化差异与外商直接投资呈负向相关。

表 4 -9　　文化差异与外商对华直接投资的估计结果

变量	全部样本		发达国家		发展中国家	
	（1）	（2）	（3）	（4）	（5）	（6）
KS	-0.147* (-3.64)		-0.163* (-4.41)		-0.522* (-7.63)	
EU		-0.411* (-6.50)		-0.438* (-6.25)		-0.839* (-9.64)
GDP	0.256* (4.03)	0.286* (4.48)	0.289* (4.24)	0.334* (4.94)	0.185* (2.69)	0.164** (2.42)
PGDP	0.258* (3.99)	0.340* (5.27)	0.504* (3.56)	0.487* (3.55)	0.117*** (1.61)	0.214* (2.94)
TRAD	0.549* (8.90)	0.517* (8.39)	0.829* (10.84)	0.787* (10.24)	0.629* (8.54)	0.589* (8.03)
DIST	-0.628* (-6.23)	-0.646* (-6.33)	-0.291 (-1.41)	-0.226 (-1.14)	-0.515* (-4.71)	-0.491* (-4.45)

续表

变量	全部样本		发达国家		发展中国家	
	(1)	(2)	(3)	(4)	(5)	(6)
EXCH	0.053*** (1.63)	0.054*** (1.69)	0.164** (2.40)	0.182* (2.81)	-0.149* (-4.51)	-0.140* (-4.28)
FREE	4.539* (12.60)	4.533* (11.98)	4.341* (8.59)	4.132* (8.54)	2.679* (6.59)	2.634* (6.47)
CON	-20.821* (-11.15)	-20.819* (-11.08)	-29.178* (-11.18)	-28.256* (-11.44)	-2.791 (-1.41)	-2.440 (-1.25)
年份	控制	控制	控制	控制	控制	控制
Wald chi2	1992.94*	2053.68*	2245.16*	2340.02*	569.53*	653.45*
N	873	873	277	277	596	596

注：*、**、***分别表示变量在1%、5%、10%水平上显著，圆括号内为Z值。

值得一提的是，表4－9的回归结果表现出两点值得关注的现象：第一，从文化差异的估计系数看，相对于发展中国家，文化差异对发达国家的影响要远小于发展中国家。对此约翰森和瓦海恩（1977）分析指出，文化差异对FDI的影响随着企业开拓国际市场经验积累而下降，企业开拓国际市场经验越丰富，其海外经营的风险和不确定性越低，文化差异的负面影响就越小。由于发达国家的跨国公司通常比发展中国家跨国公司具有更加丰富的开拓国际市场的经验，因而文化差异给发达国家带来的影响要小于发展中国家，本书的实证结果支持了上述结论。第二，分样本回归时部分变量的系数符号发生了一些变化。例如，针对发达国家的回归估计，地理距离变量在统计上不再显著，说明地理距离不是影响发达国家对华直接投资的关键因素，而汇率对发达国家的影响显著为正，但对发展中国家却起到抑制作用。其中原因主要是来自发达国家与来自发展中国家的FDI在性质上存在差异。发达国家FDI属市场寻求型，来华投资主要是开拓中国市场，而发展中国家FDI属效率寻求型，投资目的是利用中国廉价的劳动力从事低附加值加工制造。当人民币对投资国货币升值后，低附加值的加工制造业的劳动成本会上升，从而抑制发展中国家对华直接规模。对于发达国家FDI来说，人民币汇率升值将提高我国消费者的实际购买力，增加企业以外币计价资产的价值，人民币汇率升值的财富效应明显，从而鼓励以开拓中国市场为目标的跨国公司加速对中国投资步伐，投资规模会更大。因而人民币汇率升值推动了发达国家对华直接投资规模而抑制了发展中国家对华投资规模。

3. 文化差异对国际直接投资的动态影响

上文实证检验表明文化差异显著的阻碍了外商对华直接投资。但有研究表明，文化差异对 FDI 的抑制作用并非静态不变的，随着经济全球化深入发展、企业国际化进程加快和开拓国际市场经验不断丰富，跨国企业感知的文化差异会相应地缩小，文化差异对直接投资的影响可能在动态中变化。克洛泽（Crozet，2004）研究德国企业对法国的直接投资时发现，早期阶段德国企业主要集中于与德国临界的边界地区以克服异域文化带来的比较劣势，随着时间推移和投资规模的扩大，企业对法国市场环境有了更加充分的了解，文化差异带来的比较劣势开始弱化，投资区位转向法国西部地区。奥贾拉和蒂尔瓦宁（2007）对 57 家芬兰中小软件企业做过调查，发现最初进入国际市场时，文化差异对国际市场选择有显著的负面影响，但随后的影响逐渐减弱。那么外商对华直接投资过程中，随着其自身国际化市场经验的积累，文化差异对 FDI 的抑制作用是否也在弱化呢？

为验证文化差异对 FDI 的动态影响，我们将研究期间分为两个子时期（2001 ~ 2005 年为一个时期，2006 ~ 2010 年为另一个时期），通过引入时间虚拟变量与文化差异的交互项，考察文化差异随时间变化的动态效应，具体结果如表 4 – 10 所示。其中第（1）、（3）、（5）列仍以 KS 衡量文化差异，第（2）、（4）、（6）列以 EU 衡量文化差异。从回归结果看，模型中引入交互项后，交互变量的估计系数仍然显著为负，说明文化差异对直接投资的影响仍是负面的，但比较两个时期的估计系数发现，第二个时期的估计系数明显低于第一个时期，说明文化差异对 FDI 的抑制作用随着时间的推移逐渐减弱。同样针对发达国家和发展中国家的单独回归表明，第二个时期估计系数明显低于第一时期，说明随着时间推移，国际市场经验积累有利于降低文化差异的不利影响。总之，引入交互项的估计结果表明，文化差异对直接投资的抑制作用并非静态不变的，早期阶段，跨国企业对中国市场环境相对陌生，因而文化差异对直接投资的抑制作用较强，随着时间的推移、直接投资规模的不断扩大和国际化经验的积累，外资企业对中国文化环境熟悉程度随之提高，文化差异带来的风险因而下降，其影响开始弱化。

表4-10　　文化差异对外商直接投资的动态影响

变量	全部样本		发达国家		发展中国家	
	(1)	(2)	(3)	(4)	(5)	(6)
KS×(01-05)	-0.161* (-3.29)		-0.175* (-3.49)		-0.536* (-6.31)	
KS×(06-10)	-0.141* (-2.95)		-0.146* (-2.91)		-0.496* (-5.83)	
EU×(01-05)		-0.436* (-5.75)		-0.455* (-4.91)		-0.866* (-8.01)
EU×(06-10)		-0.401* (-5.43)		-0.416* (-4.46)		-0.795* (-7.40)
GDP	0.256* (3.99)	0.285* (4.45)	0.291* (4.25)	0.336* (4.96)	0.196* (2.87)	0.172** (2.55)
PGDP	0.262* (4.03)	0.345* (5.31)	0.512* (3.60)	0.487* (3.53)	0.114 (1.57)	0.209* (2.88)
TRAD	0.551* (8.87)	0.520* (8.38)	0.829* (10.83)	0.785* (10.21)	0.643* (8.85)	0.601* (8.28)
DIST	-0.621* (-6.13)	-0.639* (-6.24)	-0.278 (-1.35)	-0.225 (-1.14)	-0.498* (-4.55)	-0.477* (-4.33)
EXCH	0.054*** (1.68)	0.055*** (1.72)	0.169** (2.48)	0.183* (2.83)	-0.147* (-4.41)	-0.139* (-4.21)
FREE	4.542* (12.44)	4.527* (11.84)	4.319* (8.53)	4.142* (8.54)	2.689* (6.58)	2.658* (6.48)
CON	-20.895* (-11.07)	-20.824* (-10.96)	-29.276* (-11.20)	-28.413* (-11.42)	-2.812 (-1.40)	-2.467 (-1.25)
年份	控制	控制	控制	控制	控制	控制
Wald chi2	1989.89*	2051.41*	2267.96*	2344.71*	556.31*	636.64*
N	873	873	277	277	596	596

注：*、**、***分别表示变量在1%、5%、10%水平上显著，圆括号内为Z值。

4. 关于内生性问题的处理

针对面板数据的估计过程可能存在的内生性问题，本书借鉴张杰、黄泰岩（2010）的做法，将解释变量滞后一期纳入方程重新估计，估计结果如表4－11、表4－12和表4－13所示。从估计结果看出，所有变量的系数符号和显著性均未发生显著变化，因而模型估计结果是有效和可靠的。①

表4－11　文化维度与外商对华直接投资的内生性检验估计结果

变量	模型1	模型2	模型3	模型4
PDI	－0.017* (－7.07)			
VDI		0.013* (5.81)		
MAS			0.011* (5.19)	
UAI				－0.025* (－14.76)
GDP	0.125** (1.93)	0.143** (2.29)	0.168* (2.84)	0.151* (3.21)
PGDP	0.086*** (1.65)	0.041 (0.76)	0.123* (2.69)	0.191* (3.94)
TRAD	0.734* (11.71)	0.663* (11.28)	0.657* (11.46)	0.692* (14.25)
DIST	－0.592* (－6.26)	－0.668* (－7.05)	－0.601* (－6.67)	－0.487* (－5.61)
EXCH	－0.010 (－0.33)	－0.005 (－0.16)	－0.009 (－0.31)	－0.021 (－0.69)

① 为进一步验证结果的稳健性，我们将被解释变量滞后一期纳入方程回归，结果表明本书结论仍未发生实质性变化，表明研究结论是可靠的。

续表

变量	模型1	模型2	模型3	模型4
FREE	3.422* (9.21)	4.057* (12.40)	4.363* (12.81)	3.094* (8.90)
CON	-13.067* (-6.59)	-15.896* (-8.78)	-19.009* (-10.87)	-12.919* (-8.87)
年份	控制	控制	控制	控制
Wald chi2	2301.62*	2617.84*	2249.23*	5394.84*
N	793	793	793	793

注：*、**、*** 分别表示变量在1%、5%、10%水平上显著，圆括号内为Z值。

表4-12　　文化差异与外商对华直接投资的内生性估计结果

变量	全部样本		发达国家		发展中国家	
	(1)	(2)	(3)	(4)	(5)	(6)
KS	-0.086** (-2.25)		-0.186* (-4.95)		-0.496* (-6.73)	
EU		-0.305* (-4.97)		-0.480* (-6.81)		-0.796* (-8.48)
GDP	0.198* (3.16)	0.235* (3.72)	0.226* (3.11)	0.268* (3.85)	0.199* (-2.81)	0.189* (-2.69)
PGDP	0.195* (3.41)	0.264* (4.55)	0.617* (4.20)	0.625* (4.49)	0.061*** (1.80)	0.151** (1.96)
TRAD	0.654* (10.44)	0.620* (9.99)	0.890* (11.16)	0.854* (10.91)	0.720* (9.26)	0.683* (8.73)
DIST	-0.491* (-5.04)	-0.507* (-5.16)	-0.121 (-0.54)	-0.034 (-0.16)	-0.385* (-3.38)	-0.358* (-3.10)
EXCH	0.065** (2.03)	0.073** (1.69)	0.204* (2.80)	0.231* (3.37)	-0.132* (-3.86)	-0.128* (-3.76)
FREE	4.481* (12.84)	4.535* (12.47)	3.849* (6.94)	3.597* (6.92)	2.744* (6.96)	2.672* (6.73)

续表

变量	全部样本		发达国家		发展中国家	
	(1)	(2)	(3)	(4)	(5)	(6)
CON	-21.054* (-11.83)	-21.558* (-11.97)	-28.705* (-10.21)	-27.985* (-10.63)	-4.072** (-2.07)	-3.357*** (-1.74)
年份	控制	控制	控制	控制	控制	控制
Wald chi2	1910.42*	1955.31*	1971.32*	2095.74*	560.52*	628.70*
N	793	793	251	251	542	542

注：*、**、*** 分别表示变量在1%、5%、10%水平上显著，圆括号内为Z值。

表4-13　文化差异对外商直接投资的动态影响的内生性检验

变量	全部样本		发达国家		发展中国家	
	(1)	(2)	(3)	(4)	(5)	(6)
KS×(01-05)	-0.102** (-2.09)		-0.208* (-3.77)		-0.503* (-5.27)	
KS×(06-10)	-0.086** (-1.90)		-0.162* (-3.31)		-0.477* (-5.34)	
EU×(01-05)		-0.341* (-4.45)		-0.483* (-5.32)		-0.806* (-6.71)
EU×(06-10)		-0.302* (-4.24)		-0.465* (-4.59)		-0.766* (-6.77)
GDP	0.200* (3.16)	0.239* (3.74)	0.228* (3.12)	0.272* (3.87)	0.207* (2.92)	0.195* (2.75)
PGDP	0.199* (3.42)	0.267* (4.55)	0.639* (4.26)	0.636* (4.49)	0.059 (0.77)	0.147*** (1.89)
TRAD	0.656* (10.36)	0.621* (9.84)	0.894* (11.16)	0.853* (10.84)	0.731* (9.49)	0.694* (8.91)
DIST	-0.475* (-4.83)	-0.492* (-4.97)	-0.087 (-0.39)	-0.018 (-0.08)	-0.365* (-3.20)	-0.339* (-2.93)

续表

变量	全部样本		发达国家		发展中国家	
	(1)	(2)	(3)	(4)	(5)	(6)
EXCH	0.069** (2.13)	0.076** (2.37)	0.219* (2.99)	0.240* (3.47)	-0.127* (-3.69)	-0.123* (-3.61)
FREE	4.503* (12.67)	4.556* (12.36)	3.810* (6.88)	3.596* (6.90)	2.762* (6.95)	2.699* (6.74)
CON	-21.352* (-11.79)	-21.793* (-11.90)	-29.063* (-10.35)	-28.352* (-10.66)	-4.284** (-2.15)	-3.611*** (-1.83)
年份	控制	控制	控制	控制	控制	控制
Wald chi2	1901.91*	1950.35*	2035.57*	2124.91*	547.06*	610.21*
N	793	793	251	251	542	542

注：*、**、***分别表示变量在1%、5%、10%水平上显著，圆括号内为Z值。

5. 结果的进一步讨论

随着经济全球化的发展，跨国经营企业不可避免地面临异域文化的冲突与协调问题，文化因素对直接投资活动的影响引起学者们的关注。前文实证研究的结果表明投资国文化以及文化差异显著影响外商对华直接投资规模，文化成为影响FDI的重要因素。但笔者根据自己掌握的资料发现，对文化与直接投资的关系多数文献都假设二者之间是一种线性关系，但也有文献发现文化与直接投资并非简单的线性关系，而是一种更复杂的曲线关系。比约克曼（Björkman，2007）认为随着文化差异变大，合作双方之间的冲突和执行将变得更加困难，综合各种因素发现文化和FDI之间存在一种复杂的U型曲线关系，本书借鉴以往文献研究做法，假设文化与FDI之间存在更复杂的U型关系，在表4-9的基础上引入文化差异的平方项，验证这种关系是否存在。估计结果如表4-14所示。根据回归结果发现，文化差异的平方项通过显著性检验，说明文化差异与FDI流入之间的确存在U型曲线关系，即文化差异对FDI流入的影响并非是线性递减的。在一定范围内，随着文化差异增大，来华FDI会逐渐下降，但这种影响会随着文化差异的增大在超过一定临界值后出现逆转，文化差异对FDI流入的抑制作用开始转化为促进作用，也就是说，当中国与投资国之间的文化差异超过一定临界值后，文化差异不会抑制来华 FDI 反而会推动 FDI 加速进入中国。根据我们的回归结果测算，要使文化差异对 FDI 流入产生促进作用，只需 2 × 0.102KS -0.812，由此推算出临界值为 KS > 3.98。当中国与 FDI 投资国的文化差异的 KS 指数大于 3.98 时，其对 FDI 流入才会产生促进作用。根据全部样本数据测算 FDI 来源国与中国的文化差异的 KS 指数均值为 2.21，远远小于 3.98 的临界值，也就是说，两国之间的文化差异不足以对 FDI 流入产生促进作用，这也很好地解释了为什么在前文的估计结果中文化差异对 FDI 流入产生抑制作用而不是正向促进作用，即使考虑了 U 型关系之后，文化差异与 FDI 流入仍表现出负向关系。因此在双边文化差异较小时，文化距离对来华直接投资产生抑制作用。进一步区分国别情况发现，文化差异与直接投资同样存在 U 型关系，但是由于文化差异值较小，文化差异对 FDI 带来的是负向影响，即投资国与我国文化差异越大其在华直接投资规模就越小。

表 4-14　　文化差异与外商直接投资的非线性关系检验

变量	全部样本		发达国家		发展中国家	
	(1)	(2)	(3)	(4)	(5)	(6)
KS	-0.812* (-8.48)		-1.461* (-11.91)		-3.027* (-12.05)	
KS 平方项	0.102* (8.56)		0.156* (10.72)		0.643* (9.99)	
EU		-2.396* (-13.00)		-3.108* (-6.25)		-5.217* (-11.96)
EU 平方项		0.333* (11.61)		0.363* (8.21)		0.893* (10.07)
GDP	0.245* (3.75)	0.252* (3.93)	0.554* (7.72)	0.568* (7.66)	0.142** (2.04)	0.054 (0.8)
PGDP	0.270* (4.09)	0.315* (4.98)	0.445* (3.24)	0.705* (4.83)	0.365* (5.11)	0.379* (5.36)

续表

变量	全部样本		发达国家		发展中国家	
	(1)	(2)	(3)	(4)	(5)	(6)
TRAD	0. 597 * (9. 47)	0. 591 * (9. 56)	0. 643 * (8. 31)	0. 642 * (8. 17)	0. 546 * (6. 93)	0. 425 * (5. 35)
DIST	-0. 575 * (-5. 41)	-0. 409 * (-3. 79)	0. 177 (1. 03)	0. 335 *** (1. 80)	-0. 444 * (-3. 43)	-0. 351 * (-2. 71)
EXCH	0. 026 (0. 84)	0. 040 (1. 41)	0. 312 * (5. 37)	0. 402 * (6. 07)	-0. 111 * (-3. 33)	-0. 081 ** (-2. 48)
FREE	4. 542 * (11. 71)	4. 316 * (11. 26)	3. 766 * (7. 92)	3. 321 * (6. 83)	2. 541 * (6. 14)	2. 269 * (5. 62)
CON	-20. 869 * (-10. 85)	-19. 111 * (-10. 29)	-32. 406 * (-14. 15)	-31. 511 * (-13. 46)	-2. 828 (-1. 33)	0. 707 (0. 34)
年份	控制	控制	控制	控制	控制	控制
Wald chi2	2084. 97 *	2666. 19 *	3105. 63 *	2902. 83 *	1366. 58 *	1493. 15 *
N	873	873	277	277	596	596

注：*、**、*** 分别表示变量在 1%、5%、10% 水平上显著，圆括号内为 Z 值。

4. 2. 4　基本结论

我们以 2001 ~2010 年外商对华直接投资的面板数据为样本，实证检验了投资国文化维度及其差异对 FDI 的影响，得出以下结论。

1. 投资国文化与 FDI 流入

我们以霍夫斯泰德的文化维度理论为基础，实证检验了权力距离、个人主义、男性化、不确定性回避四个文化维度对 FDI 的影响。结果表明权力距离和不确定性回避显著地抑制了外商对华直接投资，即权力距离和不确定性回避得分越高的国家，该国对华直接投资规模就越小。而个人主义和男性化维度与 FDI 流入正向相关，即高个人主义和高度男性化的国家更倾向于增加对华直接投资。

2. 文化差异与 FDI 流入

引入文化差异变量的估计结果表明文化差异与 FDI 流入呈显著的负

向相关关系，也就是说投资国与中国的文化差异越大，该国对华直接投资就越少，而且我们注意到文化差异对发达国家的影响小于对发展中国家的影响。虽然文化差异对FDI流入表现出显著的抑制效应，但这种影响并非一成不变的，对文化差异的动态影响考察发现，文化差异的抑制作用随着时间的推移和企业开拓国际市场经验的积累在逐渐减弱。分析其原因，我们认为主要是本书实证研究选取数据时间段为2001~2010年，这一时期距离中国对外开放已有二三十年的历史，经过多年的改革开放和社会主义市场经济建设，我国投资环境不断完善，市场化程度不断提升，外资来华投资的市场风险越来越小，同时，中国经济的快速发展，使得越来越多的外资看好中国市场。市场化风险降低和中国经济高速发展的美好前景促使越来越多外资选择来华投资而不是回避中国市场，因此，文化差异对FDI抑制作用在下降。引入文化差异的平方项检验结果表明，文化差异与外商对华直接投资之间存在复杂的U型曲线关系。但是由于文化差异离较小，文化差异对FDI的影响仍是抑制的。

4.3 文化差异与外商直接投资进入模式选择实证研究

进入模式是跨国公司走向国际市场时面临的必然选择，这项选择是复杂和困难的，是由众多的关键因素决定的。通常进入模式的选择由跨国公司战略和执行战略的不同模式所需成本决定的（Gomes - Casseres，1989）。大量文献对跨国公司进入模式做过研究，对其影响因素做过详细探讨，本节我们从文化维度和文化差异的角度，定量分析其对进入模式选择的影响。

4.3.1 研究假说

1. 投资国文化与进入模式选择

在国际市场上由于企业的进入模式不同，使得跨国公司对海外资产的控制程度与风险承担水平存在很大差异。例如，在合资经营模式下，对外直接投资企业虽然需要投入一定的技术、资金和管理技能等资源，但是因为它们选择与东道国企业进行合作，充分利用东道国合作方熟悉当地市场环境的优势，使得对外直接投资风险相对较小。但在独资经营模式下，对外投资企业的资源投入程度很高，此时跨国企业完全依靠自身能力在东道国投资设厂，虽然对海外资产拥有完全的控制权，但经营风险也大大增加。因此，一些研究表明，对国际化经营中的控制性权力与风险的不同偏好和态度，会使投资者的国际市场进入行为表现出显著的差异（Lecraw，1984；Erramilli，1996）。这里我们仍以霍夫斯泰德的文化维度理论表征投资国的文化特征。即以权力距离、个人主义、不确定性回避和男性化代表投资国不同的文化特征。投资国文化特征不同，对跨国经营模式的认知存在差异。来自高权力距离国家的管理人员在组织中往往以领导人自居，善于控制下属，喜欢获得较大的权力，他们可能选择高控制的进入模式，以完全按照自己的意愿行事（Bivens and Lovell，1966）。例如，法国和德国子公司倾向于采用集权式的管理模式，尤其是德国企业，等级分明，最为重要的决策都由企业最高领导做出，而挪威、瑞典、丹麦等国家的企业及其驻海外子公司实行高度分权式管理，因为这些国家更重视的是生活质量而不是利润。相反来自高不确定性回避国家的管理者大多是风险规避的，通常用严格的内部规章制度来处理不确定性的问题，对外投资过程小心谨慎，可能选择低控制程度的进入模式。但阿加瓦尔和拉玛娃米（Agarwal and Ramawami，1992）研究美国对外投资企业的进入模式决策时发现，随着海外经营经验越来越丰富，不确定风险影响递减，企业倾向于选择独资而不是合资进入模式。潘镇、卢明泓（2006）研究外资进入中国市场模式时发现，外资开拓中国市场经验降低市场风险，促使外资选择高控制的独资进入模式。而个人主义和男性化程度较高的国家往往表现出对权力的渴望，因此，可能选择高控制的股权模式加强对海外投资企业的控制。由此我们提出以下推论：

假设H1a：来自高权力距离的投资国，更有可能选择高控制的股权模式。

假设H1b：来自高不确定性回避的投资国，更有可能选择低控制的股权模式。

假设H1c：随着海外经营经验积累，市场信心增强，来自高不确定性回避的投资国，可能倾向于选择高控制的股权模式。

假设 H1d：来自高个人主义的投资国，更有可能选择高控制的股权模式。

假设 H1e：来自高男性化的投资国，更有可能选择高控制的股权模式。

2. 文化差异与进入模式选择

由于社会文化差异会带来不确定性，为了避免海外经营失败，跨国公司通常会采取谨慎性的投资策略，降低在东道国投入资源的强度和控制度，比如寻求与东道国企业进行合作，利用东道国企业与政府、供应商、消费者的良好关系来开拓当地市场。安德森和科赫兰（1987）指出跨国公司在文化差异大的国家投资，获得当地知识非常困难，因此偏好于合资经营方式。在文化差距大的东道国市场中放松对子公司的控制可以作为减少不确定性和信息交换成本的一种手段。布劳瑟斯（2003）在对西欧国家跨国公司进行的研究中发现，制造业的跨国公司在进入文化差异较大的中东欧国家时更愿意选择合资经营方式而不是全资子公司。

但另外一些研究却说明，文化差异的存在可能会使跨国公司采取高控制程度的进入模式。持母国中心论的学者们认为，文化上的差异使得跨国公司的经理们不信任东道国的合作方，他们宁愿采取高控制的进入模式，以完全按照自己的意愿行事。交易成本理论认为，文化差异增加了低控制模式下的内部不确定性，产生了高额的交易成本，如增加与合作方信息交流的成本、控制合作方的成本、监督合作方的成本，此时采取集中化的决策程序和一体化的组织形式来规避交易成本是一种理性的选择。艾拉米粒（1997）对韩国跨国企业的研究表明，较大文化差异与高股权进入方式正相关的。安纳德和德利奥（1997）研究也发现，与进入亚洲市场相比，在进入北美和西欧国家市场时，日本企业更愿意采取独资进入模式。由此提出如下假设：

假设 H2a：来自与东道国文化差异大的外资，可能选择低控制的进入模式。

假设 H2b：来自与东道国文化差异大的外资，可能选择高控制的进入模式。

4.3.2　数据、变量和研究方法

1. 变量选择

（1）被解释变量：MODE，进入模式。本节我们主要研究文化因素对进入模式选择的影响，这里所在说的进入模式是指合资模式和独资模式。与合资模式相比，独资模式要求跨国公司对在东道国设立的子企业享有完全控制权，也要求其承担全部的经营风险。根据一般文献的做法，当外方拥有企业超过95%以上股权时，我们认为该企业为独资企业，低于95%时为合资企业。当企业选择合资股权模式时，我们给该变量赋值为1，当选择独资股权模式时赋值为0。

（2）解释变量：CUL。文化度量分为文化维度变量和文化差异两类变量。

①文化维度。与上节度量方法相同，本节文化维度变量仍以霍夫斯泰德的四个文化维度为衡量标准。即本节仍采用霍氏指数PDI，VDI，MAS，UAI分别表示权力距离、个人主义、男性化和不确定性回避，考虑到文化维度的相关性，实证模型中4个维度分别进入计量模型，考察不同文化维度对于进入模式选择的影响。

②文化差异。为准确考察文化差异对FDI进入模式选择的影响，对文化差异的度量仍采用两种方法：一是遵循寇伽特和辛格（1988）方法计算文化维度的一个复合指数，以SIdx表示；二是采用欧式距离法（Euclidean distance）衡量文化差异，即以母国与中国的文化距离离差平方的算术平方根计算欧式距离指数，以EUdx表示。具体计算公式如下：

$$\text{SIdx 指数：} CD_{jk} = \sum_{i=1}^{4} [(D_{ij} - D_{ik})^2 / V_i] / 4$$

$$\text{EUdx 指数：} CD_{jk} = \sqrt{\sum_{i=1}^{4} [(D - D_{ik})^2 / V_i]}$$

其中：CD_{jk}表示国家j与中国的文化差异，D表示国家j第i个文化维度指数，V表示第i个文化维度指数的方差，k表示中国。该指数越低，表明该国与中国的文化差异越低。由于霍夫斯泰德的文化维度没有包含所有样本国家，借鉴以往文献研究方法，对部分无法获得文化维度指数的国家，采用与其文化背景近似的邻国数据来代替。文化维度的最初数据来自霍夫斯泰德（1980，1991）。

（3）控制变量。除文化维度之外，根据已有文献研究成果，试图引入以下控制变量考察文化对FDI进入模式选择的影响。

①企业规模（Size）。企业规模是影响进入模式选择的重要因素之一。一个企业规模越大，该企业拥有的管理资源和财政资源就越多，越有能力在海外从事高控制模式的经营方式，因此，大企业选择独资模式的可能性就高，而小企业资源能力有限，更有可能选择合资的进入模式。穆迪内利和皮希泰罗（Mutinelli and Piscitello，1998）的研究发现跨国公司规模对海外子公司所有权有显著的正向影响。阿希杜和伊斯法哈尼（Asiedu and Esfahani，2000）发现企业规模与所有权结构高度相关。但也有研究发现，跨国公司在海外投资的规模越大，投资的风险越大，为降低海外风险水平，大规模投资可能选择合资方式。而且大公司从事多元化经营，在人才、资源等方面必须要与东道国的企业结合，因此公司规模越大，越有可能联合当地公司组成合资企业。因此，我们预期公司规模对企业进入模式选择的影响可正可负。我们以外资企业的注册资金反映企业规模。

②企业当地化经验（Year）。彭罗斯（Penrose，1980）认为经验是组织学习的主要来源。投资者通过管理海外子公司，掌握海外经营的经验。伽蒂依和安德森（Gatignon and Anderson，1988）指出具有国际化经验的企业由于熟悉东道国的环境差异，因此与当地人员建立工作关系时会感到更舒服些，从而对利用当地人员优势也更加充满信心。一个企业的跨国经营时间越长，掌握的国际市场知识就越多，越倾向于选择独资的进入模式，而缺乏国际化经验的企业，倾向于选择合资的进入模式，因为合资可以使投资者利用当地合作伙伴的正向外部性规避市场风险（Mutinelli and Piscitello，1998）。亨纳特（1990）发现日本母公司在美国的经历与海外公司的所有权呈显著的正向关系。当地化经验既包括外国投资者在东道国投资的实际经验，也包括通过各种途径学习东道国市场知识、熟悉东道国市场的学习经验。我们以外资企业成立时间与中国改革开放时间差表示跨国公司在华投资的学习经验，以外资企业首次来华投资时间与合资企业成立时间差表示投资经验。

③行业特征（Indu）。跨国公司的行业特定优势影响进入模式的选

择。众所周知，不同行业跨国公司的资金密集程度是不一样的，面临的资源承诺水平和风险压力也不相同。对于资源承诺水平高的行业来说，为了分散风险，跨国企业有可能采取合资经营模式，而对于资源承诺水平低的行业来说，则可能采取独资模式。既有文献对行业特征变量通常采用广告支出密度和研发支出密度来衡量。由于我们无法获得500强外资企业的广告支出和研发支出的相关数据，这里采用虚变量的设定方式。一般而言，制造业属于资金密集程度高的行业而服务业属于资金密集程度低的行业。这里用行业虚变量来反映各行业资金密集程度的差异。1表示外商投资于制造业，0表示外商投资于服务业或资源性产业。

④需求潜力（GDP）。市场潜力是跨国经营企业对外投资时所要考虑的重要因素。一般来说，在市场潜力较大的国家投资，由于产品的需求旺盛，企业获利的机会较多，为准确把握市场信息和控制营销渠道，跨国公司如果选择高控制的股权结构，就能够获得更多的收益（Brouthers，2002）。为反映外商投资所在地的市场潜力，本书采用外商投资企业注册所在地的GDP表示市场潜力，并进行对数化处理。

⑤投资区位政策优惠（SEZ）。许多国家划定特定区域作为外国投资者优先进入地区，东道国政府在这些地区提供政策优惠和投资激励。随着这些地区的开放，外国投资的增加，外资对东道国的市场环境更加熟悉，从而降低跨国公司和外资经营的风险与不确定性。因而在这些特区投资风险更小，更容易成功，这将促使外资可能选择高控制的进入模式。为体现投资区位对外资进入模式的影响，根据潘（2000）的做法，将我国利用外资的投资区域划分为1979年对外开放的经济特区和其他区域。我们以地区虚变量反映经济特区的影响。即如果外资企业所在地为经济特区该变量取值为1，否则为0。

2. 估计方法

根据前文的讨论，本部分以我国2012年全国销售收入500强外资企业为样本，深入研究文化及其差异对FDI进入模式选择的影响。根据实证文献，采用二项式模型来检验文化因素对合资和独资模式选择的影响。在二项式模型下，投资者选择模式的可能性是：

$$P(y_i = 1) = 1/(1 + e^{-\alpha - \beta' X_i}) \quad (4-5)$$

其中：X_i 是解释变量和控制变量矩阵，β代表解释变量和控制变量的系数矩阵。具体模型可写为：

$$E(y_i)=f(\beta_0+\beta_1x_{1i}+\beta_2x_{2i}+\cdots+\beta_kx_{ki})\quad 其中，f(x)=\frac{e^x}{1+e^x}$$

$E(y_i)=\frac{\exp(\alpha+\beta_1x_{1i}+\beta_2x_{2i}+\cdots+\beta_kx_{ki})}{1+\exp(\alpha+\beta_1x_{1i}+\beta_2x_{2i}+\cdots+\beta_kx_{ki})}$，其中 k 表示自变量的个数，k＝1，2，…。

假设选择独资方式的公司样本为 Y_1^A，…，Y_k^A，选择合资方式的公司样本为 Y_1^B，…，Y_k^B，则似然函数就可以表示为：

$$L=\prod_{i=1}^{k}\left[1-\frac{1}{1+e^{-\alpha-\beta'X}}\right]\prod_{i=1}^{l}\left[1+\frac{1}{1+e^{-\alpha-\beta'X}}\right] \tag{4-6}$$

针对式（4－6）取对数似然函数的最大值，就可以估计出参数值。本书中就是找出文化差异与进入模式之间的相互关系。与线性回归模型不同的是，逻辑斯蒂（logistic）模型中的估计系数不能被解释成对因变量的边际影响，只能从符号上判断。如果系数为正，表明解释变量越大，因变量取 1 的概率越大；反之，如果系数为负，表明相应的概率越小。

3. 数据来源及说明

本部分研究采用的样本是由商务部公布的 2012 年外商投资企业销售收入前 500 名的外资企业组成，剔除数据不全或信息不全的公司，最终选择 390 家样本企业构成研究的有效样本。其中外商投资企业的销售收入、母公司所在国（地区）、投资的行业特征等数据来自商务部外商直接投资网站，市场潜力数据来自《中国城市统计年鉴》相应期数。跨国公司在华投资的时间数据以及公司成立时间经查阅各公司相关网站计算得出。

4.3.3 分析结果与讨论

首先对 390 家样本企业的股权模式进行描述性分析。表 4－15 给出了样本企业来源国分布及股权分布的基本情况。从股权分布比例看，独资企业在全部样本企业中所占比率为 42.56%，要低于合资企业比率。从地域分布看，独资企业主要来源于亚洲国家或地区和美国，其中亚洲的日本、韩国和中国台湾地区独资企业数量总和为 74 家，占全部独资企业数量比例为 44.58%，美国独资企业数量为 20 家，占比为

12.05%，二者合计总计为 56.63%，来自欧洲的外资独资企业总计 27 家，占比为 16.27%。

表 4－15　　　　样本企业的来源国家或地区分布统计表

国家或地区	企业数（家）	合资（家）	独资（家）	独资比重（%）
香港	78	64	14	17.95
芬兰	3	1	2	66.67
德国	20	12	8	40.00
台湾	28	6	22	78.57
美国	46	26	20	43.48
日本	76	38	38	50.00
新加坡	19	11	8	42.11
印度尼西亚	1	1	0	0.00
韩国	33	19	14	42.42
瑞典	4	2	2	50.00
英国	8	6	2	25.00
荷兰	11	7	4	36.36
法国	9	4	5	55.56
毛里求斯	1	1	0	0.00
奥地利	1	0	1	100.00
马来西亚	1	0	1	100.00
维尔京	28	13	15	53.57
柬埔寨	2	2	0	0.00
巴哈马	1	1	0	0.00
意大利	2	2	0	0.00
泰国	2	1	1	50.00
瑞士	2	0	2	100.00
加拿大	1	0	1	100.00
丹麦	1	0	1	100.00

续表

国家或地区	企业数（家）	合资（家）	独资（家）	独资比重（%）
开曼	6	3	3	50.00
其他	6	4	2	33.33
合计	390	224	166	42.56

表 4－15 的描述性统计只是给出了进入模式的初步分析结果。为了检验文化因素对进入模式选择的具体影响，下面采用二元 logit 模型对进入模式选择问题进行回归分析。表 4－16 和表 4－17 分别列出各主要变量的描述性统计结果和变量的相关系数矩阵。从表 4－17 中可以发现，除文化维度变量间的相关系数较高外，其他变量间相关系数并不高，其中 GDP 与行业特征（Indu）之间系数最高，但系数值仅为 0.2245。在以下回归过程中，为避免回归产生多重共线性问题，对文化维度变量回归时，我们采取分变量单独回归方法。

表 4－16　　　　变量的均值与标准差

变量	观察数	均值	标准差
Size	390	4.4555	0.7111
Year	390	9.5692	6.6009
GDP	390	8.4532	0.8789
Indu	390	0.7231	0.4481
SEZ	390	0.1026	0.3038
PDI	390	56.2717	12.8924
IDV	390	42.8974	25.5224
MAS	390	60.5205	20.6991
UAI	390	54.7103	26.9935

表 4－17　　　　变量的相关系数矩阵

变量	Size	Year	GDP	Indu	SEZ	PDI	IDV	MAS	UAI
Size	1								
Year	0.0229	1							

续表

变量	Size	Year	GDP	Indu	SEZ	PDI	IDV	MAS	UAI
GDP	0.0199	-0.0779	1						
Indu	0.0753	0.0308	-0.2245	1					
SEZ	-0.024	-0.0997	-0.008	0.0203	1				
PDI	0.0139	0.0274	-0.2111	0.1461	0.1077	1			
IDV	-0.0201	-0.0423	0.1855	-0.1931	-0.0713	-0.8334	1		
MAS	-0.0667	-0.2541	0.0646	-0.0063	0.0107	-0.0779	0.1476	1	
UAI	-0.0432	-0.1	0.1389	0.0658	-0.0892	-0.319	0.0993	0.4529	1

1. 投资国文化与进入模式选择

在表4-18中我们采用二项式logit模型分析了投资国文化与合资模式选择可能性之间的关系。从估计结果看，模型具有较好的解释能力，赤池方（Chi-squared）通过了1%的显著性检验，表明解释变量能够很好地预测进入模式的选择能力。另外，要判断logit模型与数据拟合效果好坏的标准是分类表（classification table）给出的结果。从分类表给出的结果看，模型解释能力平均达到62.63%，敏感性（sensitivity）和特定性（specifility）也较高，说明模型总体设定较好。模型估计结果表明，投资国的不同文化维度对进入模式产生的影响是不同的。具体来看，权力距离（PDI）和个人主义（VDI）与选择合资进入模式的可能性呈正相关关系，但统计上并不显著；男性主义（MAS）和不确定性回避（UAI）与选择合资进入模式的可能性呈负相关关系，但仅不确定性回避（UAI）通过显著性检验。不确定性避免（UAI）与选择合资进入模式的可能性显著的负相关关系说明来自风险规避程度越高的国家，其跨国公司越有可能选择独资模式进入中国市场。由于权力距离（PDI）、个人主义（VDI）和男性主义（MAS）均未通过显著性检验，相关检验未得到验证。由此可以认为影响来华投资的跨国公司进入模式选择的主要因素来自不确定性回避，如果投资国是一个高不确定回避免的国家，更有可能选择独资的来华投资模式。回归结果验证了假设H1c，否定互斥假设H1b。其原因在于我们实证检验的数据来自2012年，距我国改革开放已有30多年时间，30多年来我国投资环境不断改善，外资对中国市场更加熟悉，市场信心增强，不确定性风险弱化，促使来自高不确定回避国家的外资从低控制模式向高控制的独资模式转变，而独资模式有利于这些外资加强对海外子公司的控制，减少特定优势扩散，更好地保持国际市场竞争力。

表 4－18　　投资国文化与进入模式选择

	1	2	3	4
PDI	0.0086 (0.0085)			
VDI		0.0022 (0.0043)		
MAS			－0.0012 (0.0054)	
UAI				－0.0117 * (0.0043)
Size	0.3400 ** (0.1558)	0.3446 ** (0.1549)	0.3402 ** (0.1557)	0.3243 ** (0.1601)
Year	－0.0344 ** (0.0159)	－0.0340 ** (0.0159)	－0.0350 ** (0.0161)	－0.0397 ** (0.0161)
GDP	－0.6981 * (0.1425)	－0.7313 * (0.1426)	－0.7187 * (0.1414)	－0.6836 * (0.1433)
Indu	－0.0752 (0.2409)	－0.0292 (0.2427)	－0.0479 (0.2388)	0.0283 (0.2418)
SEZ	－0.8625 ** (0.3796)	－0.8088 ** (0.3798)	－0.8219 ** (0.3778)	－0.9424 ** (0.3790)
CON	4.7352 * (1.5528)	5.3426 * (1.4065)	5.4458 * (1.4359)	5.7970 * (1.4193)
Wald chi2 (6)	37.72 *	37.15 *	37.37 *	42.79 *
sensitivity	76%	74.22%	76.44%	74.67%
specifility	44.85%	45.45%	44.24%	46.67%
Overall % correct	62.82%	62.05%	62.82%	62.82%

注：*、**、*** 分别表示变量在1%、5%、10%水平上显著，括号内的值为标准差。

控制变量大都表现出统计上的显著性，具体回归结果分别是：

（1）反映公司规模的注册资本与合资进入模式呈显著的正向关系，即公司规模越大，越有可能选择合资的来华进入模式，该结果是符合经验判断的。分析其原因，我们认为影响来华投资企业进入模式选择的主要文化特征因素是不确定性回避，即投资国对市场风险的回避程度。一般说来公司规模越大，面临的市场风险也越高，为避免风险给直接投资带来的不确定性影响，来自高风险回避国家的企业可能选择合资的进入模式而不是独资模式规避市场风险。

（2）当地市场学习经验与合资进入模式呈显著的负相关关系，[①] 说明来华投资时间越晚的企业越有可能选择独资的进入模式。原因可以解释为改革开放以来，我国市场化进程加快，投资环境进一步优化，外资政策更加透明，外资来华投资的市场风险越来越小。因此，越来越多的外资会选择独资的模式进入中国，以加强对投资活动的控制能力。21世纪以来越来越多的外资的独资化倾向反映了这一基本趋势（见表4－19）。

表4－19　2001～2012年按利用外资方式统计的我国利用FDI概况　单位：亿美元

方式	2001年	2002年	2003年	2004年	2005年	2006年	2007年	2008年	2009年	2010年	2011年	2012年
需求合资	157.3	149.9	153.9	163.8	146.1	143.7	155.9	173.1	172.7	224.9	214.1	217
需求独资	238.7	317.2	333.8	402.2	429.6	462.8	572.6	723.1	686.8	809.7	912	861.3

资料来源：作者根据《中国统计年鉴》相关各期整理。

（3）需求潜力与合资进入模式显著负向相关，即当地市场潜力越大，外资企业越有可能选择独资的进入模式，结果符合我们的预期，也与大多数研究结论相一致。而且从估计系数看，其影响力仅次于享有优惠政策的地区变量，说明经济发展潜力是影响进入模式选择的关键因素。

---

① 当地市场投资经验的估计结果统计上并不显著，本书没有给出估计结果，说明影响外资来华投资模式选择的因素来自中国市场的系统性风险，而非跨国公司自身在华投资的经验。

（4）行业特征对进入模式选择影响并不显著。分析其原因应与我国利用外资的行业特征有很大关系。改革开放以来，我国 FDI 的来源地主要源自港澳台地区，港台外资占我国利用外资的比例最高时达到 80% 左右。20 世纪 90 年代末期，这一比例有所下降，但目前港台外资比例仍高达 50% 左右。港台投资企业以中小企业为主，主要集中于服装、电子装配等劳动密集型行业，这些行业投资规模小，技术含量低。由于这些外资本来技术含量低，进入大陆市场进行股权模式选择时，通常不会考虑其资金技术含量问题，技术含量不会成为其进入模式选择的影响因素，相反劳动力成本变动、市场潜力等因素对港台外资的影响可能更大，导致外资的行业特征对进入模式选择影响不显著。

（5）投资区位政策优惠与合资模式呈显著的负向相关关系。即进入享有国家特定优惠政策区域的外资更有可能选择独资的进入模式，这一结论与我们的预期保持了一致。1979 年我国对外开放以来，深圳、珠海等四大经济特区享受国家的外资优惠政策，大量外资进入这些地区，经过改革开放的深化和市场竞争的洗礼，这些地区市场化水平较高，市场竞争相当充分，外资在此投资的风险大大降低，从而有越来越多外资选择独资模式进入经济特区。

2. 文化差异与进入模式选择

表 4－20 给出的是文化差异与进入模式的估计结果。模型 1 和模型 3 分别采用寇伽特和辛格（1988）方法和欧氏距离法衡量文化差异，估计了文化差异变量与合资进入模式选择之间的关系。模型 1 中，文化差异与选择合资进入模式的可能性呈显著负相关（P 值小于 1%），说明投资国与中国的文化差异越大，越有可能选择独资的进入模式；模型 2 中文化差异与选择合资进入模式的可能性同样呈显著负相关（P 值小于 1%），基本结论与模型 1 完全一致。综合估计结果表明投资国与中国的文化差异越大，外资企业选择独资模式的可能性也越大。

控制变量的影响与表 4－18 的估计结果基本一致，变量的符号没有发生实质性变化，且系数变动也相对稳定，这进一步表明了估计结果的稳定性。总之，表 4－20 的估计结果说明投资国与中国文化差异越大，外资越可能选择独资的进入模式，从而证实假设 H2b。

表 4 - 20　　文化差异与进入模式选择

变量	1	2	3	4
SIdx	-0.1464** (0.0741)	-0.6411** (0.2764)		
平方项		0.1252*** (0.0677)		
EUdx			-0.1860** (0.0874)	-1.5413* (0.5580)
平方项				0.2933* (0.1195)
Size	0.3306** (0.1581)	0.3385** (0.1612)	0.3378** (0.1589)	0.3543** (0.1630)
Year	-0.0367** (0.0159)	-0.0353** (0.0161)	-0.0375** (0.0161)	-0.0332** (0.0162)
GDP	-0.6805* (0.1431)	-0.6818* (0.1442)	-0.6788* (0.1430)	-0.7029* (0.1459)
Indu	-0.0698 (0.2399)	-0.0147 (0.2431)	-0.0685 (0.2401)	-0.0010 (0.2439)
SEZ	-0.9123** (0.3799)	-0.9688** (0.3807)	-0.9413** (0.3837)	-0.9767** (0.3838)
CON	5.4304* (1.4058)	5.5769* (1.4209)	5.5646* (1.4075)	6.6964* (1.5089)
Wald chi2 (6)	40.07*	42.38*	40.38*	43.6*
sensitivity	75.56%	74.22%	75.00%	74.11%
specifility	44.24%	47.27%	47.88%	50.3%
Overall % correct	62.31%	62.82%	63.50%	64.01%

注：*、**、*** 分别表示变量在 1%、5%、10% 水平上显著，括号内的值为标准差。

3. 估计结果的进一步讨论

本节实证结果表明投资国的文化特征和文化差异是影响直接投资进

入模式选择的重要因素。前文曾经讨论过文化差异与FDI流入之间可能存在非线性关系。那么，文化差异与进入模式之间是否存在这种非线性关系呢？寇特鲍等（Kotabe et al.，2007）认为文化差异与组织学习之间并非线性关系，而且随着文化差异的增大，双方之间很难存在合作所需要的相关能力，企业合作兼容和执行困难会随着距离增加而增大。综合上述因素，他们认为文化差异和组织能力之间并非是线性的关系，而是一种曲线关系。因此我们有理由相信文化差异与进入模式选择之间也可能存在一种曲线关系。为验证这一结论的存在，我们采用艾斯特林（Estrin，2009）的做法，构造文化差异的平方项，重新回归方程，结果见表4－20的模型2和模型4。

加入平方项后，整个模型变量符号没有发生任何变化，估计系数变动不大，而且模型整体解释能力优于未加平方项时的解释能力，说明平方项是影响进入模式的因素之一。显著性检验显示平方项分别通过了1%与10%的显著性水平检验，说明文化差异与进入模式之间确实存在U型关系，这一结论支持了寇特鲍等人的结论。从估计结果看，平方项与进入模式呈显著的正向相关关系，U型关系确立。即在一定范围内，随着两国间的文化差异增大，来华投资的外资选择独资进入模式的可能性在降低，选择合资模式的可能性在增加，随着文化差异的进一步扩大，外资选择合资的可能性会越来越大。综合分析可以看出，文化差异对进入模式的影响取决于两个方面，即文化差异和文化差异的平方项，最终的影响取决于二者的综合作用。如果文化差异的影响大于平方项的影响，则文化差异与合资进入模式呈负相关关系，即文化差异越大，外资越有可能选择独资的进入模式；如果平方项的影响大于文化差异的影响，则文化差异与合资进入模式呈正向相关关系，即文化差异越大，外资越有可能选择合资的进入模式。根据估计结果，测算出文化差异对进入模式的影响的临界值为 $2 \times 0.1252 \times SIdx - 0.6411 < 0$，即 $SIdx < 2.56$。当两国间的文化差异小于2.56时，文化差异与合资的进入模式呈负向相关关系，即文化差异越大，外资越可能选择独资的进入模式。当两国间的文化差异大于2.56时，文化差异与合资的进入模式呈正向相关关系，即文化差异越大，外资越可能选择合资的进入模式。就本研究的样本数据而言，我们计算得出文化差异平均值为1.994，并没有超过临界值，文化差异对进入模式的综合影响为负向相关关系，也就是

说，投资国与中国的文化差异越大，外资越有可能选择独资的模式进入中国市场。我们认为文化差异与FDI进入模式的U型关系的存在可以很好地解释为什么不同文献对文化差异与进入模式的研究结论存在较大差异。

4.3.4 基本结论

本节以2012年销售收入500强外资企业为样本，从投资国的文化和文化差异的角度分析了文化对来华FDI进入模式选择的影响。我们根据实证研究的结果，得出如下结论。

1. 投资国文化与进入模式

我们以霍夫斯泰德的文化维度理论为基础，分别研究了权力距离（PDI）、个人主义（VDI）、男性主义（MAS）和不确定性回避（UAI）与合资模式的相关关系发现：不确定性回避是影响来华外资进入模式选择的主要文化因素。不确定性回避与合资进入模式表现出显著的负向关系，也就是说投资国的不确定性回避程度越高，来华外资选择合资模式的可能性越小，而选择独资模式的可能性就越大。另外三个维度（权力距离、个人主义、男性主义）对进入模式的影响在统计上没有通过显著性检验，说明它们对直接投资的进入模式未产生影响。控制变量中，跨国投资企业的规模与合资进入模式呈显著的正相关关系，来华投资经验、地区经济发展水平和享有优惠政策特区变量与独资进入模式呈显著正向关系，即外资来华投资时间越长，地区经济发展水平越高，地区优惠措施越多，越有可能选择独资的进入模式，该结论符合我国利用外资方式演变的事实。

2. 文化差异与进入模式

采用寇伽特和辛格（1988）方法和欧氏距离法衡量文化差异，实证研究文化差异对进入模式选择的影响。结果表明，文化差异与外资独资化模式呈显著正向相关关系，文化差异越大，外资越有可能选择独资的进入模式。控制变量对进入模式的影响没有发生根本变化，但行业特征变量仍未通过显著性检验。引入文化差异的平方项后发现文化差异与进入模式之间存在U型关系，即在一定临界值范围内，两国间的文化差异与独资的进入模式呈显著的正向相关关系，即文化差异导致外资倾向于选择独资的进入模式，但这种影响随着文化差异增大而下降。当文化差异进一步扩大时，外资选择合资进入模式的可能性会更大。但就我们研究的样本数据而言，文化差异没有超过一定临界值，文化差异与独资进入模式呈显著正向关系，即投资国与中国的文化差异越大，外资越有可能选择独资的进入模式。本研究另一值得关注的问题在于通过确认文化差异与进入模式之间的曲线关系，可以很好解释为什么不同文献对文化差异与进入模式之间关系研究结论会存在较大差异，可能原因在于大多数研究是基于文化差异与进入模式之间的线性关系展开的。本书的研究成果为后续研究工作提供了一条新的研究思路和方法。

4.4 文化差异影响外商对华直接投资的案例研究

4.4.1 美国家得宝公司退出中国市场的文化差异研究

1. 家得宝在华发展历程①

2012年9月14日美国家得宝（Home Depot）公司宣布，基于公司未来发展需要和公司业务调整，其在中国的全部七家大型家居建材零售商店将关闭，取而代之的是将采取专业零售店、线上销售等方式拓展在华业务。这一决定意味着家得宝中国市场战略的失败，意味着其从中国市场全面撤退，家得宝成为继百思买、乐华梅兰、美颂巴黎后从中国撤离的又一全球知名渠道巨头。根据公开资料显示，家得宝公司于1978年在美国成立，目前是全球最大的家居建材用品零售商，是仅次于沃尔玛的美国第二大零售商。家得宝足迹遍布美国、加拿大、墨西哥和中国等国家。在美国家得宝拥有1200多家店铺，连锁商店数量达2234家，

① 家得宝全面退出中国市场［EB/OL］. 新浪网，http：//jiaju. sina. com. cn/news/zt/jdb/t.

同时拥有 133 家海外店铺。家得宝曾连续 9 年被美国《财富》杂志评为“最受欢迎的专业零售商”，其在 2007 年美国财富 500 强中排名第 17 位，同年被美国《财富》杂志评为“最受仰慕的专业零售商”第 1 位及“最受仰慕的公司”第 13 位。

作为美国的第二大零售巨头和全球最大的家居建材超市，家得宝早在 2002 年就开始涉足中国市场，当时家得宝分别在上海和深圳成立了采购服务咨询有限公司，负责中国区采购工作；2004 年，是在上海成立家得宝企业管理咨询（上海）有限公司，致力于开展中国市场业务。经过几年的摸索，家得宝开始以收购的方式在中国实现快速扩张。2006 年底，家得宝以 1 亿美元的代价收购天津家世界 12 家门店，正式登陆中国市场；2007 年 8 月，家得宝在北京、天津、西安、郑州、沈阳、青岛等城市相继设立建材零售门店并开张营业。家得宝进入中国市场后也照抄照搬了美国流行的超市运作模式，这种模式在加拿大和墨西哥等市场运行获得了巨大成功。家得宝超市运作模式在美国及海外市场的成功，使得家得宝有信心在中国市场也会如鱼得水、游刃有余。因此，家得宝将超市运作模式带入中国市场。然而在中国几年的实践表明，这家全球最大的家居建材超市居然处处碰壁，显得水土不服。家得宝经历了最初的迅猛开店到后期的快速收缩直至最终退出中国市场。2009 年 7 月和 10 月，家得宝先后宣布关闭其在青岛和沈阳的两家分店；2010 年 5 月，家得宝又关闭了北京分钟寺门店；2010 年 11 月，家得宝天津东丽店关门；2011 年 1 月，家得宝北京店关门；到 2011 年，家得宝仅存天津、西安、郑州等 7 家门店；2012 年，家得宝宣布关闭在华全部超市门店。至此，家得宝中国市场路线暂时画上句号。

回顾家得宝在华发展历程，有过表面上的繁荣但很快陷入衰落，在此过程中，家得宝不断更换公司总裁，先后任命三任总裁，但最终也未能挽救其在中国市场上的颓势。据报道，家得宝进入中国市场以来经营状况并不理想，店面销售额不高而且亏损严重，比如不少店面年营业额不足 1 亿元，但每年亏损却高达上千万元。针对家得宝退出中国市场事件，行业内相关人士认为“不服水土，没有针对中国市场做好调研，只是简单照搬国外那一套是这些洋巨头失败的主要原因”。

2. 家得宝中国市场的文化差异分析

（1）自己动手（DIY）的经营理念不符合中国消费者习惯。DIY 理念是家得宝在美国市场取得成功的一大因素。其运作特点是家得宝根据不同地区的市场特征和消费需求情况，在美国各州的中心城市开设了以设计为主导，以BIY（自己买建材，请专业人士施工）为特征的汇集各种品牌于一体的设计中心店，以此满足美国消费者的需求习惯。同时由于纽约、芝加哥等一些大的商业城市聚集了收入高、消费变化快、个性化的白领和时尚消费群体，家得宝针对这些生活节奏快、收入高的白领和时尚消费群体的需求特点，开设了结合综合仓储与设计中心特点的新型门店，为这些前卫时尚的客户提供服务。家得宝的DIY理念迎合了美国消费者的习惯，自然深受美国消费者的欢迎，因而也取得了巨大成功。当家得宝在进入墨西哥、加拿大等邻国市场时也采用这一模式并且同样取得了显著成功，因此，当家得宝高层管理人员决定进入中国市场时，也是带着在美国成功的先进DIY理念来的。但是家得宝管理层忽视了中美消费者在消费习惯上的差异。在居家装修行业，中国的消费者在购买家居用品时并不习惯DIY模式，相反，中国消费者在进行家庭装修时，需要“保姆式”的全程服务，需要家具商提供包括选购、送货、安装、使用、售后服务一系列服务内容，这也是中国消费者与美国、欧洲消费者在消费习惯上的本质差异。家得宝将家居建材超市模式直接从国外复制过来，让中国消费者自己DIY，对中国的消费者来说既不符合自己的消费习惯也过于超前，从而带来失败也是必然的。

（2）经营模式单一。家得宝的经营模式主要是超市形式，单一的超市模式不适合中国国情。从属性上来说超市业态更适合标准化高、价格较低的商品，中高端的大品牌并不适合超市业态，超市业态使得消费者难以体验大品牌带来的效应。在中国，消费者挑选家居产品的时候，除了关注价格外，还关注来自产品的直接感受和体验，单一的超市业态很难满足中国消费者的需求特点。而本土家居商场却能抓住中国消费者的需求心理，它们非常重视情景化布局，以满足消费者不断变化的消费和体验需求。例如，国内家居巨头红星美凯龙独创“市场化经营，商场化管理”模式，强化情景化布局，采用连锁化经营及体验式购物与公园式购物等模式，这种专业化市场连锁经营模式是国外竞争者从未采用过的，但得到了中国消费者的欢迎，而红星美凯龙的“家居专家服务承诺”则推动业内服务升级，引领了潮流，这是本土家居商场的明智之举。而家得宝在这些方面做得并不理想。家得宝只强调了自己的个性和特色，但缺少能够拉近与中国消费者的实惠，疏远了消费者的内心。因此家得宝虽然声势浩大，口号响亮，充满了浓郁的浪漫主义情怀，但最终还是被中国消费者抛弃。

（3）本土化策略失败。本土化策略不足也是家得宝失败的重要原因之一。其主要体现在员工招聘上。家得宝收购中国企业后，公司多数员工是从外面调过来的，从本地招聘的员工较少。家得宝选择具有海外背景的中国高管，采用空降方式，让他们参与并不熟悉的业务管理，实际上并未取得预期效果。这些高管虽然长期生活在中国，但是西方教育背景的标签常常使他们并不熟悉中国的市场环境和中国特色，决策上频频失误。在收购家世界后，家得宝遭遇了规模较大的员工离职潮。首先是家世界家居的创业团队，由于对公司空降高管的做法不满，多数人选择了离职，离开当初为之奋斗的企业。空降高管不熟悉中国市场使家得宝的决策更加偏离中国现实。其次，家得宝进入中国市场宣传的世界家居巨头等轰动效应并未得到中国消费者的认可。事实上，其并不知道中国消费者的真实需要，也不知道中美消费者属于不同类型消费者，有不同的消费习惯。相反，中国本土建材连锁业以更加贴近百姓消费习惯以及人性化的服务战胜了跨国巨头，这是本土企业与跨国巨头的竞争中占上风的重要原因。

4.4.2　法国达能集团收购乐百氏公司的文化差异研究

1. 达能及其在华并购之路①

达能集团是一家来自法国的跨国食品企业，公司致力于多元化经营，业务遍布全球120多个国家和地区，拥有10万余名员工。2014年达能集团全球销售额超过211亿欧元，是世界上增长最快的健康食品企业之一。达能集团也是财富500强企业之一，据达能集团官方网站介绍，目前集团包括四大业务板块，即饮用水、鲜奶制品、婴儿营养品和医疗保健品，四大业务板块的市场占有率均处于世界前列。其中，鲜奶制品排名全球第一，包装饮用水和婴儿营养品排名全球第二，医疗保健

① 本段内容作者根据网络新闻资料整理并改编。

品排名欧洲第一。集团旗下拥有达能、依云等多个著名品牌。1987 年达能集团开始进入中国市场，成立广州达能酸奶公司。此后，达能通过并购参股光明乳业、控股乐百氏集团并与娃哈哈集团组建合资企业，通过在中国的市场扩张，达能先后进入饼干、纯净水、啤酒、乳业、果汁等领域。2006 年达能将亚太地区总部迁至上海，建立达能亚太（上海）管理有限公司，希望以此进一步加大对中国市场的投资。2012 年度财务报告显示达能在中国市场获得 12 亿欧元的收入，约占该年度达能全球销售总额 200 亿欧元的 6%。达能持有乐百氏、蒙牛乳业、深圳益力等众多龙头饮料企业的股权，2014 年达能收购雅士利 25% 的股份，开启了婴儿奶制品领域的合作。在中国市场上，达能成为中国食品饮料行业重要领导者和竞争者。近年来，达能在中国市场销售额大约占据全球销售额的比重一直稳居 6% ~7%。

广东乐百氏集团创建于 1989 年，是全国闻名的大型食品饮料企业、广东省中山市工业企业十五强之一，产品商标“乐百氏”是国内具有极高知名度和美誉度的著名品牌，也是中国饮料行业极具竞争力的品牌之一。1999 年“乐百氏”商标被国家商标局认定为中国食品饮料行业的“驰名商标”。乐百氏自创立后坚持走专业化道路，以保健品、乳制品、饮料为发展方向，先后推出了乐百氏乳酸奶、牛奶、饮用水、茶饮料、果冻布丁五大系列的优质产品，畅销全国，屡获殊荣。1993 ~ 1998 年，“乐百氏”奶连续 6 年保持全国市场占有率第一；1997 ~ 1998 年，乐百氏纯净水连续两年市场占有率居全国第二。乐百氏以“成为在健康食品领域内最有可持续性发展能力的公司”为发展目标，以“创造健康生活，共享成功利益”为企业使命，通过不断向消费者提供大量优质、美味、营养的健康食品，满足消费者的生活需求，提升消费者的生活品质。历经多年，乐百氏集团发展迅猛，产、销、利税均大幅度增长，成为拥有五大系列优质产品，城乡市场网络覆盖全国、拥有知名度极高的驰名商标的现代化大型食品饮料企业。

2000 年 3 月，乐百氏与达能集团签订合作协议，达能控股乐百氏 92% 的股权，成为乐百氏最大的股东。当时乐百氏业务处于蒸蒸日上的大好形势，达能也高调宣布将与乐百氏的合作视为自己全球战略的一部分，公司将作为达能在中国的重点企业，拥有巨大的自由发展空间和强力的资金支持。而公司创始人何伯权等也认为与达能的合作会给企业在管理和品牌上自由拓展的空间，有利于公司未来长远发展，这是乐百氏选择达能的重要因素。然而，好景不长，合资完成后的 2001 年 11 月，乐百氏创始人何伯权等 5 位创业元老被迫离开乐百氏。同时乐百氏老员工被达能清洗，多数员工相继离开公司。随着乐百氏几大创业元老的离开，新乐百氏的管理风格也在悄然发生变化。此后几年，乐百氏一直处于经营不佳的状态，公司出现业务亏损，虽然多次更换公司高层，但亏损状态始终未见明显改观，一直到现在达能对乐百氏的整合还在继续。

作为一家土生土长的民营企业，乐百氏经历了从弱到强、从国内企业到世界著名跨国公司子公司的转变，对乐百氏来说这是一次巨大的蜕变。然而这样的蜕变似乎并不完美，达能入驻后推行的标准化管理模式使老乐百氏人逐渐丧失创业激情，无法找回从前拼搏创业的感觉，不同理念加上不同的表达方式，使乐百氏公司中的矛盾不断累积，最终陷入尴尬局面。多年来，这个曾经以瓶装水生产而闻名的企业逐渐远离消费者的视野，曾经拥有乐百氏纯净水和 AD 钙奶乳饮料的全国知名品牌行业领导者的市场份额不断萎缩。达能收购乐百氏后的一波三折，固然有市场自身发展的规律的原因，但中法双方文化差异也是不可忽视的关键因素。

2. 达能并购后面临的文化差异分析

（1）制度文化差异。

①组织架构差异。达能收购乐百氏的目的是希望通过利用乐百氏的销售渠道，搭建一个属于达能的销售平台，这个平台上同时销售乐百氏的产品和达能的其他产品。但达能在未进行充分调研的情况下，对乐百氏的组织结构进行重组，想当然地将乐百氏被收购前的直线职能制架构改为产品事业部制，将权力分配给 1 个总裁和 14 个总经理。达能的这一做法并未保留乐百氏中国市场成功的真正优势，结果在随后的市场竞争中，乐百氏处处被动。此后公司采用区域事业部架构，按地理区域将中国市场划分为五大块：华东、华北、东北、西南、中南（华中和华南），使每一个区域成为一个事业部，建立一套自己的生产和销售体系。2006 年 9 月乐百氏架构调整，东北大区被撤销，华东、华北、西南、中南大区保留，虽然名字未变，但调整的依据是产品销售情况而不再是地理区域概念。达能对组织架构的频繁调整表明达能欲将乐百氏变成自

己的销售平台的构想失败。与此同时，达能收购乐百氏后，由于对乐百氏创业元老不信任，存有戒备心理，创业元老在公司处处掣肘，迫使乐百氏高管不得不选择离职。事实上，在达能制度下，乐百氏的销售渠道不仅没有得到强化，反而在内耗中不断被摧毁。各事业部各自为战，各类业务孤军作战，大家只做自己的产品而缺少互动交流。比如脉动的产品推广几乎不提乐百氏，在脉动饮料的包装瓶上消费者甚至看不出脉动与乐百氏的关系。

②公司发展战略差异。达能认为老乐百氏管理层缺乏对公司基本的战略规划，没有形成规范管理制度，产品销售靠的是市场开拓和营销策划，但对销售渠道和销售终端建设未给予足够重视；达能这样的跨国企业，对公司的管理、运作程序，团队文化建设是相当重视的，显然与乐百氏的管理传统大相径庭。而且由于文化背景的差异和企业管理理念的不同，并购后，达能开始逐渐向各个部门派驻新人，逐步替换原有管理层，入驻后的法方管理人员要求中方管理人员和员工放弃原有的管理方式，完全按法国管理模式行事。达能派往乐百氏的管理人员虽然多数是具备高学历和跨国公司职业背景的人，但是他们对中国市场不甚了解，很多管理手段和方式不符合中国国情，同时他们轻视公司原来的管理团队，激起了中方管理人员的逆反心理，结果企业整体的制度文化无法得到很好的落实，员工文化、管理者文化、企业整体的制度文化三方面相分离，未形成统一的协同效应与合力。

（2）价值观冲突。

①经营理念上差异。老乐百氏时代，在创始人何伯权等人的带领下，公司上至管理层下至一线员工团结奋进，干事创业，特别是何伯权等人以身作则，处处体现广东民营企业家实干的个人风格，核心管理层在其耳濡目染的影响下团结一致、拼命实干，上上下下形成以拓展市场、建设销售渠道为奋斗目标的和谐向上的工作氛围。一线销售员工随时与公司决策层进行沟通且沟通形式多样，除了正常的会议沟通，甚至在打牌、唱歌、吃饭时都可以随时沟通。老乐百氏时代，乐百氏管理层和普通员工熟知乐百氏经营理念，对公司有极高的忠诚度，公司的事业就是自己的事业，公司的成就就是自己的成就，所以那时大家齐心合力拓市场。而达能完成并购后，派驻公司的是职业经理人，职业经理人不注重过程和情感沟通，更倾向于对销售业绩的考核，而且作为一家法国

公司，达能始终贯穿着法国人的思维方式，行事风格固执、强势，而且不易改变。达能的行事方式让老乐百氏管理层及员工难以接受，情感上受到伤害，最终造成沟通困难。“并购后的乐百氏很多决策都是公司高层拍着脑袋想出来的”，一位离职的乐百氏高管说。达能管理层不熟知中国市场特点，又不知如何与中方员工进行有效沟通，公司在解决问题上简单化，解决问题的依据是数据和曲线图，而不是现实世界。

②对市场发展存在巨大分歧。老乐百氏人认为，中国经济发展处于快速发展时期，国内市场充满机会但市场竞争相当激烈，而且消费者需求变化迅速，如不及时抓住市场，则可能被淘汰，因此公司的重点是抢夺市场空间，提高市场占有率，这样不仅可以获得可观经济利益，也有利于合资企业长远发展；但是达能认为并购的主要经营目标是通过并购在短期内获得高额的利润，在这样的经营思想指导下，法方管理层的决策带有明显的短期行为主义色彩，达能为追求每年可观的收益，不断削减各种成本，甚至收缩编制。合资双方在经营目标上的差异，导致双方的经营指导思想有所不同，从而使得双方在工作重点、工作方式方法上出现分歧。市场推广和新品上市等方面体现达能追求利润的短期行为色彩。近年来乐百氏先后推出系列新产品，如新品清蓝、动动茶、营养醋、泽心堂等，但产品上市后，通常在三四个月时间内就被管理层宣布失败而退出市场，但是一线销售人员认为新产品上市到被消费者接受是有过程的，是需要时间和培育期的，有些被判“死刑”的产品，事实上只要能够坚持一段时间，很快就会被消费者接受。达能“走马灯”式地更换产品，反映出其急功近利的焦灼心态，特别是公司经营未见起色的情况下，管理层不断换将，调整战略，急切心情可见一斑。

（3）企业文化冲突。

企业文化往往以实物形式体现在产品、品牌和营销策略等方面，达能在并购乐百氏后重新进行战略规划，制定新的产品策略、促销策略等，从而引起企业文化的冲突。达能作为一家法国跨国公司更重视执行层面的文化，公司管理层都是职业经理人。职业经理人在管理过程中讲求行事规则，讲纪律、按规则办事是职业经理人的通常做法，这种做法与像乐百氏这样的民营企业重感情、重沟通的创业文化格格不入。达能接管乐百氏后，公司业绩很快出现亏损，达能管理层认为业绩下滑的原因在于销售部门措施不到位，销售不力。而销售人员则认为来自香港和英国的管理人员根本不了解中国内地市场，缺乏既定市场发展方向和有效的市拓展场策略，公司管理混乱，市场部在各大区都没有设置常驻机构，无法切近市场、了解行情。老乐百氏时代，何伯权等人亲自出马，以企业主的身份与客户谈判，因而更加熟知市场状况。现在市场部的职业经理人远离市场，很少调研，只看数据和业绩，市场决策不是根据消费者需求调整而是被广告公司牵着走。此外，对乐百氏的品牌建设，达能缺乏力度，不断减少市场经费投入，到今天乐百氏已从消费者视野中消失。而老乐百氏时代，公司特别注重渠道和品牌建设，公关投入较高，使乐百氏成为享誉全国的知名品牌。

4.4.3 简单点评

我们以外商在华直接投资案例为例分析国际直接投资中的文化差异及其影响。通过案例分析我们直接感受到了文化因素的力量，因此国际投资企业必须认真对待不同文化的影响。随着我国对外开放步伐加快，政府正在积极构建开放型经济新格局，中国无论是利用外资还是对外直接投资有呈快速发展的趋势，中国企业必然会面临文化差异和文化冲突，因此，如何认识文化差异、规避文化风险成为中国企业不得不思考的实际问题。

第5章　文化差异与中国对外直接投资发展

改革开放以来，我国在大规模引进外资的同时，对外直接投资实现较快发展，特别是2000年实施积极的“走出去”战略以来，中国对外直接投资进入跳跃式发展的快车道。然而，处于国际化初期阶段的中国企业在“走出去”的同时面临东西方文化差异带来的挑战，企业因忽视文化差异导致投资活动失败的案例不时见诸报端。那么文化差异给中国企业“走出去”带来何种影响呢？本章在分析中国对外直接投资发展状况的基础上，重点分析中国企业对外直接投资中面临的东西文化差异及其对中国对外直接投资的影响，然后实证分析文化差异对中国对外直接投资流量及区位选择的影响。

5.1　中国对外直接投资发展与趋势展望

5.1.1　中国对外直接投资发展历程

中国对外直接投资是在改革开放大背景下发展起来的。1979年国务院政令推动经济体制改革，措施之一是允许国内资本到境外办企业，这是政府首次以政府文件的形式把对外直接投资作为开放政策的内容之一明确下来。1979年11月，北京市友谊商业服务总公司与日本丸一商事株式会社在日本东京合资开办了“京和股份有限公司”，成为改革开放后中国在海外投资的首家合资企业。此后，随着我国不断深化经济体制改革，简政放权，中国企业对外直接投资政策逐渐放宽，企业的境外投资和经营活动开始活跃起来，特别是20世纪90年代末至21世纪初，我国实施积极的“走出去”战略及成功加入世界贸易组织，对外直接投资政策环境进一步放宽，鼓励和支持对外投资的政策不断出台，国内企业开始大规模、有序地走出国门，参与国际市场竞争，开展跨国经营，企业对外直接投资呈快速增长趋势。回顾中国对外直接投资发展历程，大致分为以下几个时期：

第一个时期：自发探索阶段（1979～1984年）。

1979年中国政府实施的对外开放政策既打开了中国市场对外资开放的大门，同时也开启了中国企业海外投资的探索之路。但这一时期我们开放的重点是如何引进外资特别是外商直接投资，如何扩大利用外资规模，特别是外商直接投资规模，因而有关企业的对外直接投资和跨国经营没有受到应有的重视。这一时期从事对外直接投资的企业主要是少数贸易型企业（特别是一些专业化的外贸公司）从自身业务发展的需要出发，自发地进行了一些海外投资尝试。如北京市友谊商业服务总公司在东京开办“京和股份有限公司”。从企业自身看，国内企业不具备对外直接投资的能力，企业规模小、资金实力弱，缺乏国际化人才等因素制约着对外投资活动开展。从外部政策环境看，当时允许企业到海外投资办厂的体制及政策还不具备，理论界对是否支持企业到境外投资，作为一个社会主义国家是否应该像资本主义国家那样发展从事对外投资跨国公司这些问题还存在广泛的争论。因此这一时期对外直接投资规模偏小、业务范围狭窄、探索性特征明显，而且由于国际化经验不足，企业效益较差。

第二个时期：主动尝试阶段（1985～1991年）。

这一时期的两个标志性事件说明中国企业的海外投资进入了主动尝试的阶段。一是1985年对外经济贸易部制定了在国外开办非贸易性企业的审批管理办法，从而使中国企业在境外投资办企业有了合法的政策依据。二是1987年底，中国化工进出口总公司获国务院的批准，作为海外直接投资活动和跨国经营的试点。这一时期的对外直接投资特点是对外投资的主体开始从商业、贸易型公司扩展到资源开发、生产经营类工商企业以及金融、保险类公司。据外经贸部统计，截至1991年底，中国共批准设立各类境外企业近2000家（不包括港澳地区）。其中，贸易型企业800多家，非贸易型企业约1000家。① 这些企业主要分布在美

① 李倩品．我国海外投资的发展过程及当前制约因素［J］．经济师，1997（2）：10－11.

国、加拿大、澳大利亚、德国等90多个国家或地区，其中大部分集中于发展中国家或地区。三是投资规模较前一时期有了大幅度增长（见表5-1）。1985~1991年中国海外非贸易性企业总投资达51.66亿美元，约为前一时期对外投资总额的18倍，其中1991年中方投资达13.95亿美元，占当年协议投资额的44.3%。总体看，这一阶段生产性对外直接投资有增长的趋势，但投资金额仍然在低位徘徊，除1990年和1991年外，对外直接投资流量均低于10亿美元。主要原因在于中国经济体制改革仍处于探索阶段，企业规模小，实力弱，自主经营权有限，对外直接投资决策多数情况下体现为政府行为，企业自身基本没有形成对外投资的积极性和主动性。

表5-1　　1979~1991年中国企业境外非贸易直接投资

项目	1979年	1980年	1981年	1982年	1983年	1984年	1985年	1986年	1987年	1988年	1989年	1990年	1991年
企业数（家）	4	17	30	43	76	113	189	277	385	526	645	801	1008
投资总额（亿美元）	0.012	0.692	0.760	0.820	1.010	2.040	2.960	4.070	17.800	18.980	22.230	23.900	31.490
中方投资（亿美元）	0.005	0.317	0.340	0.370	0.460	1.270	1.770	2.300	6.400	7.150	9.510	10.580	13.950

资料来源：当代中国的对外经济合作［M］. 北京：中国社会科学出版社，1989；1984~1994年《中国对外经济贸易年鉴》。

第三个时期：快速发展阶段（1992~2000年）。

1992年党的十四大胜利召开，正式提出建立社会主义市场经济体制，标志着中国改革开放进入新阶段，国内企业跨国经营进入一个崭新的发展时期。经过20世纪80年代的对外开放，中央国家机关、地方各级政府以及企业组织认识到了跨国经营对推动经济发展的重要意义，纷纷把推动国内企业的跨国经营与政府制定的市场多元化战略相结合，从战略高度来考虑中国企业的海外投资活动，海外直接投资规模有了更进一步的发展。受党的十四大建立社会主义市场经济体制的鼓舞以及对改革开放认识的深化，1992年中国境外直接投资额一跃上升到40亿美元，比 1991 年的 9.13 亿美元增长三倍多，1993 年进一步增加到 44 亿美元，创下这一时期对外投资额的最高纪录，随后对外投资额开始回落，2000 年对外投资额为 23.24 亿美元（见表 5 -2）。这一时期对外投资呈现先升后降的趋势，表现出起起落落、波动较大的发展特征。这种“大起大落”的不稳定发展特征，表明国内企业在对外直接投资认识上存在盲从性和冲动性，对外投资存在一时热情、盲目跟风情况，并未将对外直接投资纳入企业的长期战略规划，也未设定明确的直接投资目标和战略定位，受短期利益驱动的影响，对外直接投资具有很大的偶然性。另外，值得注意的是，这一时期除了国有企业、专业性贸易公司积极发展对外投资外，一批优秀的民营企业开始加入对外投资的大军，境外投资主体呈多元化态势。

表 5 -2　　1992 ~2000 年中国对外直接投资统计　　单位：亿美元

项目	1992 年	1993 年	1994 年	1995 年	1996 年	1997 年	1998 年	1999 年	2000 年
投资额	40	44	20	20	21.14	25.63	26.34	17.75	23.24

资料来源：作者根据联合国世界投资报告整理而得。

第四个时期：加速发展阶段（2001 年至今）。

2000 年以前，中国的直接投资政策取向是一方面积极鼓励吸引外商来华投资，兴办实业；另一方面对中国企业对外直接投资实施严格限制和审批。主要原因是改革开放初期，我国存在大量外汇资金缺口，而进行经济建设需要进口大量设备、技术和资源，需要足够的外汇资金，为满足国内经济建设对外汇资金的需要，一方面积极吸引外商直接投资可以增加外汇储备，另一方面限制对外直接投资可以减少外汇流出，将有限的外汇用于国内经济建设急需部门，一定程度上缓解外汇短缺局面。这一政策适应我国现代化建设需要，在弥补我国外汇短缺问题上起积极的作用。然而到 20 世纪 90 年代末期这一状况发生改变，我国外汇储备有了较大幅度增长，外汇短缺局面得到根本扭转。同时国内某些产业，如彩电、冰箱、摩托车等家电行业出现生产过剩的情况，国内市场竞争激烈，如何化解过剩的产能成为摆在政府面前的现实问题。这一时期中国政府主动调整战略，开始实施“走出去”战略，鼓励和支持有条件的各种类型所有制企业开展对外直接投资活动，主动走向国际市场，推动相关产业转移，对外开放格局进入了“引进来”和“走出去”并行发展阶段。这一时期，商务部等相关部门先后下发了《关于境外投资开办企业核准事项的规定》《关于内地企业赴香港、澳门投资开办企业核准事项的规定》等文件；与此同时，还发布了《对外投资国别产业导向目录》《在亚洲地区开展纺织服装加工贸易类投资国别指导目录》等指导性文件。这些文件就境外投资核准权限和审批手续等问题进行简化、优化，为引导企业境外投资创造了良好的政策服务环境。2001 年底中国成功加入世界贸易组织（World Trade Organization，WTO），按照入世协议规定，WTO 成员逐渐给予中国企业国民待遇，为中国企业进行对外直接投资创造了更加开放、透明、公平的国际环境，为中国企业与世界跨国公司在国际市场开展平等竞争提供良好机遇。从企业自身条件看，经过多年的改革开放与经济发展，尤其是经历过多年国内外市场竞争的洗礼，国内一大批具有竞争优势和丰富国际市场开拓经验的国有企业、民营企业和股份制企业逐渐发展壮大，基于拓展市场竞争空间和扩大生产经营的需要，对外直接投资成为越来越多中国企业的主动的长期战略诉求。此前，对外投资的实践经验和对世界市场的充分认识也增强了中国企业对外直接投资的信心。因此，21 世纪以来，中国对外直接投资进入大规模增长时期。对外直接投资呈现出快速、稳步发展特征。

5.1.2 21 世纪以来中国对外直接投资发展特点分析

1. 对外直接投资增长迅速

改革开放初期直到 20 世纪末期，中国对外直接投资的总体规模不大，增长缓慢，2000 年后随着我国加快实施“走出去”战略，特别是中国加入 WTO，我国企业对外直接投资出现了跨越式增长。由图 5 - 1 可知，对外直接投资由 2002 年的 25.2 亿美元增长到 2013 年的 1078 亿美元，与 2002 年比较，直接投资额增长了 42.8 倍，年均增速达到 40.6%。截至 2013 年，对外直接投资存量累计达到 6604.8 亿美元，位居世界第 11 位。

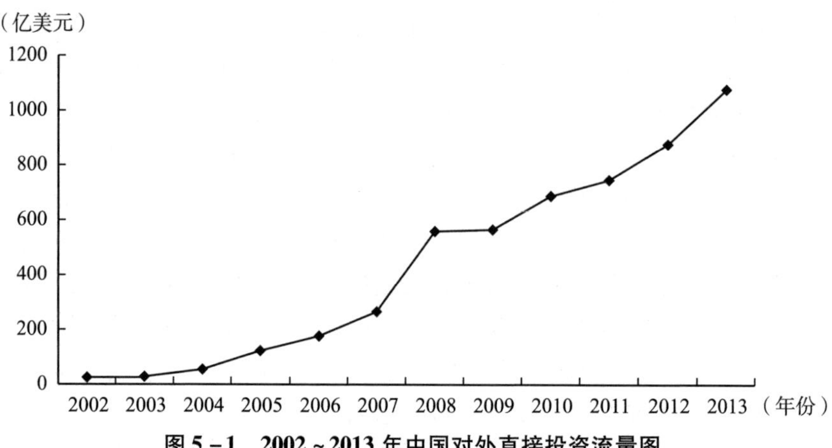

图 5-1　2002～2013 年中国对外直接投资流量图

资料来源：作者根据中国商务部网站历年商务统计资料整理而得。

2. 直接投资主体日趋多元化

当前我国对外直接投资主体已从单一国有企业为主体向国有企业、集体企业、有限责任公司、外商投资企业等多种成分共同构成对外投资主体的多元化格局转变，多种成分、多种所有制共同发展的格局已经形成。表 5-3 给出了 2003 年与 2013 年我国对外直接投资主体变动对比情况。

表 5-3　2003 与 2013 年我国对外直接投资主体构成对比

工商登记注册类型	企业数（家）		比重（%）	
	2003 年	2013 年	2003 年	2013 年
国有企业	1479	1232	43	8.1
集体企业	69	92	2	0.6
股份合作企业	138	469	4	3.1
外商投资企业	172	454	5	3.0
有限责任公司	757	10116	22	66.4
股份有限公司	378	1081	11	7.1
私营企业	344	1282	10	8.4
港澳台商投资企业	69	311	2	2.0

续表

工商登记注册类型	企业数（家）		比重（%）	
	2003年	2013年	2003年	2013年
其他行业	34	189	1	1.3
合计	3440	15226	100	100.0

数据来源：作者根据2003年和2013年《中国对外直接投资统计公报》整理而得，其中2003年企业数根据企业比重计算得出。

从统计数据看出，2003年我国对直接投资的最大主体是国有企业，投资企业数量有1479家，在全部对外投资主体中占比为43%；居第二位的是有限责任公司，规模达到757家，占比为22%；位居第三位的是股份有限公司，有378家，占比为11%；私营企业位居第四，企业数量有344家，占比为10%。经过10年的发展，2013年对外投资主体的数量和比例均发生显著变化。其中国有企业投资主体的地位发生显著变化，在投资主体中所占比重由2003年的43%下降到2013年的8%，下降了35个百分点；而有限责任公司所占比重从2003年的22%上升到2013年66.1%，投资主体数量达10116家，远远超过其他类型企业数量。其他诸如股份有限公司、股份合作企业、外商投资企业，私营企业及港澳台投资企业数量也有较大幅度的上升。具体来看，股份有限公司由378家增加到1081家，股份合作企业由138家增加到469家，外商投资企业由172家增加到454家，私营企业由344家增加到1282家，港澳台投资企业由69家增加到311家，其中增幅较大的如私营企业、股份合作企业，增长幅度超过300%。这种多元化对外直接投资主体的形成与国内政策的调整和改革深化有很大关系。改革开放以来，随着市场化进程推进，中国政府鼓励发展多种所有制经济成分，国内形成了国有、民营、外资、个体等多种经济形态共同发展的局面。面对改革开放的大好局面，各种所有制形态各显神通积极拓展国际市场，特别是党的十六大报告指出要“鼓励有比较优势的各种所有制企业对外投资，形成一批有实力的跨国企业”。政策红利加上良好的外部环境条件，激发了各种所有制企业开展跨国经营的热情，推动了多元化对外投资发展格局的形成。

值得一提的是，我国民营企业海外投资表现出快速增长趋势。2003

年私营对外投资企业为344家，到2013年增加到1282家，10年时间增加了938家，增长了3倍多。2013年商务部公布的数据显示私营企业首次超过国有企业位居投资主体的第二位，在对外直接投资存量中，非国有企业占比达到45%。非国有企业特别是民营企业迅速增长反映出我国企业海外投资活力增强，以服务国际市场为导向的自主性投资趋势更加明显。当前我国民营企业海外投资不仅规模扩张迅速，而且在海外已经形成了集群化发展模式。浙江民营企业相继在巴西和俄罗斯建立了“中华商城”和“海宁城”，同时还在美国、阿联酋、乌克兰等地兴建了专业市场，在白俄罗斯、泰国、印度尼西亚等国建立了经济贸易合作区，如中国—白俄罗斯工业园区、毛里求斯的晋非经贸合作区、泰国的泰中罗勇工业园、印度尼西亚的沃诺吉利经贸合作区等。

3. 投资区域分布广泛，但地区间分布并不均衡①

2012年境外投资企业共2.2万家，分布于世界上179个国家或地区，全球整体投资覆盖率为76.8%，其中亚洲、欧洲和非洲地区投资覆盖率分别达到95.7%、85.7%和85%。2013年境外投资企业达到2.54万家，投资覆盖国家或地区达到184个，全球投资覆盖率达79%，其中亚、欧、非三大地区投资覆盖率分别为97.9%、85.7%和86.7%。从境外企业的地区分布具体情况看，亚洲是中国设立境外企业最为集中的地区，2012年近1.2万家企业分布在亚洲，占境外投资企业的54.5%，2013年上升到1.4万家，占比为55.6%；分布在欧洲和北美洲的企业超过3000家，占比约为12.3%，分布在非洲地区近3000家，约占11.6%。总之，近年来境外投资企业区域分布形成了以亚洲为主，逐渐向欧美和非洲拓展的多元化格局。投资于亚欧非地区的境外企业数量占全部境外企业数量的90%以上（见图5-2和表5-4）。虽然中国对外投资覆盖的国家和地区仍在不断增加，但总体上呈现出两个趋势：一是避税地及与中国有地理历史渊源的国家或地区，如维尔京群岛、中国周边国家或地区和非洲等资源性国家是对外投资的重点区域。其中，中国香港地区是中国内地对外直接投资最为主要的目的地，2013年流入香港的资本为628.24亿美元，占当年流量的58.3%，占全部对外投

① 本段数据来自《中国对外直接投资统计公报》，其中部分数据由作者计算得出。

资存量的57.1%；流入开曼群岛、英属维尔京群岛典型的国际避税港的资本124.75亿美元，占当年流量的11.6%，占全部对外投资存量的11.5%；中国香港、开曼群岛和英属维尔京群岛三个地区占我国对外直接投资流量、存量的比例分别为69.9%和68.6%。二是对外投资以发展中国家为主，流向发展中经济体的投资额多于流向发达经济体的投资额。2013年流向发展中经济体的投资为917亿美元，占当年流量的85.1%。除此之外，流向发达国家或地区和新兴市场国家或地区的比例在逐步增长。从历年流量来看，流向前10位的国家或地区主要是发达国家和新兴市场国家或地区，这一趋势仍在逐年加强。除去中国香港、维尔京群岛和开曼群岛外，2013年直接投资流量前10位国家或地区中，有5个发达国家，2个发展中国家，其中之一是新兴经济体俄罗斯联邦；存量前10位国家或地区中包括5个发达国家，2个发展中国家。

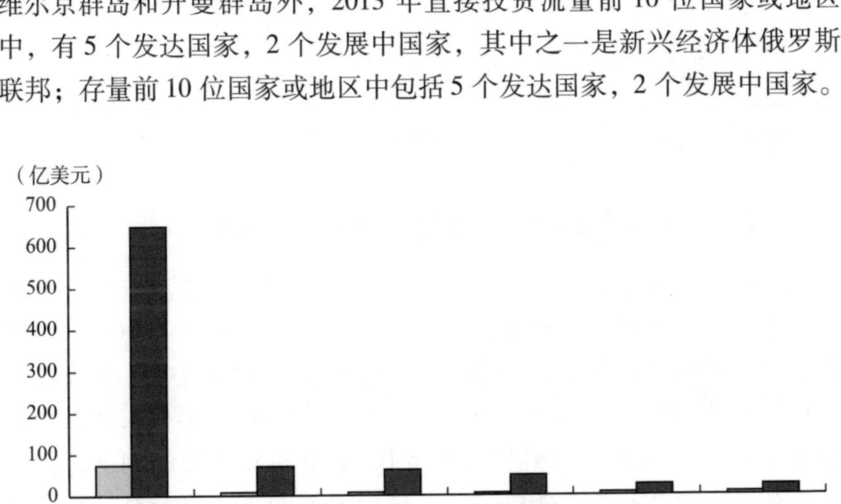

图5-2 2013年中国对外直接投资流量地区分布

资料来源：作者根据2013年《中国对外直接投资统计公报》整理而得。

表5-4 2013年末对外直接投资存量和流量前十位的国家或地区

单位：亿美元

序号	国家或地区	存量	国家或地区	流量
1	中国香港	3770.9	中国香港	628.24
2	维尔京群岛	423.24	开曼群岛	92.53

续表

序号	国家或地区	存量	国家或地区	流量
3	英属维尔京群岛	339.03	美国	38.73
4	美国	219	澳大利亚	34.58
5	澳大利亚	174.5	英属维尔京群岛	32.22
6	新加坡	147.51	新加坡	20.33
7	英国	117.98	印度尼西亚	15.63
8	卢森堡	104.24	英国	14.2
9	俄罗斯联邦	75.82	卢森堡	12.75
10	哈萨克斯坦	69.57	俄罗斯联邦	10.22

资料来源：作者根据2013年《中国对外直接投资统计公报》整理而得。

4. 跨国并购能力逐年提高，投资方式进一步优化

2000年以前，我国对外直接投资企业主要以绿地投资方式进入国际市场，绿地投资占对外投资额的绝大部分。1990～2000年中国企业对外跨国并购额年均只有4.34亿美元，占同期对外直接投资年平均额的18%左右（见表5－5）。自20世纪90年代末期起，在中国实施“走出去”战略和加入WTO双重利好叠加影响下，国内一些有实力的企业尝试采用国际上流行的并购方式参与对外直接投资，并购交易逐年增加，跨国并购成为中国企业海外投资的重要方式（见图5－3）。

表5－5　1990～2000年跨国并购交易额与对外直接投资额统计

单位：百万美元

项目	1990	1991	1992	1993	1994	1995	1996	1997	1998	1999	2000
并购额	60	3	573	485	307	249	451	799	1276	101	470
直接投资额	830	913	4000	4400	2000	2000	2114	2563	2634	1775	2324

资料来源：作者根据《世界投资报告》整理而得。

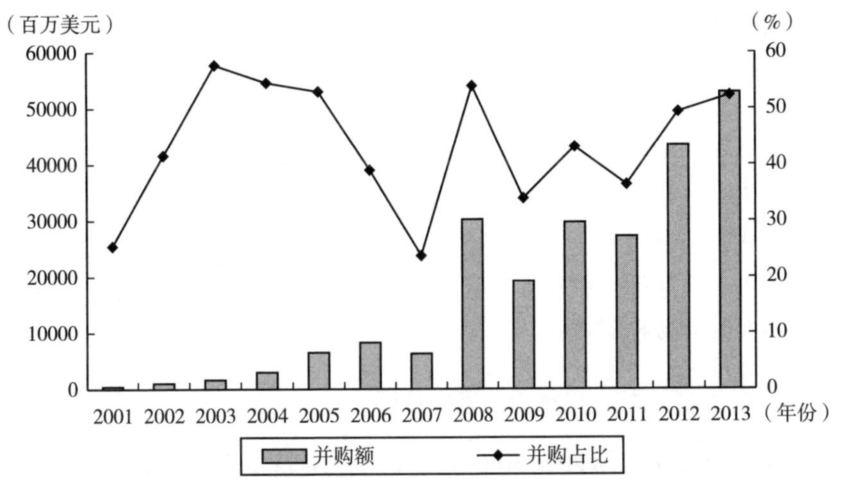

图 5－3　2001～2013 年中国企业跨国并购交易额及并购交易占对外直接投资比重统计

资料来源：作者根据《世界投资报告》以及《中国对外直接投资统计公报》历年数据整理而得。

如图 5－3 所示，2001 年以来中国企业海外并购逐年上升，并购交易额从 2001 年 4.52 亿美元，上升到 2006 年的 82.5 亿美元，2007 年并购交易有所下降，但进入 2008 年并购交易出现井喷式增长，当年完成海外并购为 302 亿美元，2009 年受国际金融危机影响，跨国并购金额下降为 192 亿美元，2013 年再次创出 529 亿美元的历史新高。2001～2013 年完成的跨国并购交易总额为 2297 亿美元，年均并购额达 176.7 亿美元，远远超越 20 世纪 90 年代平均水平。并购交易占对外直接投资比例也大幅度上升，最低年份超过 23%，最高年份达到 57%，年度平均比重达 43%。另外，从并购发展趋势看，越来越多企业的并购活动触及技术知识密集型产业和高新技术产业，通过并购投资获得国外企业的核心技术能力、营销网络和全球品牌影响力。例如，2010 年吉利集团与福特汽车签署股权转让协议，以 18 亿美元的代价购得沃尔沃 100% 的股权及相关资产，这也是我国最大的海外汽车并购案。通过并购吉利不仅获得沃尔沃这一高端品牌而且获得沃尔沃在汽车安全、节能环保方面的专利技术，提升了吉利在国际汽车市场上的影响力和竞争力。2012 年，三一重工以 3.24 亿欧元的价格收购德国普茨迈斯特公司。普茨迈斯特公司是一家从事开发、生产和销售混凝土输送泵、工业泵设备的集团公司，在世界各地设有10多家子公司，公司在液压系统、涂装及焊接领域拥有世界领先技术。完成收购后，普茨迈斯特在研发技术上的优势为三一带来了研发新突破，推动三一产品从中低端向中高端发展。同时，三一还利用普茨迈斯特的全球销售网络渠道，提升效益、品牌和国际影响力，加速国际化进程。吉利、三一的并购投资属于产业高级化的投资形式，通过对发达国家的企业并购投资获得对方的技术、品牌、专利、设备、人才等有形和无形资产，提升自身核心竞争力，进一步优化了我国对外直接投资模式。

5. 对外直接投资行业布局更趋合理

21世纪以来，海外投资企业逐步从低端技术部门流向高端技术、高附加值行业。对外投资行业已从过去以贸易领域为主，逐步拓宽到资源开发、生产制造、商业服务、金融业等更广泛的产业领域。2013年流向租赁和商务服务业、采矿业、金融业、批发和零售业的对外直接投资超过821.6亿美元，占全年对外直接投资流量的75.7%。其中，租赁和商务服务业为270.6亿美元，占总流量的25.1%；采矿业为248.1亿美元，占总流量的23%；金融业为151亿美元，占总流量的14%；批发零售业为146.5亿美元，占比13.6%；制造业为72亿美元，占比6.7%。从存量看，截至2013年末，租赁和商务服务业、金融业、采矿业、批发和零售业、制造业五个行业的直接投资存量达5486亿美元，占存量总额的83%。其中，制造业存量资本达到419.8亿美元，占存量总额的6.4%，主要分布在汽车、电器机械及器材、通信设备、计算机及其他电子设备制造、纺织、食品、化学制品制造等行业。对外投资企业的行业分布反映出我国资源型企业、现代服务业国际竞争力明显增强，优化了我国对外投资产业发展方向。

5.1.3 我国对外直接投资的发展趋势分析

1. 对外直接投资面临着复杂的国内外环境，增加了未来投资的不确定性

从国内来看，经过多年的改革开放，中国经济持续保持高速增长，经济总量位居世界第二，利用外资和外汇储备居世界前列，2013 年我国累计利用外商直接投资超过 1.4 万亿美元，外汇储备达 3.82 万亿美元；经济增长方式进一步优化，产业结构更趋合理，形成了一批在国际市场上具有比较优势和竞争优势的产业和企业，人民币汇率形成机制稳步推进，支持和鼓励“走出去”的政策措施将更加完善。2006 年 10 月国务院通过了《关于鼓励和规范我国企业对外投资合作的意见》，这是中央提出“走出去”战略以来第一个系统规范和鼓励对外投资的纲领性指导文件；2010 年，全国商务工作会议强调指出，目前我国正处于“走出去”加快发展阶段，政府要更加主动加大政策支持和服务保障力度、加强法制建设和宏观指导，在信贷税收、融资保险、外汇管理等方面都要给予海外企业政策优惠支持。2013 年以来，政府在推动对外投资便利化、避免重复征税、出口退税政策等方面做了大量工作。我国提出的“一带一路”倡议和国际产能合作，将为我国企业海外发展创造良好的国内政策环境和投资机遇。

从国际来看，由于受 2008 年国际金融危机影响，世界经济整体陷入衰退局面，国际市场需求下降，贸易保护主义抬头，出口贸易和国际直接投资受到极大影响。危机过后，经过近几年的调整和恢复，世界经济形式出现明显好转，其中美国经济调整恢复速度较快，到 2014 年美国经济进入快速复苏轨道，经济形式逐渐向好，工业订单、就业数据持续改善，成为引领世界经济转好的重要力量，在美国经济的带动下，全球经济复苏得到逐渐改善。同时，发展中国家和新兴市场在过去几年仍实现经济平稳增长，特别是东盟、印度等经济体保持了较理想的发展速度。另外，经济全球化和区域经济一体化深入发展，推动了区域经济合作，贸易自由化、投资便利化和产业跨国转移进程加快，为中国的对外投资提供了更加良好的外部环境。近些年各国政策与管制环境发生了积极变化，这种变化集中于外国直接投资与贸易体制自由化、区域经济一体化。其中外国投资管理体制的自由化进程对直接投资产生的影响尤为显著。据统计，2000 年以来全球 100 多个国家的 1000 多项对外投资管制变化中，90% 以上有利于促进投资流入。2012 年 53 个国家实施的 86 投资政策中，75% 以上有利于投资自由化、便利化。总之，在世界经济形势逐步复苏的带动下，国际市场需求出现较快的恢复性增长，这些变化对国际直接投资以及国际经济技术合作的开展将产生有利的影响。

但是我们也看到了一些不和谐的因素，世界经济在向好发展的同时面临着诸多不确定性因素。虽然近些年来，世界经济逐渐走出低谷，复苏迹象明显，但复苏基础尚不稳固，复苏进程仍存在很多变数。特别是欧洲经济复苏进程缓慢，统计表明，2014 年第三、第四季度欧洲经济仍表现出通缩迹象，而且欧洲内部成员国经济发展不平衡，欧债危机持续发酵，这些问题导致欧洲经济复苏是一个漫长的过程，从而影响到世界经济复苏进程。此外，美元相对于其他货币持续走低，国际收支巨大逆差以及大幅震荡的国际油价等因素给世界经济发展带来了许多不确定性因素，也给我国对外直接投资带来了潜在阻力。同时，世界各国加强了对直接投资的监管。联合国 2013 年《世界投资报告》指出，国际直接投资卷入东道国的战略产业程度越深，监管政策越严厉。其同时指出，2008 ~2012 年发生的211 起失败的大型跨国并购交易中的相当一部分是由竞争管制、安全审查、政治反对导致的，占并购交易失败额的22% 。而国内宏观经济进入新常态，经济下行压力较大，进出口贸易顺差减少，人民币汇率结束单边升值趋势，这些因素增加了对外投资的不确定性。

2. 投资规模将继续快速扩大

根据英国著名跨国公司专家约翰 · 邓宁在 20 世纪 80 年代初提出的发展中国家对外直接投资理论分析，一国对外直接投资与经济发展水平呈良性互动过程，随着经济发展对外直接投资将逐步增长。[①] 据统计，2001 年我国人均 GDP 已超过 1000 美元，具备对外直接投资能力，但是投资规模仍偏低，自 2006 年起人均 GDP 超过 2000 美元，进入对外直接投资的第三阶段，即企业对外直接投资快速增加，增长速度超过外国直接投资流入，但外资净流入仍为正的阶段。2011 年人均 GDP 超过5000 美元，步入对外直接投资的第四阶段。按照该理论，当前中国的经济实力总体上已经达到对外直接投资的大规模增长的阶段，今后中国对外直接投资仍将处于高速增长时期。人均 GDP 变动如图 5 -4 所示。

① 邓宁投资发展阶段论以人均 GDP 为标准把经济发展水平分为四个阶段：当一国经济发展处于第二阶段时，该国开始有对外资本流动，当处于第三阶段时，即人均 GDP 在 2000 ~4750 美元之间，该国对外投资大幅度上升，但净对外投资仍为负值；处于第四阶段该国对外投资可能大于吸引外资，资本净流出。

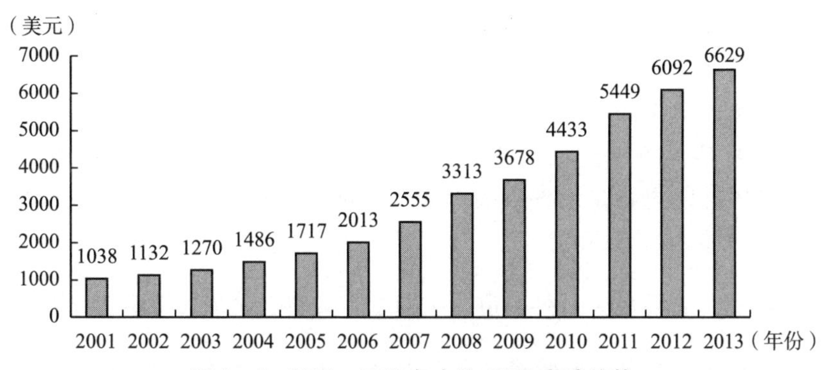

图 5－4　2001～2013 年人均 GDP 变动趋势

资料来源：作者根据 2002～2014 年《中国统计年鉴》整理而得。

3. 并购投资仍是对外直接投资的重要方式

跨国并购可以获得被并购企业的技术、品牌、市场渠道以及并购后的协同效应，因而逐渐受到跨国企业的青睐。20 世纪 90 年代以来，跨国并购交易增长迅猛，1995 年跨国并购首次超越绿地投资成为国际直接投资的重要方式（见图 5－5）。

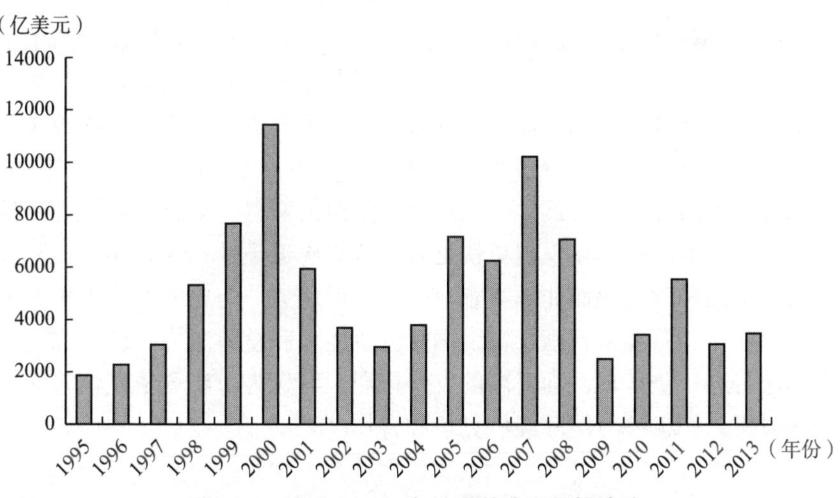

图 5－5　1995～2013 年跨国并购交易额统计

资料来源：作者根据《世界投资报告》整理而得。

2001 年中国加入 WTO 以后，随着国内企业所面临的国内外竞争压力加剧和对外直接投资经验的逐渐积累，一些企业开始尝试采用并购方式参与国际市场竞争，中国对外直接投资方式发生了显著变化，跨国并购渐渐成为中国企业对外直接投资的重要方式。可以预见，随着我国对外直接投资结构由传统制造业逐步向服务业和高新技术产业转变，跨国并购仍将是对外直接投资企业选择的重要方式，并购交易会进一步增加。

4. 民营企业成为对外投资的生力军，大型企业龙头作用继续增强

改革开放以来，民营企业经过从无到有、从小到大的发展壮大过程，民营企业经济实力逐步增强，在产品制造、技术研发、国际市场适应能力、管理理念及员工整体素质等方面取得很大进步。制度建设上许多民营企业按照现代企业制度要求，规范公司治理结构，形成了独有的竞争优势，如灵活的机制、对市场的快速反应能力等，民营企业海外投资实力明显增强。从数量看，民营企业占我国对外投资企业的60%～70%，其对外投资金额也占接近半壁江山。据普华永道统计，2014年上半年中国内地私营企业海外并购金额同比暴增218.6%，而同期国有企业海外并购金额环比增幅仅为5.03%。[①] 随着非公有制经济平等发展的环境得到法律保障，民营企业境外投资的积极性会日益提高。2014年10月，国务院取消境外投资核准，对中国民营企业海外投资产生了较大的促进作用。同时国务院重申赋予民营企业享有与国有企业在对外投资上同等的政策待遇。而且与国有企业海外投资主要集中在资源领域不同，私营企业海外投资更加多元化，更关注技术、品牌和当地市场，更积极利用国际产业链调整、国际分工重组的机遇，整合全球资源，推动了私营企业的国际化发展更快更好。普华永道预计，未来中国海外投资将由中国私营企业而非国有企业引领发展趋势。与此同时，中国大型企业国际化经营经验日渐丰富，国际竞争能力和整体实力不断增强，龙头作用将进一步显现，面对新的发展机遇，其作为市场竞争主体将充分把握时机，积极参与国际经济竞争和合作。

① 投资海外助中国画出微笑曲线［EB/OL］. 新华网，http：//news.xinhuanet.com/fortune/2014－10/08/c_1112735692.htm.

5. 对外直接投资的行业将进一步优化，投资区域更加多元化

2013 年我国对外直接投资覆盖国民经济全部行业，随着国务院、商务部等部委的一系列政策文件和具有可操作的实施细则的出台，除了直接投资于最为活跃的商业服务、采矿业、金融业和批发零售业外，交通运输、科学技术研究、服务仓储和邮政业等行业优势必将进一步扩大。近年来，中国制造在全球产业链中逐渐向上游研发和下游营销环节延伸，中国投资向产业链高端延伸的趋势明显。以中国对英国投资为例，投资领域已扩展到电信、医疗、地产、物流、文化体育等。从投资区域变化来看，我国对亚洲、非洲、拉美等发展中国家的投资仍然会持续增长，但发达国家将成为未来投资的重点。发展中国家在经济发展水平、技术能力、产业结构等方面与我国具有很大近似性，且发展中国家的资源优势、人力成本优势和人口优势，为我国转移成熟、具有比较优势的产业提供市场空间，因而对这些国家的投资会持续增长；发达国家或地区拥有先进的科技、创新的市场机制、较高的消费水平和较大的市场容量，将是我国技术寻求资本进行学习投资，获得先进技术的重点地区。总体来看，中国未来将进一步扩大对这些的国家或地区的投资，投资规模会进一步提高。

6. 低碳投资将成为中国对外直接投资的发展方向

随着全球气候变化问题越来越成为世界关注的热点，共同应对全球气候变化的国际性合作步伐也在逐渐加快。金融危机以来，很多国家致力于发展低碳经济，不仅将其看作是应对环境恶化和气候变化的必要措施，而且将其作为应对经济衰退、增加就业以及抢占新一轮技术革命制高点的新兴战略产业，低碳投资成为未来国际直接投资的新趋势。据联合国贸发会的数据，2009 年仅流向可再生能源、循环利用和低碳技术制造三大低碳商业领域的低碳直接投资即达到 900 亿美元，跨国低碳投资潜力已经显现。随着世界各国积极制定各类政策促使本国向低碳经济发展，这方面的潜力将更加巨大。对于中国来说，跨国低碳投资不仅有助于我国生产能力及出口竞争力的提升，还有助于我们过渡到低碳经济，实现经济、社会和环境的可持续发展。

展望未来，在中国政府提出深化对外开放，构建开放型经济新格局

的大背景下，对外直接投资活动会进一步活跃，规模可能还会继续攀升。但应看到与发达国家相比，我国对外直接投资仍处于初期发展阶段。第一，对外直接投资体量小。2013 年我国对外直接投资流量占当年全球对外直接投资流量的 7.6%，约占美国流出量的 31%；存量规模占当全球直接投资存量的 2.5%，仅相当于全球前三位国家中美国的 10.4%、英国的 35% 和德国的 38.6%。[①] 第二，海外投资效益有待进一步提高。目前我国企业海外投资效益表现一般，企业盈利能力有限，据不完全统计，对外直接投资企业中盈利企业约占 30%，40% 左右的企业处于一种不亏不赚的状态，剩余 30% 左右的企业处于亏损状态。2014 年数据显示，约有 77.2% 的境外企业财务报表为盈利和持平，亏损的占 22.8%。[②] 主要原因在于企业缺乏海外投资信息来源，不熟悉东道国市场环境，未做尽职调查，盲目投资，多数企业缺乏国际化经营能力和国际化管理人才。第三，直接投资的产业优势没有充分发挥。《中国对外直接投资统计公报》显示，2013 年我国制造业对外投资为 72 亿美元，占全部对外直接投资额的 6.7%，累计实际投资金额为 419.8 亿美元，科技研发服务业对外投资累计达 86.7 亿美元，占存量投资额的 1.3%，纺织、化工、机械、电子、通信设备等一些具有比较优势的制造业潜能没有得到充分释放，研发设计、金融服务等一些高端服务业没有体现出应有的投资战略。

5.2 中国对外直接投资面临的文化差异分析

5.2.1 中国文化与西方文化差异分析

文化作为人类社会生活中影响力最为广泛、最为深刻的社会现象，是一个不断创造发展的过程。中西方文化分属于不同民族的文明成果，

① 作者根据联合国贸发会 2013 年《世界投资报告》计算得出。相关数据可参见投资报告统计表。

② 民营企业成为海外投资主力军［EB/OL］. 中国新闻网，http：//www.chinanews.com/cj/2015/09－18/7530763.shtml.

分别产生于历史悠久的中国和欧洲大陆，两者虽然具有人类文明的一般共性，但其差异也十分明显。中西方文化差异体现在以下方面。

1. 对义与利关系问题的认识

义与利是一对矛盾的统一体，当义与利出现矛盾与冲突的时候，中西文化表现出不同的价值判断。一般来说，西方人重利轻义，而中国文化重义轻利或义利兼顾。在义利关系上，中国文化观更加强调义的社会价值，认为义是人类追求的最高精神境界。仁义为先、义先于利、舍生取义、讲求道义、不谋私利、反对见利忘义是东方文化特别是中国文化价值观的重要体现，也被中国人视为为人处世的最高行为准则。正因为如此，自古以来东方文化常忽视对法制建设重视，道义原则成为指导人们行为规范的准则。人与人之间的关系主要靠社会文明的道义来维持，而不是靠法律约束。以孔孟为核心的儒家道德文化认为人类要受到社会道德的制约，个人不能为了私利而置社会道德于不顾，为个人私利违背道德约束甚至冒天下之大不韪，是缺乏责任和道义的表现，只有那些符合社会道德标准的事情，才值得人们去践行，反之，则宁可舍弃个人利益直至牺牲个人生命，也在所不辞。

西方人价值观里义与利的关系与中国传统价值观是颠倒的，他们眼里利先于义，而不是义先于利，人权宣言明确，政府是保护个人权利责任的主体，弘扬天赋人权、人权至上、神圣不可侵犯。在强调个人权利为基准的西方社会里，由于个人对私利追求成为世人追求的唯一目标，反而人与人之间的情义道德未得到足够的重视，甚至受到冷落。但是在西方社会法律得到人们重视和认可。因为在一个人人追逐个人权利和私利膨胀的西方社会里，只有依靠法律，才能解决人与人之间的矛盾。法律一方面起到保护个人权利的作用，另一方面对侵犯人权的行为进行法律制裁。因此，西方国家首先要争取个人的生存权利，其在平衡权利与义务关系时，推动了西方价值观的发展。

2. 个人竞争与社会和谐

个人主义价值观念是西方文化的核心。按照西方人的价值观取向，个人是社会群体的细胞，是人类社会存在的基础和出发点，人首先为自己个人的利益去奋斗，追求个人利益才能有实力维持社会正义，关心自己才能关心社会和他人，为自己奋斗的同时也是为社会和他人奋斗，有个人才有社会整体，个人高于社会整体。个人应突出自己具有鲜明特色的个性，一个人越是表现出自我个性，其人生价值越能得到充分体现。在这种社会，社会活动以个人为中心，突出个人的价值，即使在集体活动中，也要充分显示个人的相对独立性。为了获得更多自由发展空间，个人要求尽可能不受集体的限制和约束，在商业活动中，要取得成功，战胜风险，就必须抓住一切有利时机，去战胜竞争对手。

与西方个人高于一切的价值观相对立，中国文化价值观念则以孔孟的仁义道德为核心，以集体主义为价值取向，强调社会第一，个人第二，个人利益应当服从社会整体利益。儒家伦理认为，整个社会稳定发展是个人得到最大利益的前提，脱离这个前提，个人会一事无成。当个人和社会发生冲突时，应把社会利益放在第一位。儒家的伦理道德观念构成国家集权主义的基础。它要求下级绝对服从上级，不能有所异议，更不能违背上级意志，我行我素。在这种伦理观念制约下，国家或者民族容易结成命运共同体。在该共同体内所有成员利益攸关、休戚与共、共同进退。在共同体之内，一人成功，则集体感到无上光荣；一人失败，则集体感到扫兴，甚至认为是耻辱。在这个群体之内，大家应该是同舟共济，有难同当，有福同享。

3. 中西文化的差异还表现在民族关系上

中国文化的传统就是维护民族的独立和主权，不对外扩张，反对霸权主义，理想的民族关系模式是通过道德教化去“协和万邦”。西方在民族关系问题上讲究竞争、讲究斗争，许多思想家主张征服别的民族甚至统治世界，而这些思想往往被当权的统治阶级采纳并付诸行动。历史上罗马帝国的扩张、拿破仑对欧洲的征服是这一思想的体现。中国是具有五千年历史的多民族的统一国家。中国传统文化的历史渊源集儒家、道家兼有诸子百家各学派的思想，其中儒家是这个文化体系的核心。这种传统文化的特点之一是强调整体的定性思维方式，儒家哲学体系里强调的是修身、齐家、治国、平天下。首先修身是第一位，也就是讲究道德文化，这与西方文化大不一样。西方的哲学思想强调的是分析，强调个体局部的实证思维方式。东西方文化分别形成了侧重整体思维或个体思维的差异。

综上所述，东方的儒家学说和西方文化之间存在较大差异。中国政治家李大钊在《东西文明之根本异点》一文中认为，东洋文明是精神的，西洋文明是物质的；东洋文明是灵魂的，西洋文明是肉体的。印度著名思想家和诗人泰戈尔有一段精辟的论述，东方是精神文明，而西方是物质文明，东方是人道的，而西方是科学的；东方的目的在生长，而西方的目的在获得，拼命争取力量，不尊重美与真；东方的基础是社会，国家可以灭亡，社会仍然会存在，而西方的基础是国家，国家就是一切，所有问题都由国家来解决；东方是集体享受，个人工作，而西方是个人享受，集体工作；东方是异中求同，在错综复杂中建立协调，而西方只讲行动，讲速度，不讲和谐、协调和韵律等。①

5.2.2　中国对外直接投资企业面临的文化差异风险

文化差异风险主要是指由于文化背景的不同，对我国对外投资企业及其管理人员在与东道国政府、社区、员工交往中带来损失的可能性。中国企业对外直接投资过程中面临的文化差异风险主要有以下几点。

1. 民族主义风险

由于不同文化导致民族心理取向差异，来自一种文化的人会具有较强的民族优越感，认为自己的行为方式优于他人，于是固执而又偏见地对待异族文化，由此产生民族主义风险。这种民族优越感、民族主义情绪是中国对外直接投资企业面临的重要文化风险，对国际直接投资活动产生重要影响。中国对外直接投资企业面临的民族主义风险来自两个方面：一是中方人员产生的民族主义情绪；二是来自东道国的民族主义情绪。中方人员表现出的民族主义倾向体现在：一些海外直接投资企业采取与在国内相同的经营方式、管理模式、思维方式，忽视当地商业习惯、生活习俗以及教育宗教与国内间的差异；在未进行够充分调研的情况下，提供不适应东道国特定市场需求的产品，导致市场受阻；有意或无意地参照自己的价值观、思维定式和行为准则处理

---

① 季羡林. 中印文化关系史论文集［M］. 北京：三联书店，1982：153.

直接投资中的问题；不能很好地履行社会责任等。东道国的民族主义表现在：外国企业或管理者对于中国的偏见。例如，许多发达国家国民在谈到中国时，仍把贫穷落后的帽子加到中国头上，消费者对中国品牌不够了解，对来自中国的产品提出质疑，认为中国产品质量低劣，可靠性差；对中方管理能力表现出不信任和傲慢偏见。还有一些国家尤其是发达国家对中国开展对外投资活动存有戒心，总是利用各种方式和机会对中国对外投资进行阻挠和破坏。例如，一些国外研究机构和咨询公司不断加强对中国境外企业的调查研究，提出一系列限制性对策。此外，不少发达国家以国内立法形式设置新的技术贸易壁垒，保护其商业利益。所有这些带有民族主义倾向的思维都会对我国的直接投资活动带来不利影响。

2. 管理差异风险

东西方经营管理文化的差异是中国对外直接投资企业遇到的最大障碍之一。由于受中西方不同文化熏陶，合资企业中，中外双方管理人员在价值观念、思维方式、生活习俗等方面存在明显差异，对企业管理的一些基本问题往往持有不同的观点。例如，在人员使用上，中方会更注重员工的忠诚度和资历，如年龄、身份、地位等，个人才能居于次要地位；外方用人更注重个人能力，而其身份、地位、年龄、资历则退居其次。由于用人理念的差异，中外双方的管理者经常发生意见分歧，轻者影响到企业的日常经营，重者导致高层管理人员的离职。在工作方法上，中方的特点是对上级给予充分尊重，日常活动注重请示汇报，而外方则以自我意识为中心，看重结果。在管理理念上，西方强调理性，重视企业管理，强调制度和规范，无论是雇主还是员工都极其重视法律和契约，日常行为以法律和规范为准绳；而中国文化典型的特点是中庸之道，不偏不倚，注重人际关系，受此影响，企业的管理制度强调人伦关系与服从上级指示。当对外投资企业遇到这两种差异较大的文化时，很可能会发生冲突，从而影响直接投资活动。

3. 忽视当地传统文化习俗产生风险

入乡随俗是海外投资企业立足国外的基本要求。但当前众多在海外投资的中国企业普遍缺乏对当地风俗习惯的研究，导致文化冲突时有发生。比如，2004 年西班牙发生针对中国鞋商的暴力事件，价值 800 万元的温州鞋被烧毁，其原因虽然复杂，但华商不尊重当地商业习俗和经营规矩，部分商家任意延长开店时间、节假日照常营业，引起了当地政府和居民的极大不满，成为引发双方矛盾的导火索。还有的企业在海外生产经营过程中可能与外方发生矛盾争执，本是一些正常的业务冲突，发生矛盾后正确的做法是寻求合理解决途径，尊重当地习俗，致力于友好协商解决问题，但是有些企业没有给予足够重视，忽视当地商业习俗。采用贿赂、收买等不良的习惯做法处理这些矛盾和问题，其结果不仅触犯当地法律，而且导致问题进一步升级。因此，忽视东道国文化社会习俗、不能很好尊重当地习俗、仅从自身文化出发来进行国际经济活动的跨国经营企业难以生存和持续发展。

4. 理解沟通差异风险

随着中国对外直接投资快速发展，海外企业面对的最大困难可能不是资金、技术或资源整合能力，而是面对复杂的国际市场环境和众多的利益团体如何进行良好的沟通，协调各方的利益。境外企业经常遭遇中外双方沟通上的困难，无论是人员配置、市场开发还是内部管理方面，中外双方都存在较大分歧，这些差异往往在不经意间招致意想不到的纠纷和损失。这些误解如果没有及时有效得到解决，会严重影响管理决策的制定和执行。

5.2.3　中国对外直接投资面临更多文化差异风险的根源

文化差异是客观存在的，对外直接投资过程中面临文化冲突也是不可避免的，作为一个快速崛起的发展中国家，中国对外直接投资活动风险更具有自身的特殊性。

1. 处于国际化初级阶段的中国企业的海外投资普遍缺乏战略规划，增加对外投资面临的风险

与发达经济体的跨国公司不同，中国企业的国际化道路尚处于初级阶段，无论是国际化经验、公司发展战略、管理理念、技术水平都处于发展阶段。在国际化经验方面，中国对外开放只有 40 多年，市场化进程时间更短，这与国外上百年历史的跨国公司相去甚远，因而在应对市场风险、化解各种矛盾方面存在先天的不足。在战略规划方面，海外投资企业缺乏相应的发展规划，海外投资具有盲目性和随意性。在管理理念上我国也处于学习提高阶段，面对与中国文化差异较大的东道国，处于发展初级阶段的中国跨国企业尚缺乏对这些国家民族文化的认识、调查与学习，缺乏相应的能力应对跨文化风险。许多海外企业把在国内形成的思维定式移植到国外，不能及时、灵活地调整在异国的经营策略，以至于与当地文化形成冲突，使企业经营陷入困境。例如，工会的影响力方面，西方与中国存在较大差异，西方国家的工会实力强大，对企业经营活动具有重要影响，企业的一些重要决策要事先争得工会的认可，否则将来可能麻烦不断。下面以明基公司收购西门子为例，明基收购失败的重要原因在于明基前期的准备工作中没有做好文化调研这门功课，没有认识到德国工会的强大力量。事实上由于文化背景的不同，德国工会具有强大影响力。当明基计划降低生产成本，实施裁员减薪，试图将工厂转移到工资较低的国外时，这一切都遭到德国当地工会的强烈抵制，以致计划无法实施，最终导致两者的并购交易以失败而结束。

2. 国有企业背景使得对外投资企业面临更大风险

多年来我国对外直接投资主体主要以国有企业为主，其中大型国企、央企是海外投资的主力，这些企业实力雄厚、人才济济、竞争优势明显，但国有企业的背景使得对外直接投资过程中面临的问题更加复杂，阻力和障碍更多。从本质上说，无论何种企业，其在境内外的经营活动都应该体现资本扩张的本性，但一些西方政界人士不是从资本扩张的本性看待中国企业的对外投资的，而是认为具有国有背景的中国企业背后体现的是中国政府的意志，有特殊的目的性，甚至认为其是中国政府派往海外的“间谍”，因而总是设法干扰企业正常的活动，阻挠、歧视、指责甚至拒绝都曾在国有企业身上发生过。2002 年中远集团试图挂靠波士顿港口时，消息一出，美国媒体大肆宣扬说中远走私武器，是中国政府在海外的“间谍”，本是正常的商业活动却无端被蒙上政治风险的阴影，干扰了谈判的进程。2005 年中海油收购美国优尼科石油公司失败也与国企背景有很大关联性。由此可见，国外的偏见、国有企业的背景常常使得从事对外直接投资的中国企业在竞争中处于被动地位，错失许多大好的市场机会。

3. 不能主动融入当地社会，增加对外投资的潜在风险

目前中国对外直接投资企业在融入当地社会、本土化战略、履行企业社会责任方面存在很多不足。例如，对外投资企业的跨国经营目标常局限于短期“利润最大化”，很少考虑公司未来发展要扎根异国他乡，要服务当地市场，缺乏对东道国市场文化研究，没有较好地实施本土化经营战略，雇用当地员工少，对劳工权益未给予充分重视，甚至无视东道国工会的存在。国际社会认可的企业社会责任问题经常得不到国内企业的认同，因为追求短期效益最大化，国内企业对东道国慈善事业乏热情，总是想“捞一把”走人，即使参与东道国发起的慈善募捐及其他公益活动，也表现出一种盲从性和被动性特征。《中国企业家》杂志对部分国内企业和跨国公司所做的一次调查结果显示，有84%的国内企业选择“扶贫救济式”“突发事件式”的短期行为，缺乏有效整合慈善捐赠与企业品牌营销的长期战略规划。① 由于不能较好地融入当地社会，海外企业得不到当地政府和公众的认同，对中国企业的海外形象产生不利影响，增加未来投资的潜在风险。

4. 国际化经营管理能力不足，使得直接投资企业承担更大风险

当前中国对外直接投资企业在国际化经营管理能力方面的不足增大了直接投资风险。例如，应对和处理典型性和突发性事件能力有待提高；在跨文化整合和人力资本整合方面，中国企业与国际行业领先者相比存在较大的差距。这种差距的客观存在使得中国企业在“走出去”的过程中需要付出更大努力，也需要承担更大风险。在跨文化风险管理上，中国企业缺乏对文化差异的识别和认同，难与当地政府、利益相关者进行有效沟通，企业内部从高层管理者到普通员工都存在沟通的障碍，加剧了文化冲突，从而加大了海外企业的管理风险。

---

① 刘军伟，郑小明．我国企业慈善捐赠的理论渊源与现状分析［J］．企业经济，2009(1)：97－100.

5.3 文化差异与中国对外直接投资区位选择——基于多元 logit 的实证分析

文化差异影响对外直接投资的区位选择、进入模式和经营绩效，中国的对外直接投资同样面临多种文化差异和风险，那么文化差异给中国对外直接投资带来了何种影响？本节以中国对外直接投资区位选择为例，利用我国对外直接投资相关数据，定量分析东道国文化以及差异对我国对外直接投资区位选择的影响。

5.3.1 研究假设

1. 东道国文化与投资区位选择

一国对东道国进行投资时，不仅要考虑经济实力、市场规模、技术发展等因素，也要考虑东道国文化这一因素。霍夫斯泰德的文化理论表明，东道国文化对 FDI 流动有显著影响。不同文化背景下，人们价值观念、思维方式、行为模式存在差异，对外直接投资时，因为文化背景不同导致的文化冲突增加了未来投资的不确定性。维格勒（Veuglers，1991）采用语言变量代表文化相关性，并发现该变量是影响国际直接投资在经济合作发展组织国家内部分布的最重要的因素之一。对外直接投资企业倾向于选择在经济、制度和管理方面具有优势的国家进行投资。但不同文化维度对外商直接投资区位选择的影响不尽一致。例如，高不确定性回避国家面临的潜在投资障碍多，使得国外投资者相对本地投资者处于一种劣势，国外投资者不情愿在这种国家投资（Doney，1998）。高不确定性回避国家对竞争持一种消极的态度，对国外投资者引起的新的竞争并不欢迎，从而影响 FDI 在这些国家的投资。而权力距离、个人主义、男性化维度从不同方面影响 FDI 的区位选择，根据前面的理论分析，我们提出如下假设。

H1a：东道国的权力距离越大，中国企业到该地区投资的可能性越小，反之亦反之。

H1b：东道国的不确定性避免越高，中国企业到该地区投资的可能性越小，反之亦反之。

H1c：个人主义得分越高，中国企业到该地区投资的可能性越小，反之亦反之。

H1d：男性化得分越高，中国企业到该地区投资的可能性越小，反之亦反之。

2. 母国与东道国文化差异与投资区位选择

跨国经营的风险随着母国与东道国文化差异增加而增大，文化差异越大，直接投资过程中面临的风险越高。根据交易成本理论解释，母国与东道国文化差异越大，直接投资的交易成本越高，为避免过高的交易成本，对外直接投资倾向于投向文化差距相近的国家。约翰森和瓦海恩（1977）研究了瑞典跨国公司案例后发现，从事跨国经营的企业总是从文化近似的国家开始，瑞典企业的首次对外直接投资主要集中于北欧国家，然后逐渐延伸到文化差异较大的国家。格罗斯和特雷维诺（1996）分析认为内部语言和文化差异阻碍潜在投资者在中东欧地区的投资，进一步指出在文化背景近似的国家之间投资潜在收益高于文化差异大的国家间的投资收益。中国传统文化与西方文化之间的显著差异，使得中西文化差距对中国企业对外直接投资具有显著影响。但是也有研究认为文化差异越大，国家间的壁垒就越多，为绕过各种贸易壁垒，对东道国的投资可能会增加。由此我们提出如下假说。

H2a：中国与东道国的文化差异越大，中国企业选择在该地区投资可能性越小。

H2b：中国与东道国的文化差异越大，中国企业选择在该地区投资可能性越大。

5.3.2　数据、变量和研究方法

1. 变量说明

本书根据我国商务部发布的《对外直接投资公报》的统计数据，以2012年我国对外直接投资流量的截面数据为样本，实证分析了东道国文化因素对中国 FDI 区位选择的影响。根据统计公报数据，截至2012 年，我国境外投资企业达 2.2 万家，共分布在 179 个国家或地区，既包括美日欧等发达国家或地区，也包括亚洲、非洲的众多发展中国家或地区，还包括像开曼群岛和维尔京群岛等避税天堂。由于部分国家或地区 FDI 规模过小或者有些国家接受的 FDI 不具有持续性，在这类国家或地区投资具有偶然性，难以反映我国对外直接投资的实际情况。因此，在样本中给予剔除，另外维尔京等避税天堂被排除在本书研究范围外，最终实际涉及的投资国家或地区为 100 个，100 个国家或地区分布在亚洲、非洲、欧洲、美洲及拉美地区，其中来自美欧地区的发达国家或地区有 20 个，发展中国家或地区 80 个。100 个国家吸收的直接投资占 2012 年我国对外直接投资流量的 94.8% 以上，因此我们可以认为选择的样本国家能够反映我国当前对外直接投资的现实情况。

（1）因变量：对外直接投资区位选择。

由于本书对外直接投资区位选择的研究基于宏观层面，涉及的变量主要是宏观变量。另外，我国对外直接投资涉及区域广泛，显然选择二元 logit 模型难以准确反映我国对外直接投资区位选择的实际情况。依据一般经典文献的做法，本书采用无序的多元 logit 回归模型分析文化差异对直接投资区位选择的影响。根据我国对外直接投资的实际情况，我们把我国对外直接投资涉及区域分为三个部分，分别是亚洲，非洲与拉美，欧洲、北美及大洋洲。亚洲是我国对外投资的主要区域，超过 80% 的直接投资流向亚洲，在亚洲地区的投资既有地缘因素的影响，也有成本与市场因素的考虑。非洲与拉美均属于发展中国家，地理位置和文化距离都与中国有较大差异，欧洲、北美及大洋洲属于发达国家。通过这种划分大致可以反映我国对外直接投资区位选择的现实。亚洲，非洲与拉美，欧洲、北美及大洋洲三个区域分别赋值 0、1、2，分别用 LOC（0）、LOC（1）、LOC（2）表示。

（2）解释变量：包括文化维度与文化差异两个方面。

①文化维度：文化维度变量以霍夫斯泰德的四个文化维度衡量，即权力距离、个人主义、男性化和不确定性回避，分别以 PDI、VDI、MAS、UAI 表示，实证模型中四个维度分别进入计量模型，考察文化维度对于 FDI 区位选择的影响。

②文化差异：以中国与投资东道国的文化维度距离来衡量。实证文

献中对文化差异的计算采用两种方法：一是遵循寇伽特和辛格（1988）方法计算文化维度的一个复合指数，以SIdx表示；二是采用欧氏距离法计算文化差异，即以东道国与中国的文化距离离差平方的算术平方根计算文化差异，以EUdx表示。具体计算公式如下：

$$\text{SIdx 指数：}CD_{jk} = \sum_{i=1}^{4}[(D - D_{ik})^2/V_i]/4$$

$$\text{EUdx：}CD_{jk} = \sqrt{\sum_{i=1}^{4}[(D - D_{ik})^2/V_i]}$$

其中：CD_{jk}表示国家j与中国的文化差异，D_{ij}表示国家j第i个文化维度指数，V_i表示第i个文化维度指数的方差，K表示中国。该指数越低，表明该国与中国的文化差异越小。一个现实问题是霍夫斯泰德的文化维度没有包含所有样本国家，借鉴以往文献研究方法，对少数无法获得文化维度指数的国家，采用与其文化背景近似的邻国数据来代替（Erramilli，1991）。文化维度的最初数据来自霍夫斯泰德（1980，1991）的文章及其个人网站（http：//geert - hofstede. com/）。

（3）控制变量的选择。

模型中引入以下变量控制对直接投资区位选择的影响：

①东道国市场规模（Pgdp）。东道国的市场规模或潜力是影响一国吸收FDI的重要因素（Mascarenhas，1992；Yu，1990）。一国市场规模越大，经济增长越快，FDI越有可能选择在该国投资，则该国的FDI流入就越高。我们以东道国2012年的人均国内生产总值代表市场规模，变量取对数。

②相对贸易规模（Rexp）。它表示中国与东道国的经贸联系。尽管贸易规模与投资的关系研究并未取得一致的研究结论，但越来越多的文献研究表明，贸易与投资经常表现出互补的关系（Medell，1956；Ray，1989；Grosse and Trevino，1996），这种关系导致更大的贸易规模与更大的FDI相联系。阿亚米和巴尼夫（Ajami and Barniv，1984）证明贸易与投资的互补关系，双边贸易规模越大，母国与东道国在经济上的联系程度就越高，母国企业更容易获得东道国市场的投资机会信息，因而对东道国的直接投资规模就越大。为反映贸易规模对FDI流动的影响，我们依据刘夏明等（1997）的做法，将中国与东道国的进出口贸易规模除以东道国的GDP，表示双边贸易联系。考虑到进出口数据的波动性问题，我们以2010～2012年中国与FDI来源国进出口贸易规模的平均值

计算得出。

③东道国人均工资（Wage）。劳动力成本是生产成本的重要组成部分，尤其对于劳动密集型的FDI而言，东道国较低的劳动力成本对投资国FDI产生较大吸引力。穆尔（Moore，1993）证实一国较低的工资比率有利于吸引大规模的FDI。世界各国的平均工资水平数据来自国际劳工组织和《世界统计年鉴》，该变量取对数。

④东道国的投资风险水平（Risk）。东道国的投资风险反映一国的制度环境，影响到对外直接投资区位选择。一国的投资风险越小，该国对资本流动的约束越少，在该国投资的机会就越多，投资盈利的可能性越大，外资越有可能选择在该国进行投资。我们以一国的经济自由度指数衡量投资风险，指数越高，投资风险就越小，该国的外商直接投资活动会越活跃。因此，预期经济自由度指数与直接投资区位选择存在正向相关关系。

2. 数据来源说明及描述性统计

本书采用的FDI数据来自中国《对外直接投资统计公报》（2012年度），根据统计公报的数据显示，随着我国对外直接投资规模扩大，对外直接投资区域也愈加广泛，我国在170多个国家或地区存在直接投资活动。除FDI数据外，本书所用的其他相应数据主要来自《中国统计年鉴》和《世界统计年鉴》，部分数据来自特殊渠道，上文变量说明中已经做过介绍，此处不再赘述。

表5-6给出2012年我国对样本国家或地区直接投资分布情况统计；表5-7给出的是相关变量的统计特征。从表5-6的统计结果看出，我国对外直接投资地区分布主要集中于亚洲，共涉及33个国家或地区，投资金额为642亿美元，其中在中国香港地区的投资达到512亿美元，占绝对优势；其次是非洲地区，涉及29个国家，但非洲的投资金额不大，吸收的直接投资占我国对外直接投资总额的2.41%，吸收投资最高的国家是安哥拉，金额为3.92亿美元；欧洲、北美和大洋洲地区涉及26个国家，总投资额达到140.25亿美元，其中在美国投资为40.47亿美元，说明欧洲和北美地区是我国对外直接投资的重要区域。从总体看，亚洲是我国对外直接投资流向的首选地区，但是随着我国直接投资结构变化，欧洲和北美地区逐渐成为我国对外直

接投资的主要区域。

表5-6 我国对外直接投资地区分布

国家或地区	国家或地区数量（个）	金额（亿美元）	比重（%）
亚洲	33	642	77.12
其中：中国香港地区		512	61.51
哈萨克斯坦		29.95	3.58
新加坡		15.18	1.82
印度尼西亚		13.61	1.62
非洲	29	20.14	2.41
其中：安哥拉		3.92	0.47
尼日利亚		3.33	0.40
欧洲	22	69.15	8.31
其中：英国		27.74	3.33
卢森堡		11.33	1.36
德国		7.99	0.95
拉美地区	12	30.02	3.60
其中：委内瑞拉		15.41	1.85
阿根廷		7.43	0.89
北美及大洋洲	4	71.1	8.54
其中：美国		40.47	4.86
澳大利亚		21.73	2.61

表5-7 主要变量的统计特征

变量	均值	标准差	最小值	最大值
Pgdp	8.5281	1.7423	5.4784	12.2455
Rexp	9.7102	16.0295	1.2569	115.8756
Risk	60.2958	11.6009	29.83	92.5
Wage	7.7508	1.7339	4.7958	10.6906
PDI	63.7157	18.6151	13	104

续表

变量	均值	标准差	最小值	最大值
VDI	37.7255	21.7661	8	91
MAS	48.8235	13.6798	5	95
UAI	62.1372	18.9732	8	100
SIdx	2.4587	1.7003	0.2259	8.0764
EUdx	2.9699	1.0121	0.9507	5.6838

3. 估计方法

由于对外直接投资区位选择是离散的多值变量，因此多元 logit 模型是合适的，多元 logit 估计方法如下：

假设 i 企业选择 j 地区投资的概率为：

$$P_{ij} = Pr(R_{ij} > R_{ik}),\ k \neq j,\ j = 0,\ 1,\ 2 \qquad (5-1)$$

其中：R_{ij}是企业 i 选择 j 地区投资时获得的最大效应：

$$R_{ij} = \beta_j' X_{ij} + \varepsilon_{ij} \qquad (5-2)$$

其中：β_j 是解释变量系数向量，如果随机项 ε_{ij}独立的且服从韦伯分布，则多元 logit 模型写为：

$$P_{ij} = \exp(\beta_j' X_{ij}) / \sum \exp(\beta_j' X_{ij}) \qquad (5-3)$$

方程（5-3）采用最大似然法进行估计。对于第 i 个企业，如果选择了第 j 个地区，令 $d_{ij}=1$；如果没有选择第 j 个备选区域，令 $d_{ij}=0$。同时，对于第 i 个决策者，在 j+1 个备选方案中，只能选择其中之一，即只能存在 1 个 $d_{ij}=1$。于是，可以写出 $y_{ij}(i=1,\ 2,\ \cdots,\ n;\ j=0,\ 1,\ 2,\ \cdots,\ J)$ 的联合概率函数，由联合概率函数导出似然函数，进而得到对数似然函数为：

$$\ln L = \sum_{i=1}^{n} \sum_{j=0}^{J} d_{ij} \ln P(y_i = j) \qquad (5-4)$$

其微分形式为：

$$\frac{\partial \ln L}{\partial \beta_j} = \sum (d_{ij} - p_{ij}) X_i$$

$$\frac{\partial^2 \ln L}{\partial \beta_j \partial \beta_l'} = - \sum_{i=1}^{n} P_{ij} (I(j = l) - P_{il}) X_i X_i'$$

$$I(j=l)=\begin{cases}1, & \text{如果 } j=l\\ 0, & \text{如果 } j\neq l\end{cases} \tag{5-5}$$

式（5-5）即为对数似然函数最大化一阶条件。利用牛顿（Newton）迭代方法可以迅速地得到方程组的解，得到模型的参数估计量。

5.3.3 实证结果讨论与分析

1. 文化维度与投资区位选择

表 5-8 和表 5-9 分别给出的是东道国文化维度变量与直接投资区位选择的估计结果和边际效应。以下分别探讨各文化维度变量对投资区位选择的影响。

权力距离（PDI）的估计系数为正向而且统计上是显著的，说明东道国的权力距离越高，相对于欧洲地区，中国投资者更倾向于选择在亚洲和非洲地区投资。从边际效应的估计结果看，权力距离对在亚洲和非洲地区投资概率影响是正向的，但统计上并不显著，对欧洲地区的影响在统计上是显著的，从估计系数看，东道国权力距离得分每增加 1 个单位，选择欧洲地区投资的概率就会下降 0.3 个百分点。

个人主义（VDI）的估计系数是负向的，而且统计上是显著的，说明东道国的个人主义得分越高，对外直接投资企业越倾向于选择在欧洲地区投资。转向边际效应估计结果看，亚洲国家的个人主义得分每提高 1 个单位，在该地区的投资概率会下降 0.7 个百分点，而欧洲地区的个人主义得分每提高 1 单位，则在该地区投资的概率提高 0.6 个百分点，欧洲国家的个人主义得分越高，在该国投资的概率就越大。

男性主义（MAS）和不确定性回避（UAI）对直接投资区位选择在统计上没有显著的影响，说明东道国的男性主义和不确定性回避对中国直接投资企业的区位选择没有明显影响，或者说影响中国企业对外直接投资区位选择的东道国文化主要来自权力距离和个人主义而不是男性主义和不确定性回避。

控制变量的估计结果如下：

东道国的人均 GDP 是影响对外直接投资区位选择的重要因素，在所有模型中，变量均通过了显著性检验而且系数符号是负向的，表明随着东道国人均 GDP 提高，对外直接投资企业越倾向于选择到欧洲地区投资。从系数看，人均 GDP 每提高 1 个百分点，选择在该地区投资的平均概率增加约 34 个百分点。

双边贸易关系的估计系数是显著正向的，说明中国与东道国的双边经济联系越密切，选择在亚洲和非洲地区投资的可能性越高。其主要原因在于较高的经济联系带动了中国对该地区的直接投资，所以在亚洲和非洲地区贸易规模越大，在该地区的投资就越多。相对工资水平变量是影响对外直接投资区位选择的另一重要因素，中国与东道国的相对工资水平越高，投资区位选择上更倾向于选择在亚洲和非洲地区投资。其原因在于我国对外直接投资仍以劳动密集型产业为主，高新技术的投资相对较少，工资水平变动是对外直接投资企业所考虑的重要因素。从边际效应估计结果看，欧洲地区的投资受工资水平的影响最大，具体来说，工资水平每提高 1 个百分点，进入该地区投资的平均概率会下降约 21 个百分点，可见工资水平对投资区位选择影响之大。东道国的经济自由度对于直接投资区位选择没有产生显著影响，说明该变量不是我国直接投资企业进行区位选择时所考虑的主要因素。

表 5-8　　多元 logit 回归结果：对照组欧洲地区

变量	模型 1		模型 2		模型 3		模型 4	
	ASIA	AFRI	ASIA	AFRI	ASIA	AFRI	ASIA	AFRI
PDI	0.043*** (0.026)	0.051*** (0.028)						
VDI			-0.196* (0.068)	-0.166** 0.066				
MAS					0.018 (0.027)	0.012 (0.029)		
UAI							-0.019 (0.022)	-0.007 (0.023)
Pgdp	-5.808* (2.066)	-6.544* (2.067)	-8.157* (2.981)	-8.762* (2.968)	-4.321** (1.809)	-5.034* (1.815)	-4.643* (1.793)	-5.427* (1.794)

续表

变量	模型 1		模型 2		模型 3		模型 4	
	ASIA	AFRI	ASIA	AFRI	ASIA	AFRI	ASIA	AFRI
Rexp	0. 497 ** (0. 200)	0. 438 ** (0. 20)	0. 684 (0. 457)	0. 637 (0. 4570)	0. 489 *** (0. 189)	0. 432 ** (0. 1890)	0. 479 * (0. 188)	0. 426 ** (0. 188)
Risk	-0. 021 (0. 057)	0. 044 (0. 060)	0. 067 (0. 116)	0. 125 (0. 115)	-0. 064 (0. 051)	-0. 001 (0. 054)	-0. 071 (0. 053)	-0. 001 (0. 057)
Wage	4. 209 ** (1. 726)	4. 233 ** (1. 717)	7. 056 * (2. 609)	6. 915 * (2. 594)	2. 879 *** (1. 492)	2. 909 *** (1. 50)	3. 117 ** (1. 469)	3. 147 ** (1. 467)
CON	15. 710 ** (6. 388)	17. 942 * (6. 428)	19. 365 ** (8. 164)	21. 757 * (8. 157)	17. 347 * (6. 227)	20. 334 * (6. 266)	21. 168 * (6. 878)	23. 209 * (6. 901)
log likelihood	-64. 627 *		-55. 296 *		-66. 352 *		-65. 99 *	
Pseudo - R^2	0. 4121		0. 4969		0. 396		0. 399	

注：*、**、*** 分别表示在 1%、5%、10% 水平上显著。

2. 文化差异与投资区位选择

表 5 - 10 和表 5 - 11 分别给出的是文化差异与直接投资区位选择的估计结果和边际效应。

（1）文化差异对直接投资区位选择的影响。

无论以寇伽特和辛格（1988）的方法还是以欧氏距离法计算文化差异，模型 1 和模型 2 的回归系数均为负向，且统计上是显著的，表明东道国与中国的文化差异越大，随着文化差异扩大，越来越多的企业更倾向于选择到欧洲地区投资。从边际效应的影响看，文化差异与选择欧洲地区的投资显著正向相关，即文化差异越大，选择在欧洲地区投资的可能性就越大。具体来看，东道国与中国的文化差异每提高 1 个单位，在欧洲地区投资的概率会增加 5. 21 或 9. 01 个百分点。由此可以推断，文化差异确实影响我国对外直接投资的区位选择，而且文化差异越大，到欧洲地区投资的可能性越大。

表 5－9　**解释变量对区位选择的边际效应**

	模型 1			模型 2			模型 3			模型 4		
	ASIA	AFRI	EURO	ASIA	AFRI	EURO	ASIA	AFRI	EURO	ASIA	AFRI	EURO
PDI	0. 0003 (0. 003)	0. 003 (0. 003)	－0. 003 *** (0. 003)									
VDI				－0. 007 ** (0. 003)	0. 0006 (0. 003)	0. 006 * (0. 002)						
MAS							0. 001 (0. 003)	－0. 0002 (0. 003)	－0. 001 (0. 002)			
UAI										－0. 002 (0. 002)	0. 001 (0. 002)	0. 0009 (0. 001)
Pgdp	－0. 094 (0. 096)	－0. 290 * (0. 089)	0. 385 * (0. 093)	－0. 031 (0. 079)	－0. 266 * (0. 086)	0. 297 * (0. 069)	－0. 055 (0. 097)	－0. 258 * (0. 094)	0. 314 * (0. 098)	－0. 058 (0. 096)	－0. 281 * (0. 093)	0. 338 * (0. 089)
Rexp	0. 024 * (0. 006)	0. 005 (0. 006)	－0. 029 * (0. 01)	0. 016 ** (0. 007)	0. 007 (0. 009)	－0. 023 (0. 014)	0. 024 * (0. 006)	0. 006 (0. 006)	－0. 031 * (0. 01)	0. 023 * (0. 006)	0. 006 (0. 007)	－0. 031 * (0. 01)
Risk	－0. 009 *** (0. 005)	0. 01 *** (0. 005)	－0. 0005 (0. 003)	－0. 007 (0. 005)	0. 01 ** (0. 005)	－0. 003 (0. 004)	－0. 01 ** (0. 005)	0. 008 (0. 005)	0. 002 (0. 003)	－0. 011 ** (0. 005)	0. 009 *** (0. 005)	0. 002 (0. 003)
Wage	0. 136 (0. 101)	0. 127 (0. 095)	－0. 264 * (0. 089)	0. 118 (0. 085)	0. 125 (0. 092)	－0. 243 * (0. 065)	0. 096 (0. 099)	0. 098 (0. 099)	－0. 194 ** (0. 089)	0. 104 (0. 098)	0. 106 (0. 096)	－0. 211 ** (0. 084)

注：*、**、*** 分别表示变量在 1%、5%、10% 水平上显著，括号内为标准差。

（2）控制变量的影响。

①人均 GDP 的影响是负向的，且统计上是显著的，说明随着东道国经济发展水平提高，对外直接投资企业更加偏好到经济发达的欧洲地区投资。因为东道国人均 GDP 越高，市场潜力就越大，市场规模越大，投资机会就越多，随着人均 GDP 的提高，越来越多的对外资投资企业选择经济发达的欧洲地区投资。边际效应检验表明，人均 GDP 与欧洲地区投资显著地正向相关，与非洲地区的投资显著地负向相关，说明在其他条件不变的情况下，随着人均 GDP 提高，选择在欧洲地区投资的可能性增加，而投资非洲地区的可能性在下降。具体来看，人均 GDP 每提高 1 个百分点，在欧洲地区投资的概率增加约 27 个百分点，在非洲地区投资概率下降约 24 个百分点，对亚洲地区的投资没有显著影响。其中原因应与我国在不同地区对外直接投资的类型密切相关。我国在欧洲地区的 FDI 更多是市场寻求型，市场规模对直接投资流向有重要影响，例如海尔在欧洲和美国的直接投资主要为了开发当地市场，推动本企业产品在该地区的销量。因此当这些地区人均 GDP 进一步提高后，市场规模会进一步扩大，在欧洲地区投资的可能性会大大提高。而在亚洲和非洲地区的投资更多是效率寻求型 FDI，工资水平变动对在这一地区对外直接投资的影响更大，伴随着人均 GDP 提升，工资水平往往提高，直接投资的成本上升，其结果是这一地区的投资开始下降，尤其是非洲地区的投资影响特别明显。投资亚洲地区概率没有明显的下降，说明随着亚洲国家经济发展，我国对外直接投资企业选择在亚洲或欧洲的投资差异越来越小。

②双边贸易规模的估计系数是显著正向的。这表明相对于欧洲地区，中国与东道国的贸易规模越大，企业越偏好向亚洲和非洲地区投资。从边际效应影响看，选择亚洲投资的可能性显著为正而选择欧洲投资显著为负，在非洲地区投资统计为正向，但不显著。具体分析，中国与东道国的双边贸易规模每增加 1 个单位，在亚洲地区投资的概率增加约 2 个百分点，而在欧洲地区的投资会下降约 2. 5 个百分点。出现这一结果的原因在于我国投向欧洲的 FDI 主要是市场寻求型，贸易规模与 FDI 呈替代关系，随着贸易规模尤其是出口规模的扩大，对欧洲直接投资可能会下降。在亚洲的直接投资主要是效率寻求型，贸易与投资之间呈互补关系，随着双边贸易规模扩大，贸易会带动更多 FDI 的流出，因

而 FDI 规模会进一步增加。

③工资水平表现出显著地正向相关，即在其他情况不变的条件下，中国与东道国的相对工资水平越高，直接投资企业越倾向于选择在亚洲和非洲地区投资。从边际效应影响看，工资水平与欧洲地区投资之间呈显著负向相关，说明随着工工资水平提高，选择在欧洲地区投资的可能性在下降。东道国的工资水平每提高 1 个百分点，在欧洲地区投资概率下降约 20 个百分点，可见工资水平对在欧洲地区投资的影响之大。主要是因为我国对外直接投资主要是劳动密集型，企业对工资水平变动比较敏感，工资水平提高影响在欧投资成本，因此，工资水平提高降低了企业在欧投资的动力，但工资水平变化也没有显著提高在亚非地区投资的可能性。与上文估计结果一致，市场自由度指数估计系数不显著，说明自由度指数不是影响中国对外投资企业进行区位选择时考虑的因素。

表 5-10　　多元 logit 回归结果：对照组欧洲地区

变量	模型 1		模型 2	
	ASIA	AFRIC	ASIA	AFRIC
SIdx	-1.1724* (0.4104)	-1.0751* (0.4144)		
EUdx			-2.1801* (0.7292)	-1.9589* (0.7329)
Pgdp	-5.6423** (2.3685)	-6.3339* (2.3684)	-5.8631** (2.5024)	-6.5618* (2.5014)
Rexp	0.5973*** (0.3166)	0.5424*** (0.3165)	0.5788*** (0.3222)	0.525*** (0.3221)
Risk	-0.0972 (0.0776)	-0.03449 (0.0779)	-0.0923 (0.0781)	-0.0289 (0.0784)
Wage	4.5879** (2.0169)	4.5647** (2.0092)	4.7531** (2.1213)	4.7246** (2.1142)
CON	21.8388* (8.0532)	24.5926* (8.0767)	26.1176* (8.9652)	28.5153* (8.9836)
log likelihood	-59.91*		-59.05*	
pseudo-R^2	0.4549		0.4627	

注：*、**、*** 分别表示在 1%、5%、10% 水平上显著，括号内为标准差。

表 5 - 11　　　　解释变量对区位选择的边际效应

变量	模型 1			模型 2		
	ASIAN	AFRIC	EURO	ASIAN	AFRIC	EURO
SIdx	-0.0401 (0.0371)	-0.0119 (0.0379)	0.0521 * (0.0126)			
EUdx				-0.076 (0.0527)	-0.0141 (0.0545)	0.0901 * (0.0211)
Pgdp	-0.0334 (0.0942)	-0.2449 * (0.0956)	0.2783 * (0.0872)	-0.0258 (0.0939)	-0.2459 ** (0.0961)	0.2718 * (0.0882)
Rexp	0.0212 * (0.0079)	0.0054 (0.0079)	-0.0264 ** (0.0132)	0.0195 *** (0.0075)	0.0045 (0.0077)	-0.024 *** (0.0128)
Risk	-0.0109 ** (0.0051)	0.0078 (0.0051)	0.0030 (0.0034)	-0.0107 ** (0.005)	0.0081 (0.0051)	0.0026 (0.0032)
Wage	0.1078 (0.0962)	0.1046 (0.0961)	-0.2124 * (0.0773)	0.1031 (0.0958)	0.1037 (0.0963)	-0.2068 * (0.0775)

注：*、**、*** 分别表示在 1%、5%、10% 水平上显著，括号内为标准差。

5.3.4　基本结论

基于上文分析，就文化维度与文化差异对中国对外直接投资区位选择得出以下结论：

东道国的权力距离和个人主义对我国直接投资企业的区位选择具有显著影响。东道国的权力距离得分越高，企业越倾向于选择在亚洲和非洲地区投资，相反，个人主义得分越高，企业越倾向于到欧洲地区投资。男性主义和不确定性回避对直接投资区位选择无显著影响。文化差异对直接投资区位选择具有显著影响。中国与东道国的文化差异越大，国内企业越倾向于选择到欧洲地区投资。比较文化维度和文化差异的影响发现，虽然文化维度和差异都影响直接投资企业的区位选择，但是文化维度的影响远小于文化差异，说明影响企业区位选的因素主要来自文化差异。

5.4 文化差异影响中国对外直接投资流量的实证研究

5.4.1 样本国家选择

中国对外直接投资数据来自国家外汇管理局和商务部公布的《对外直接投资统计公报》(2003～2012年)。根据统计显示，截至2012年我国已在世界170多个国家或地区从事直接投资活动。涉及美欧日等发达国家，也包括亚洲、非洲的众多发展中国家，还包括像开曼群岛和维尔京群岛等避税天堂。考虑到数据的可得性以及本书研究目的，对吸引中国直接投资明显缺乏持续性的东道国，我们认为这些国家或地区的投资可能具有很大偶然性，难以反映我国对外直接投资的实际情况，在样本中予以剔除。另外，维尔京群岛等避税天堂被排除在本书研究范围外，因为流入这些地区的FDI背景复杂、性质特殊，难以用文化因素进行合理解释。最终选取69个国家或地区，其中亚洲国家或地区22个，欧洲国家或地区24个。69个样本国家或地区吸收的直接投资占同期我国对外直接投资流量的平均比为70%，其中2008年更是高达91%。从地区分布看，中国大规模对外投资主要流向亚洲国家或地区，吸引FDI比例超过80%，对欧美地区的投资增长速度较快，说明随着我国对外投资地区结构进一步优化，欧洲和北美成为我国对外直接投资的重要区域。

5.4.2 计量模型与变量说明

为了评价文化差异对中国对外直接投资的影响，我们根据经典FDI理论引入文化差异变量构建如下面板模型。

$$\ln FDI_{it} = \beta_0 + \beta_1 CD_i + \beta_2 \ln GDP_{it} + \beta_3 \ln PDP_{it} + \beta_4 \ln VOL_{it} + \beta_5 \ln FRE_{it} + \beta_6 \ln EXR_{it} + \beta_7 GEO_i + \varepsilon_{it} \quad (5-6)$$

方程(5-6)中各变量的含义如下：

(1)被解释变量：FDI，代表中国对东道国的直接投资额(单位：

万美元)，直接投资数据来源于中国《对外直接投资统计公报》各期。

（2）核心解释变量：CD，代表中国与东道国间的文化差异。在经验研究中，对文化差异的处理，多数文献的做法是采用霍夫斯泰德的文化维度模型衡量国家间的文化差异。本书遵循一般文献的做法，仍以霍夫斯泰德的文化维度模型为基础构建文化差异指数。采用两种方法计算文化差异指数：一是沿用寇伽特和辛格（1988）方法来计算文化差异的一个复合指数，本书以 KSI 表示；二是采用欧式距离法（Euclidean distance）计算文化差异，以 EUI 表示。具体计算公式如下：

$$\text{KSI 指数：}CD_{ik} = \sum_{j=1}^{4}[(D - D_{jk})^2/V_j]/4$$

$$\text{EUI 指数：}CD_{ik} = \sqrt{\sum_{j=1}^{4}[(D - D_{jk})^2/V_j]}$$

其中：CD_{ik}表示国家 i 与中国的文化差异，D_{ij}表示国家 i 第 j 个文化维度指数，V_j 表示第 j 个文化维度指数的方差，k 表示中国。计算指数得分越低，说明东道国与中国的文化差异越小，反之文化差异越大。由于霍夫斯泰德的文化维度没有包含所有样本国家，我们借鉴艾拉米粒（1991）的研究方法，对少数无法获得文化维度得分的国家，采用与其文化背景近似的邻国数据来代替。文化维度的原始数据来自霍夫斯泰德个人网站（http：//www. geert－hofstede. com）。

（3）模型中的控制变量包括：①东道国的市场规模变量（PDP）。市场规模是影响一国吸引外商直接投资的重要因素。一般来说，一国市场规模越大，吸引 FDI 的潜力可能也越大，我国对该国的直接投资就越高。我们以东道国年度 GDP 表示东道国市场规模。同时为反映东道国市场结构特征，增加人均 GDP 变量以 PDP 表示，人均收入越高的国家，吸引直接投资的优势越明显，利用外资规模越大。②贸易规模变量（VOL）。它代表中国与东道国之间的经贸联系。贸易和投资的关系一直是宏观经济领域争论不休的话题。新古典贸易理论认为贸易和投资存在替代关系。但许多证据表明贸易与投资也经常表现为互补关系。巴雷尔和佩恩（Barrell and Pain，1999a）发现日本的对外直接投资具有极强的贸易创造效应。托马斯和格罗斯（2001）的研究表明流向墨西哥的 FDI 与其贸易规模存在显著的正向相关关系。我们以东道国与中国进出口贸易规模反映两国间的经贸关系。相关国家的进出口贸易数据来自《中国统计年鉴》各期。③汇率变量（EXR）。众多文献研究表明汇率是影响

FDI 流动的因素之一。库舍曼（Cushman，1988）认为汇率变动影响劳动力成本，如果东道国货币贬值，同样数量的母国货币可以雇用更多劳动力，因而投向东道国的 FDI 会增加。弗洛特和斯泰恩（Froot and Stein，1991）讨论了汇率变动的财富效应，认为如果东道国货币实际贬值，将有利于母国购买东道国的资产，从而增加东道国 FDI 流入。我们以东道国货币兑美元汇率与人民币兑美元汇率之比表示汇率变量。相应汇率数据来自国际货币基金组织国际金融统计数据库。④经济自由度（FRE）。它反映东道国的市场经济环境。一国良好的经济环境有利于激发企业家创新精神和创新动力，有利于企业在东道国寻找合适的投资机会。库兹（Quazi，2007）研究证实经济自由度提高了 FDI 在东亚国家的投资规模。各国经济自由度指数来自网站：http：//www. heritage. org/index/heatmap。⑤地理距离（GEO）。地理位置的远近同样影响 FDI 的流动。母国和东道国地理距离越远，在东道国市场上搜集信息和管理子公司的成本就越高，流入东道国的 FDI 就越少。但有研究指出随着交通、通信设施发展，地理距离的远近对 FDI 的影响越来越小。我们以北京与东道国首都之间的距离表示两国间的地理距离。距离数据来自网站：http：//www. geodistance. com。

5. 4. 3　估计结果与讨论

1. 变量相关分析

表 5 - 12 给出的是主要变量的皮尔逊（Pearson）相关系数。表 5 - 12 的初步分析看出，对外直接投资与文化差异指数存在负向相关关系，说明文化差异可能确实是影响中国对外直接投资的因素。另外，东道国市场规模、双边贸易以及地理位置等因素均显著影响了对外直接投资。值得注意的是变量间可能存在共线性问题。但从表 5 - 12 的结果看，所有变量的相关系数值不算高，进一步检验方差膨胀因子（VIF），VIF 值分布在 1. 05 ~ 3. 31 间，远低于推荐的最大值 5（Kleinbaum et al. ，1998；Moreno and Casillas，2008），表明模型不存在严重共线性问题，可以将这些因素同时放入模型中进行回归分析。

表 5 – 12　　　　　　　　主要变量的相关系数矩阵

变量	FDI	KSI	EUI	GDP	PDP	VOL	EXR	FRE	GEO
FDI	1.000								
KSI	–0.205 *	1.000							
EUI	–0.228 *	0.982 *	1.000						
GDP	0.279 *	0.367 *	0.367 *	1.000					
PDP	0.068	0.594 *	0.575 *	0.579 *	1.000				
VL	0.272 *	–0.331 *	–0.385 *	–0.252 *	–0.134 *	1.000			
EXR	–0.004	–0.335 *	–0.342 *	–0.357 *	–0.602 *	0.136 *	1.000		
FRE	0.102 **	0.093 **	0.095 **	0.124 *	0.094 **	0.038	0.015	1.000	
GEO	–0.233 *	0.242 *	0.309 *	0.001	0.044	–0.485 *	–0.269 *	0.033	1.000

注：*、** 分别表示相关系数在 1%、5% 水平上显著。

2. 回归结果分析

本书以 2003 ~ 2012 年我国对外直接投资的面板数据为样本实证检验文化差异对中国对外直接投资的影响。但是我们发现对于特定国家来说，中国对其投资流量并非总是正的，有些国家投资规模可能非常大，某些年份特定国家投资可能为零，因此因变量存在零值数据问题，属于典型的截取数据。对于截取数据 OLS 回归无法说明零值和连续观察值的本质差异，而且由于零值的存在，使用 OLS 回归时，其参数估计出现向下偏误而且不一致的估计（Amemiya，1973）。本书采用面板 Tobit 模型估计方程系数，解决这一问题。Tobit 估计最大的特点是可以解决受限因变量问题，本书的因变量是有下限的，当因变量显示为 0 时，我们不能观测其真实情况，因此使用 Tobit 分析可以充分包括那些没有我国直接投资数据国家的信息。表 5 – 13 给出的是具体回归结果，其中模型 1 和模型 2 给出的分别是以 KSI 和 EUI 方法来衡量文化差异的估计结果。为便于结果的比较分析，同时给出混合 Tobit 估计结果。① 由于 To-

① 根据我们检验结果，拒绝了面板估计（xttobit）与混合估计（pooled tobit）没有显著差异的原假设（在 1% 的显著水平下 Chi – sq（1）= 127.76 通过检验），分析结果以面板估计为准。

bit 模型不能从估计系数直接推断各解释变量对 FDI 的影响，表 5 - 14 给出了各解释变量在“无条件期望值处的边际效应”。

表 5 - 13　　文化差异对直接投资影响的估计结果

变量	模型 1		模型 2	
	Pool tobit	RE tobit	Pool tobit	RE tobit
KSI	-0.774* (0.143)	-1.389* (0.308)		
EUI			-1.225* (0.216)	-2.144* (0.462)
GDP	0.991* (0.107)	1.127* (0.220)	0.997* (0.107)	1.144* (0.218)
PDP	-0.019 (0.175)	1.017* (0.380)	-0.016 (0.173)	0.995* (0.374)
VOL	6.239* (1.115)	3.779** (1.504)	5.948* (1.121)	3.627** (1.500)
FRE	1.611*** (0.955)	2.268* (0.814)	1.651*** (0.953)	2.273* (0.814)
EXR	0.014 (0.072)	0.326** (0.153)	0.013 (0.072)	0.322** (0.152)
GEO	-0.194 (0.301)	0.119 (0.583)	-0.078 (0.304)	0.347 (0.591)
CON	-14.193* (4.886)	-29.753* (7.168)	-13.677* (4.847)	-28.755* (7.076)
Log L	-1341.271	-1279.008	-1339.846	-1278.347
样本总量	690	690	690	690
未删失量	586	586	586	586

注：*、**、*** 分别表示相关系数在 1%、5%、10% 水平上显著，括号内为标准差。

表 5-14　　各解释变量对应的边际效应

变量	模型1		模型2	
	Pool tobit	RE tobit	Pool tobit	RE tobit
KSI	-0.721* (0.132)	-1.258* (0.268)		
EUI			-1.141* (0.199)	-1.943* (0.403)
GDP	0.922* (0.097)	1.021* (0.192)	0.928* (0.097)	1.037* (0.191)
PDP	-0.018 (0.162)	0.921* (0.338)	-0.015 (0.161)	0.902* (0.333)
VOL	5.807* (1.033)	3.422** (1.376)	5.539* (1.039)	3.287** (1.373)
FRE	1.500*** (0.888)	2.053* (0.738)	1.538*** (0.887)	2.060* (0.738)
EXR	0.013 (0.067)	0.295** (0.137)	0.012 (0.067)	0.292** (0.136)
GEO	-0.181 (0.280)	0.107 (0.528)	-0.073 (0.283)	0.315 (0.535)

注：*、**、***分别表示相关系数在1%、5%、10%水平上显著，括号内为标准差。

由于本书重点关注的是文化差异对中国对外直接投资的影响。因此，我们首先考察以KSI法衡量文化差异的估计结果。从表5-13的估计结果可以看出，文化差异与对外直接投资呈负向相关关系且通过了1%的显著性水平检验。这说明文化差异显著地抑制了中国对外直接投资，中国与东道国的文化差异越大，对外直接投资规模就越小，反之亦反之。这一结论也说明文化差异的大小是中国对外投资企业考虑的重要因素，与中国在文化距离上接近的国家或地区更易成为海外企业的目标国。事实上，我国对外直接投资也主要流向与我国文化背景近似的亚洲国家或地区。该结论与多数文献保持了一致性（Grosse and Trevino, 1996）。再看以EUI指数作为衡量文化差异的估计结果，从经验估计的结果看，除估计系数的大小有所变化外，系数符号和显著性没有发生根本性变化，进一步验证了上述结论，即文化差异对中国对外直接投资的确有抑制作用。从边际效应的估计系数看，文化差异指数每增加 0.01 个单位，中国对外直接投资的下降幅度约为 1.258% 或 1.943% 。

控制变量的估计结果基本符合我们的预期。东道国的市场规模与对外直接投资呈显著的正向关系，即东道国的市场规模越大，中国对该国的直接投资就越多，这一结果与巴克利等（Buckly et al.，2007）的检验结论相一致。人均 GDP 与对外直接投资呈显著正向关系，即东道国人均 GDP 越高，中国对其投资规模就越大。无论是 GDP 还是人均 GDP 变量均与对外直接投资呈显著的正向关系，说明中国对外直接投资表现出明显的市场寻求特征，东道国的市场规模是吸引对外直接投资的关键因素，市场寻求成为中国对外直接投资重要动机。进出口贸易规模与对外直接投资呈正向关系，说明中国与东道国的双边经贸关系推动了中国对外直接投资，双边经贸关系越密切，越有利于中国对外直接投资。市场经济自由度与对外直接投资持正向关系，即东道国有利的市场经济环境推动中国对外直接投资。汇率变动与对外直接投资也表现出正相关性。因为人民币对东道国货币汇率升值，意味着人民币对外购买力增强，从而推动中国对于东道国的直接投资。地理位置变量没有通过显著性检验，说明地理位置没有显著影响中国对外直接投资活动。

3. 结果的进一步讨论

上文中我们在霍夫斯泰德的文化维度理论基础上，通过计算文化差异复合指数，实证检验了文化差异对直接投资的影响，研究表明中外文化差异显著地抑制了中国对外直接投资。但是有学者针对寇伽特和辛格（1988）给出的计算方法提出质疑（Shenkar，2001；Brouthers，2001；Kirkman et al.，2006）。申卡尔（2001）指出寇伽特和辛格在计算文化差异指数时存在概念和计算方法上的缺陷（例如把国家间文化差异视为完全对称的），这些缺陷可能导致不同文献研究结论上的差异性。事实上，母国和东道国的文化效应可能是不同的，文化差异影响 FDI 的程度和方式对于不同国家来说并非总是对称的。母国文化融于外资企业内部，而东道国文化是基于本国外部市场环境的。因此，巴克马和维穆伦（1997）强调对单一文化维度考察的重要性。波图库奇等（2002）发现文化差异与合资企业的绩效之间的正向关系主要来自男性化维度的影响。琼斯和蒂根（2001）发现东道国的个人主义维度显著地影响了美国对外研发投资水平，东道国较高的个人主义得分推动了美国对该国的研发投资。为回应申卡尔等人的批评，同时为保证检验结果的稳健性，我们分别以四个文化维度的绝对差表示文化差异，重新对方程进行回归，具体结果如表 5 – 15 所示。表 5 – 15 中第 1 ~ 4 列给出的分别是权力距离（PDI）、个人主义（IDV）、男性化（MAS）和不确定性回避（UAI）四个文化维度差异的估计结果。

表 5 – 15　　文化维度差异与 FDI 面板 tobit 回归估计

变量	PDI	IDV	MAS	UAI
CD	–0.087 * (0.025)	–0.053 ** (0.022)	–0.039 (0.026)	–0.032 *** (0.017)
GDP	0.943 * (0.231)	1.227 * (0.241)	1.147 * (0.233)	1.182 * (0.225)
PDP	0.959 ** (0.403)	0.706 *** (0.398)	0.478 (0.372)	0.284 (0.351)
VOL	4.376 * (1.513)	4.257 * (1.566)	4.871 * (1.532)	5.134 * (1.506)
FRE	2.277 * (0.823)	2.229 * (0.823)	2.290 * (0.828)	2.372 * (0.832)
EXR	0.280 *** (0.158)	0.297 *** (0.167)	0.381 ** (0.172)	0.322 ** (0.163)
GEO	–0.299 (0.582)	–0.058 (0.633)	–0.483 (0.603)	–0.162 (0.593)
CON	–23.849 * (7.067)	–28.821 * (7.796)	–22.916 * (7.311)	–24.281 * (7.179)
Log L	–1283.626	–1287.219	–1289.162	–1288.712
样本总量	690	690	690	690
未删失量	586	586	586	586

注：*、**、*** 分别表示相关系数在 1%、5%、10% 水平上显著，括号内为标准差。

从表5－15的回归结果看，权力距离、个人主义和不确定性回避三个维度指标与对外直接投资不仅呈负向相关关系，而且在统计上均通过了显著性检验；男性主义维度虽然未通过传统的显著性水平检验，但其符号方向与对外直接投资亦表现出负向相关，说明即使以单一文化维度指标衡量文化差异，中国与东道国间的文化差异仍显著阻碍了中国对外直接投资。这一结论与前文的估计结果保持了一致性，由此可以证明本书估计结果是稳健的、一致的。因此，我们可以判定，无论以复合指数还是以单一文化维度衡量文化差异，文化差异与中国对外直接投资均呈负向相关关系，中外文化差异的确抑制了中国对外直接投资。

5.4.4　基本结论

我们以2003～2012年我国对外直接投资数据为研究样本，实证检验了文化差异对中国对外直接投资的影响。结果表明中外文化差异显著地抑制了中国对外直接投资规模，即文化差异复合指数越大，中国对东道国的直接投资就越少。即使对单一文化维度考察，我们发现个人主义、权力距离和不确定性回避三个维度依然显著地阻碍了中国对外直接投资。总之，无论是文化差异复合指数还是文化维度差异均显著地抑制了中国对外直接投资。这说明文化是影响中国企业对外直接投资的重要因素，与中国在文化距离上的接近的国家更易成为海外投资企业的选择目标。

第6章　培育文化风险意识、化解文化差异风险的对策建议

在前人研究成果的基础上，本书利用国际直接投资理论、跨文化管理理论以及国际商务理论等经济学理论和现代计量经济学方法，探讨了文化维度、文化差异与对外直接投资之间的相互关系，在理论与经验分析的基础上，分析了文化差异对于中国对外直接投资的影响，本章在对前文研究总结概括的基础上，进一步提出协调文化差异和冲突的对策建议。

6.1　研究主要结论

6.1.1　文化差异与直接投资关系的理论分析

文化作为一种复杂的社会现象，内容广泛，涉及语言、社会风俗、价值观、宗教信仰、教育等多个方面。这些现象从不同的角度对外国直接投资活动产生不同的影响。

1. 语言对直接投资活动的影响

语言是文化的一面镜子，是人类思想、文化和信息交流的工具。首先，语言影响到外国直接投资相关当事方之间的信息交流和沟通。由于语言的差异，投资过程必然面临语言障碍，产生沟通上的困难和投资活动的不确定性，导致直接投资的成本增加。因此，准确理解对方语言的含义，保障语言沟通畅通，是保证对外直接投资活动成功的关键。其

次，语言差异对直接投资区位选择产生重要影响。戴维森（1980，1983）研究了美国跨国公司直接投资区位选择行为，发现美国公司直接投资从语言背景相近的加拿大、英国、澳大利亚开始，因为投资于语言和文化传统相近的国家或地区更有益于投资的成功。

2. 教育对直接投资活动的影响

教育水平是反映一个国家人口素质的重要标志，与一国的经济发展水平密切相关。教育与直接投资的关系体现在：首先，教育水平直接影响到人们的购买行为。一般来讲，教育水平较高的国家，居民消费更加理性和个性化，对精神文化产品的需求更多。其次，教育水平决定了一国的人力资源供给水平，决定着劳动力素质的高低，进而影响不同文化背景员工之间的适应能力、沟通能力，甚至影响到投资活动的成败。最后，一国吸引直接投资的能力也与该国的教育水平有关，较高的教育水平有利于吸引高水平的投资活动。

3. 价值观差异对直接投资活动的影响

价值观是一定社会共同体的成员判断某个现象或行为的好与坏、善与恶、真与假等的标准和观念，构成人们行为和思维规范。价值观影响到东道国对外资的接纳态度。对外直接投资活动的成败不仅仅取决于投资者自身的准备，还取决于东道国对外资的接受程度。由于价值观的差异，不同国家对于 FDI 的态度不尽一致。一般来说，西方发达国家对外资的来去持一种开放的态度，外国资本到这些国家投资时，面临一种宽松的外部环境。但在一些发展中国家，尤其是一些民族主义情绪浓厚的国家，对外来资本通常持一种保守的态度，外资进入这些国家比较困难。即使在发达国家中，不同国家对外资的接受态度相差也较大。例如，日本作为一个发达国家，对外投资规模较大，但是日本外商直接投资流入仍然很低，外商直接投资进入日本面临很多困难，这主要是因为日本对外来投资者的保守态度，日本固有的自我封闭的流通体系和商业习惯以及对外资企业的排斥，增加外资进入日本市场的难度。

价值观还影响一国对外直接投资的态度。国家文化背景不同，国民形成不同价值体系，对直接投资过程中的不确定性、文化差异、管理风格表现出不同的态度。例如，欧盟各国国民以日耳曼和盎格鲁—撒克逊血统为主，日耳曼血统民族一生做事谨慎、细致，这一民族特征在欧盟的对外直接投资中表现得更为明显。他们在对一国进行直接投资前通常都要通过本公司的高级管理人员或者委托国际知名的投资咨询机构对东道国的投资环境进行详细的考察和分析，内容涉及自然、政治、经济、法律、文化等各方面，在确保投资项目有利可图之前，绝不会轻易出资。此外，价值观差异还影响企业的组织结构、管理模式、领导风格等多个方面。

4. 宗教信仰对直接投资的影响

宗教信仰是社会文化环境的重要组成部分。不同宗教有不同的文化倾向和行为准则，影响着人们对心理活动和客观世界的认识。从投资接受国角度看，宗教制度对直接投资产生重要影响，其越复杂，国外投资者面临的障碍可能就越多，投资遭受失败的可能性就越大。从国际投资者角度看，尊重和适应东道国的宗教信仰和风俗习惯，避免不必要的文化冲突，是在该国开展直接投资活动获得成功的重要保证；宗教信仰的差异影响着投资者对投资方向和市场定位的选择，对企业及其成员行为准则和道德规范也产生影响。因宗教信仰差异而产生民族间的摩擦甚至冲突，给外国直接投资带来不确定性的影响。因此，能否保障投资的安全和相应的收益是国际投资者关注的重要问题，也是决定投资流向的重要原因。显然，种族纠纷、宗教冲突频繁，相关产业政策缺乏连贯性的地区，是难以保障投资收益和投资安全的，自然也不会成为投资者青睐的投资目的地。

5. 风俗习惯对直接投资的影响

风俗习惯是人们在长期的生活中自发形成的、为社会多数人共同遵守的行为规范，风俗习惯包括生活习俗和商业习惯两个方面。不同国家表现出的风俗习惯差异影响对外直接投资谈判和项目的顺利开展，从而表现出对外直接投资有很大的约束作用。比如储蓄是信贷资金主要来源，社会通过储蓄聚少成多，用来增加生产建设资金，但储蓄多少受各地风俗习惯的影响。东方人崇尚节俭，储蓄率普遍较高。西方人习惯于消费信贷，因此储蓄率较低。一国如果有较高的储蓄率，信贷资金来源充足，外商直接投资企业在该国筹资较容易，筹资成本较低，则可以保证投资活动的资金需求，有利于投资活动的顺利开展。可见风俗习惯差异直接或间接地影响对外直接投资活动的成败。

6.1.2 文化影响对外直接投资的实证分析

通过对文化构成要素进行分解，我们不仅从理论上阐述了不同文化要素对直接投资活动的影响，还在经验分析上以外商在华直接投资为例，分析了文化差异对来华外资的区位选择和进入模式的影响。结果表明文化差异对直接投资区位选择、进入模式产生显著的影响。

1. 文化维度、文化差异与直接投资流入

（1）文化维度对直接投资流入的影响。我们以霍夫斯泰德的文化维度理论为依据，将东道国的文化特征表述为权力距离、个人主义、男性主义和不确定性回避四个方面。以 2012 年外商在华直接投资的截面数据为样本，实证考察了文化维度对直接投资流入的影响。结果表明权力距离（PDI）和不确定性回避（UAI）与外商在华直接投资流入呈负向相关关系，且统计上是显著的。说明权力距离和不确定性避免对来华 FDI 流入具有显著抑制作用，如果投资国的权力距离和不确定性回避程度越高，那么该国对华直接投资流入就越少；而个人主义（VDI）与外商对华直接投资流入呈正向相关关系，即个人主义得分越高的国家对华直接投资就越多，男性主义与 FDI 流入表现出负向相关，但统计上未通过显著性检验。综合各个文化维度对于 FDI 流入的影响，可以断定文化维度得分越高的国家（尤其是权力距离和不确定性避免），风险规避意识越强，其在华直接投资规模就越小。主要原因是东西方文化背景不同，使来华外资表现出了一定程度上的谨慎性。

（2）文化差异对直接投资流入的影响。根据霍夫斯泰德的文化维度理论，以权力距离、个人主义、不确定性回避和男性主义的得分为基础，借鉴寇伽特和辛格（1988）的方法和欧氏距离法构造国家间的文化差异指数，实证考察了文化差异对直接投资流入的影响。结果表明文化差异与外商对华直接投资存在显著的正向关系，即投资国与中国的文化差异越大，该国对中国的直接投资会越多。为什么文化差异越大，外商对华直接投资越大呢？我们认为原因有以下几点：首先，本书的研究样本是基于 2012 年外商在华直接投资的截面数据，从时间上看，这一年距离我国改革开放过去 30 多年，很多在华外资已有多年的投资经验，对中国市场已有充分了解，加之外资经营的本土化战略推行，使得文化差异给投资带来的负面影响越来越小；其次，经过多年改革开放，尤其是加入世贸组织以来，中国经济的高速发展为在华外资提供了大量的投资机会和广阔的市场发展空间，越来越多外资在中国经济高速发展的过程中试图多分一杯羹，试图进一步分享中国改革开放的成果。来华外资虽然面临因文化差异带来的投资障碍，但中国市场广阔的发展前景的诱惑力足以弥补这些投资障碍。文化差异对外资的影响逐渐弱化和中国市场广阔前景带来的诱惑力二者综合作用，使得文化差异不会阻碍外资在华投资步伐。相反，为了充分利用中国市场机会，外资加紧推行对华直接投资步伐和本土化战略，以克服文化差异带来的不利影响。

2. 文化维度、文化差异对 FDI 进入模式的影响

基于同样的研究基础，我们以 2012 年全国销售收入 500 强的外资企业为样本，实证检验了文化与外商在华直接投资进入模式之间的关系。我们发现来源国不同的文化维度对进入模式的影响存在差异，但由于多数变量未通过显著性检验，因此我们推断，来源国的文化因素并非影响 FDI 进入模式的重要因素。但关于文化差异的经验分析表明：文化差异显著地影响了外资在华投资模式的选择，即中国与投资国之间的文化差异越大，外资越有可能选择独资的模式进入中国市场。主要是因为 20 世纪 90 年代末期，外商在华直接投资模式开始发生转变，越来越多外资开始选择独资的模式进入中国市场，2000 年在华外资的独资模式成为利用外资的第一大模式，而我们的样本企业成立时间大多数在 20 世纪 90 年代末期以后，在时间上与独资模式的转变是一致的，因此，独资模式与文化差异呈正向相关关系。

6.1.3　文化差异与中国对外直接投资

对外直接投资是我国企业国际化经营的重要途径。改革开放以来，在大规模引进外资的同时，中国企业的对外直接投资活动也风生水起，逐渐发展起来，尤其在 2000 年以后，对外直接投资规模出现了跳跃式发展，国际影响力越来越大。由于东西方文化差异，中国对外直接投资的过程中必然面临不同文化背景引起的文化差异和文化冲突。如何化解文化冲突，保证直接投资活动顺利开展，对中国跨国经营企业具有积极的意义。中国对外直接投资过程中面临的诸多文化差异风险表现在：民族优越感和自豪感导致的民族主义风险；由于价值观、思维方式、风俗习惯差异引起的企业管理差异风险；语言和文化背景差异导致的沟通和信息交流困难以及忽视东道国的商业惯例和习俗导致的市场经营风险。这些文化差异在不同程度和方向上影响着我国对外直接投资活动的开展。

中国对外直接投资面临的文化风险既有一般文化差异风险的特性，也有反映中国文化和企业管理特征方面的特殊性。这种特殊性表现在：中国企业的国际化进程起步晚，开拓国际市场经验不足，对国际市场文化环境缺乏系统研究，不能很好地利用国际惯例处理文化冲突，使得对外直接投资面临更多文化差异障碍和风险；中国国有企业的背景使得对外投资企业被打上政府意志的烙印，遭遇东道国政府和市场歧视引发的风险；与西方跨国公司相比，中国对外投资企业实力薄弱，管理能力不足，不能有机协调和处理不同文化背景员工在组织管理理念的差异和冲突，增加直接投资文化风险；对外投资企业普遍缺乏充分的市场战略规划，盲目跟风，对外投资表现出很大盲目性和随意性，大大增加了直接投资过程中的文化差异风险。

6.2　对外投资企业协调文化差异风险的对策建议

本书通过理论和经验分析表明文化差异对国际直接投资活动产生重要影响，而不同国家间的文化差异是客观存在的，跨国企业在进行国际直接投资过程中遭遇文化差异和文化冲突是不可避免的。如何消除文化差异的影响、化解文化冲突风险，是国际直接投资企业必须解决的现实问题。对于处于国际化初级阶段的中国企业来说，在国际化的道路上必然经过中国文化与异国文化差异的洗礼，如何协调文化差异和文化冲突、化解文化差异风险、保证国际直接投资活动顺利开展，是一个重大而现实的问题，也是一项不可回避的挑战。下面我们基于前述研究结论，结合中国企业对外直接投资的实际，就国际直接投资企业如何协调文化差异和文化冲突提出可行的对策建议。

6.2.1　从战略上尊重文化差异存在的客观性

1.　承认文化差异的客观性

文化作为一种意识形态，是各民族在长期的历史发展进程中形成的反映本民族特色的风俗习惯、价值观念的综合。每一种文化的特征与符号都是其历史的沉淀，都有其存在的合理性；每一个人的思维意识、行为方式都与自己的文化传统紧密相连，有其存在的客观性。因此，正确理解国际直接投资过程中的文化差异，就要承认文化差异的客观性，承认不同民族文化之间的差异是客观存在的，这种差异是不以人的意志为转移的，是不受人的意志所左右的，在较长时期内具有稳定性和不可逆转性。在经济全球化快速发展的背景下，承认文化差异的客观性也是保障国际直接投资活动成功的前提条件。美国知名学者戴维·A. 利克斯认为，跨国公司大的失败，几乎都仅仅是因为忽略了文化差异——基本的或微妙的理解所招致的结果。麦肯锡咨询公司认为全球跨国并购失败的主要原因在于并购双方间巨大的文化差异。著名的“七七定律”指出，全球70%的跨国并购是失败的，而失败的并购中70%是由文化差异引起的。由此可见，文化差异对国际直接投资有重要影响。国际直接投资企业只有在承认文化差异性的基础上，才能寻求化解文化差异风险的合适策略。

2. 理解和识别文化差异

文化差异不仅体现在不同民族在价值观、思维方式和行为习惯等众多方面存在着巨大的差异，还涉及民族文化、地域文化甚至个体文化。国际直接投资企业除承认文化差异的客观性外，还需要正确理解和识别文化的这种差异性，全面深刻了解跨文化背景。

第一，分析了解异域文化环境。了解异域文化包括了解东道国的语言特征、文化习俗、宗教信仰、道德规范，甚至政治、法律背景，重点掌握不同文化规范对国际直接投资活动带来的不同影响。例如，语言作为重要的文化因素之一，其对国际投资活动的重要影响主要体现在信息沟通上，这种沟通体现在向政府、客户、雇员传达准确的信息，避免沟通障碍或误解。为准确无误传递信息，国际投资企业需要了解不同社会语言文化特征，准确把握其内涵实质，以推动国际直接投资活动顺利开展。了解文化差异才能准确把握文化差异，才能认识到文化差异不是在所有情况下都是阻力和劣势，有时恰恰是好事和优势，从而有利于发挥文化差异优势、克服劣势。文化差异给国际投资企业带来的优势体现在：文化差异推动国际投资企业管理层自觉地进行角色转换，深入了解国外社会、文化、政治及经济环境，更加深刻地理解异国文化的特点和需求，制定针对本企业顾客特点的具有民族特色的市场战略，开发出受顾客欢迎的具有其民族特色的产品和服务，提高企业的国际竞争力。文化差异有利于不同民族、不同国籍的员工在沟通交流中相互学习，通过思想的交流和碰撞，产生创新思想和创新观点，增强企业的创新意识和创新精神，提高企业解决现实问题的创造能力，成为一个企业不断发展壮大、立于不败之地的不竭动力；文化差异拓展了员工的视野，加强了对对方的认识和了解，增加了员工之间的相互吸引力，有利于增进彼此信任、理解，使人际关系变得更加和谐、融洽，有助于增强企业内部的凝聚力和企业经营发展的稳定性和连续性。例如，联想收购 IBM 的 PC 业务案例中，联想和 IBM 在企业文化建设上存在显著互补优势。IBM 企业文化的优势包括尊重员工、追求卓越；联想践行知行合一、说到做到的企业文化。二者作为互联网技术（IT）行业中的领导者，都有各自的特色和优势，联想在收购 IBM 的过程中始终注意与 IBM 的企业文化进行很好的融合，推动优势互补，使联想如虎添翼，成为国际 IT 行业的领先企业。

第二，充分认识本国文化。知己知彼，百战不殆，为保证国际直接投资活动顺利开展，除了充分了解异域文化环境外，国际直接投资企业还必须深入了解本民族文化特征、文化渊源。相对于异域文化，国际直接投资企业对本民族文化理解更深刻、更全面，民族文化的烙印更清晰。因为对民族文化理解更深刻、全面，民族烙印长期内难以消除，因而国际直接投资企业在进行直接投资过程中经常以本民族的文化特点、行为规范、思维方式来推测合作伙伴的行为，结果经常犯被称作自我参照标准（self-reference criterion，SRC）的错误。自我参照标准是美国人詹姆斯·李在20世纪60年代首先提出来的，指的是“无意识地参照自己的文化价值观看待国际问题”，即跨国投资企业管理者按照在本国环境中形成的思维定式和行为准则去处理国际投资活动中出现的问题。自我参照标准使人们忽视文化差异的存在，或者虽认识到文化差异的存在但没有引起足够重视。自我参照标准现象对于国际投资企业来说时常发生，中国的一些跨国企业尤其值得注意。中国跨国企业开拓国际市场时间较短，相对缺乏国际化经验，对国际市场了解不充分，对国外文化环境理解不深刻，因此有意或无意地参照自我标准，用自己的价值观揣测对方的情况时有发生。比如，中国强调集体主义，文化距离高，等级观念强，在企业管理中强调权威和集中决策；而西方国家更加强调个人作用，文化距离低，在企业管理中更加强调个人。一些我们外派的海外管理人员在国外开展业务活动时，由于不了解中外文化差异，在日常管理中发现其失去了在国内时的优越感和存在感，认为自己没有得到应有的尊重，出现所谓“文化焦虑症”。产生“文化焦虑症”的原因在于这些管理人员用我们的价值观推测对方的行为，当现实与心理预期出现错位时，这种焦虑感就产生了。

迪斯尼在开拓法国市场时遭遇失败的原因之一也是犯了“自我参照标准”的错误。迪斯尼高管认为在美国甚至世界各地深受欢迎的迪斯尼卡通在法国应该同样会大受欢迎，但实际结果却是迪斯尼乐园在法国屡屡碰壁，经营惨淡，其原因虽然是多方面的，但原因之一在于法国人根本不认可迪斯尼的“俗文化”，认为迪斯尼的卡通文化缺乏历史底蕴，滑稽可笑，是一种“俗文化”，根本无法与法国卢浮宫上千年历史的高雅文化相匹敌。可见美国人用自己的价值标准推测法国人价值观的“自我参照标准”行为导致了迪斯尼在法国经营失败。因此，理解他国文化，要在理解自己民族文化的基础上，通过这种文化的自我识别和比较识别，更好地区分出本土文化与其他文化之间存在的文化差异，在此基础上才能有针对性地开展异域文化管理工作。

第三，积极做好文化适应。所谓文化适应是指国际直接投资企业在制定国际投资决策时，充分考虑目标市场上的文化特点和文化禁忌，保证决策在实施过程中既不会触犯当地文化传统、生活习俗、宗教禁忌，同时保证比竞争对手更能满足市场需求，取得竞争优势。20世纪80年代日本汽车企业开拓美国市场是一个文化适应的成功范例。20 世纪 70 年代中东战争爆发后，国际市场石油价格大幅度上涨，油价从 1970 年的 2.23 美元/桶上涨到 1982 年的 34 美元/桶，石油价格上涨增加了汽车消费开支，对于以汽车为主要交通工具的西方消费者来说是个严峻挑战，当时国内有人鼓吹油价上涨，西方消费者无法容忍过高的油耗支出会放弃汽车消费改骑自行车，中国应大力发展自行车出口，满足国外市场需求。相反，以丰田公司为代表的日本企业却表达了相反的观点。认为石油危机导致能源价格上涨虽然增加西方消费者开支，但不会改变消费者的出行方式，西方消费者不会因为石油价格上涨而放弃汽车的使用。正确的做法是主动适应国际市场环境变化，积极研制省油小汽车，降低油耗以满足消费者的需求，开发国际市场。结果是丰田汽车以节油、轻便的竞争优势成功打入美国市场，大获全胜。事实上，早在二战期间西方国家就已将汽车作为主要交通工具，自行车仅是休闲时使用的运动和消遣器具。根据消费理论，由于消费者的消费行为具有刚性，能上不能下，所以西方国家消费者不会因为汽油涨价不开汽车而改骑自行车。但是油价上涨增加消费者开支，美国汽车体积大、耗油高的弱点显露无遗，开发节油汽车既能满足消费者对交通工具的需求又能满足消费低油耗的需求，丰田公司抓住这样的机遇，成功开拓美国市场，这才是真正的文化适应，也是成功之道。我们必须强调尽管文化适应必要性得到公认，但现实中做到这一点还是很困难的，许多国际企业就是因为没有做好文化适应工作而丧失有利的国际市场机会。

第四，重视文化的动态变迁。大量文献研究指出文化现象不是根深蒂固、一成不变的。随着时间的推移，文化在社会变迁中也是缓慢变化的，因而，文化差异对国际直接投资活动的影响也是在动态中变化的。在分析文化差异对国际直接投资的影响时必须考虑文化的这种动态性。

文化动态变迁意味着市场需求、价值观念以及经营方式的改变，跨国企业为适应这种变化必须及时调整投资策略。例如，改革开放以来，我国社会生活的方方面面发生了深刻的变化，人们的消费观念、价值观、生活方式随着社会生产力发展和对外交往的扩大在不断变化调整，推动文化变迁。在中国的传统观念中，人们时间观念差、生活节奏慢、工作效率低，经过 40 多年的改革开放，人们的时间观念发生重大变化，现代人的生活节奏明显加快，“今日事今日毕”“时间就是生命”“时间就是效率”的观念已深入人心。随着对外开放的深化，西方文明在中国广泛传播，肯德基的快餐文化同传统饮食一样备受中国消费者的喜爱。这些现象表明文化环境在不断调整，要求跨国企业必须审时度势，提高应变能力，调整策略，抓住机会，赢得市场竞争。

第五，反对文化抵制。大多数文化存在民族主义倾向，即人们对本民族文化存在强烈的认同感，对异域文化自觉或不自觉地存在心理上的抵触。民族中心主义导致了人们对本民族文化的优越感，对其他民族文化由于缺乏了解产生了偏见甚至歧视的狭隘观点。事实上，每种文化都有其独特之处，都有自己的优势，认为本民族文化优越于外来文化的观点是错误的。民族中心主义阻碍了跨国企业员工深入了解和理解其他民族文化特点和优点，形成文化阻力，对消除文化差异影响是不利的。因此，要在承认文化差异的客观事实的基础上着重预防由民族优越感带来的负面影响，反对文化抵制。国际直接投资企业要牢记一句话——“文化是没有对错、好坏之分的，只有差异”。

6.2.2 从策略上强化对文化差异协调管理

1. 增强风险意识，做好海外投资前的准备工作

磨刀不误砍柴工，即将到海外投资的企业做好前期准备工作是保证投资项目顺利进展的前提。这些工作包括深入了解东道国政府的政策法律，当地社会习俗、宗教信仰等方面的情况；跟踪当地政府的宏观、微观经济政策信息及变化；寻找并发掘合适的合作者，了解对方的实力、信誉和合作愿望；认真做好项目的可行性研究报告及风险评估等。这些问题对于刚刚走出国门，对国际市场游戏规则略显陌生的中国企业来说尤其值得关注。近年来，中国企业海外直接投资呈持续上升的趋势，投资规模不断扩大，成绩斐然。然而随着投资规模的扩大加之世界经济复苏的不确定性和东道国市场动荡，对外直接投资风险随之增加。海外企业存在调研不足、可行性研究不充分、风险意识不强等现实问题。例如，有些企业由于意识不到位，海外投资缺乏统一布局和科学规划，带有盲目性，致使在海外投资的时机和条件不成熟时仍然贸然投资，投资效果不理想；还有些企业对海外投资调研不足，风险估计不充分，获得

的市场信息不准确，未充分了解当地市场情况特别是当地文化环境差异，便蜂拥到当地投资，结果实际情况与自己的预期大相径庭，致使投资活动屡屡受困。还有些企业未能准确把握东道国文化环境，未能很好地尊重东道国商业习惯，导致商业纠纷。中国铝业、首都钢铁在海外投资的过程中都曾遇到过类似的问题。因此，如何做好投资前准备工作，深入了解东道国的市场环境特别是文化环境是国际投资企业顺利迈向国际市场的关键环节。从跨文化的角度来说，国际直接投资企业应做的工作包括：深入了解东道国市场的文化特征，了解本民族文化与东道国文化的差异体现在哪里？这些文化差异可能会带来哪些影响？未来继续了解的问题有哪些？未来直接投资过程会遇到哪些文化差异风险？如何进行预警和应对？对文化差异，策略上要入乡随俗，专心致志地了解东道国的民族习俗、价值观、宗教信仰，对民族文化不做评论，不能以本民族的文化批评他国文化；同时采取的应对策略要具有灵活性、创造性。

2. 加强跨文化管理与培训

跨文化管理问题是经济全球化深入发展的大背景下，国际直接投资企业面临的现实问题，主要涉及对不同文化背景的人、物、事的管理。对于从事国际直接投资的跨国企业来说，跨文化管理是指对不同种族、不同文化类型、不同文化发展阶段的子公司所在国的文化采取有效的管理方法、管理理念，并据此创造出体现本公司独特文化特色的管理过程。跨文化管理对国际投资企业具有积极的意义。

首先，跨文化管理有利于加强国际直接投资企业管理层对异国文化的理解、尊重，摆脱本国文化传统思维方式的束缚，增强对不同特质文化的反应和适应能力，推动管理者主动地、有意识地从文化差异的角度分析处理企业管理问题。其次，跨文化管理能够推动管理层及时更新知识体系，不断学习来自不同文化背景的管理知识和管理经验，掌握来自不同文化背景的跨文化管理方法和经营思想，并以此应对跨文化管理风险，提高跨文化管理技能。最后，跨文化管理可以促进不同文化背景的员工正确理解公司经营理念及习惯做法，保持企业内信息交流的畅通，缓和不同文化背景员工间的文化冲突，维持组织内和谐稳定的人际关系。从母公司的角度看，常见的跨文化管理策略有：（1）文化规避策略。即当母国文化与东道国文化存在巨大差异时，跨国企业在子公司运作中强调母国文化在公司管理中的主导地位，但母公司与东道国存在千丝万缕的联系无法忽视东道国文化的存在时，主动选择回避东道国文化，避免面对面冲突而采纳的一种跨文化管理策略。（2）文化渗透策略。面对母国文化与东道国文化存在巨大差异，国际投资企业不是在短时间内让东道国员工服从和接受母公司的管理模式，而是对当地员工进行逐步的循序渐进的文化渗透，经过长时间的跨文化管理渗透，使母公司文化不自觉地深入员工内心，使东道国员工逐渐适应母公司文化并成为母公司文化的执行者和维护者。（3）借助第三方文化策略。当跨国公司无法在短时间内适应有巨大文化差异的经营环境时，借助与母国文化达成一定程度共识的第三方文化对设在东道国的子公司进行控制管理。国际投资企业根据实际情况选择合适的跨文化管理策略，然后通过实施跨文化培训等措施推行跨文化管理策略，最终建立独特的企业文化。

跨文化培训是跨文化管理的重要内容也是协调文化差异的有效手段。尽管跨文化培训的内容是根据不同的要求设计不同的培训方案，但基本内容仍是一致的，包括对不同文化的了解和认知、对民族文化及原公司文化的了解和认知、不同国家语言的学习、文化敏感性训练、生活适应性训练、跨文化沟通与冲突的协调处理能力、多元文化团队的组织与训练等。例如，加强生活适应性训练就是将员工置于不同文化背景下，让其学习不同文化关于生活方式、生活习俗、饮食习惯等方面的做法，并在实景中进行强化性训练，以打破文化间的障碍，增强异域文化的适应性；加强企业文化的敏感性训练是指加强员工对不同文化、不同文化环境的反应和适应能力，促进不同文化背景下员工之间、员工和企业之间的沟通和理解。企业可以将具有不同文化背景的员工集中在一起，通过组织演讲、情景对话、生产经营实例分析、实地考察、角色扮演，群体讨论等方式来转换员工角色、调整员工心理位置，打破每个人心中的文化障碍和角色束缚。联想集团通过让每年新加入的外来员工参观工厂流程、向其介绍集团发展历史与荣耀增强员工对企业的认同感和归属感，努力消除文化差异给员工工作生活带来的不利影响。日本富士通公司开设跨文化沟通课程，每年组织一定数量的员工接受跨文化培训，培养跨文化人才。三星公司每年都会派出有发展潜力的管理人员到其他国家接受异国文化学习，学习计划除了提高语言能力外，还要深入了解所在国家的文化和风土人情等。通过这样的方法，三星公司培养了大批谙熟国际市场和文化的国际人才。可口可乐公司每年有500位中高级管理人员参与全球服务项目培训，通过培训可以丰富管理人员的国际化经验，消除文化差异障碍。另外，20世纪90年代以来跨国企业开始利用东道国的科技教育机构直接或间接地进行人员培训。总之，跨文化训练能够提高员工及管理层进行跨文化沟通的技能，改善管理人员与当地员工及政府、社会组织之间的关系，有助于管理者更快地适应新文化新环境。

加强跨文化沟通与合作。国际直接投资企业与东道国的合作伙伴加强沟通学习，在沟通中合作，在合作中沟通，通过沟通合作逐渐消除文化差异的影响。双方互相尊重、加强沟通，学习对方的社会风俗和文化传统，吸收对方优秀的管理思想，包容理解、相互支持、平等合作、协调一致。了解对方的文化特点和差异，坚持求同存异，寻求利益最大化的结合点；通过沟通协调，合作双方能够产生新的观点和思路，实现管理优势的叠加，有利于发挥多元文化的优势，改善合作企业的管理水平，提高合作企业的经济效益和社会效益。

创造独特的企业文化。企业文化是企业的灵魂，是企业职工共同遵守的目标、行为规范和价值观的组合。创造和发展独特的企业文化是国际直接投资企业长期追求的目标，也是国际企业消除文化差异、化解文化风险走向成功的推动力。在经济全球化深入发展的当今社会里，国际企业员工处于民族不同、价值观各异的复杂环境里，创建独特的企业文化是凝聚公司员工、激励公司发展的内在要求。创造独特的企业文化既是文化变迁过程，又是文化再造和文化创新过程。创造文化需要一定的方法并按一定的程序进行。电信大亨戴尔和肯尼迪在《塑造公司文化》一书中指出，塑造公司文化需要建立共识，彼此信任，建立技巧，耐心和保持弹性——这是最终需要解决问题的办法。劳伦斯·米勒在《美国的企业精神》一书中提出，必须动员一切力量，发展企业新文化，为改变公司文化，必须有实例，有训练、教导、强化以及予以支持的制度。企业文化内容应包括价值观、行为规范、心理状态、思维方式、风俗习惯和规章制度等，其中价值观居于核心地位。塑造企业文化需要经历三个阶段：一是改变企业文化环境。主要是通过舆论宣传、企业引导营造企业文化变革的良好氛围，使员工坚定进行企业文化变革的信心和决心。二是全面推行新文化。结合人力资源和组织结构调整，争取在较短时间内推行公司新的规章制度、行为规范、企业理念等一系列核心企业文化内容。组织员工学习新的文化制度，正确理解和把握文化规范并迅速执行新的企业文化准则。三是持续强化新文化。文化变革是一个漫长的过程，新文化的建立需要持续的强化。在推行新文化的同时，管理层除了要带头执行新文化外，还要认真纠正员工的行为偏差和认识偏差。必要时可以采取奖励措施和树立典型的方式巩固和维护新文化，防止旧文化的反弹，直至员工自觉适应并接受新文化。

创建独特的企业文化不是简单地用一方文化消灭另一方文化，也不是“1 +1 =2”的简单“融合”，而是要考虑双方企业的文化背景差异，寻找双方文化的相容性，再确定文化整合的方向，最后形成既适合于东道国当地风俗习惯又保留母国特点的企业文化。

3. 加强跨文化经营管理人才的培养

跨国企业在进行对外直接投资过程中所产生的文化冲突，一般都与企业管理者的素质、品格魅力和价值观有很大的关系。有效化解文化差异冲突的措施之一是选拔高素质的管理人员。他们既能贯彻公司总体战略，同时拥有丰富的专业知识、管理经验和较强的管理能力，具备多元文化环境下工作所需的特定素质。全球最大的互联网解决方案供应商思科公司从事投资并购时，优先考虑的问题之一就是人才。思科掌门人钱伯斯认为，公司并购主要是为了开发人才、吸引人才，认为衡量公司并购是否成功的标准首先是收购公司员工的续留率，其次才是新产品开发，最后是投资的回报率。对于走向国际市场的中国跨国企业来说最为突出的问题也是缺乏了解国际市场规则、懂国际化经营的高素质人才，因此，加速培育一支懂国际化经营、适应不同文化环境的人才队伍是跨国投资企业急需解决的问题。

（1）国际化管理人才选择标准。

国内外跨国公司的实践表明，国际化管理人才具有跨地域、跨文化特征，需要综合考虑以下因素。

专业能力。跨文化管理人员需具备一定专业知识，具备本专业领域的知识和能力，同时具有生产制造、财务管理、市场营销等方面的综合专业技能。判断一个人是否具备专业能力的指标之一是学历文凭，同时工作业绩和工作经历也是反映个人能力的重要参考依据，在跨文化管理中工作经历、工作业绩比文凭更有价值。

跨文化适应能力。跨文化适应能力是指在多元文化环境中管理人员对文化冲击具有的较强容忍力和感知度，能够在较短的时间内恢复心理平衡，尽快进入角色开展有效工作的能力。跨文化管理人员能否在复杂的文化环境中取得成功，很大程度上取决于对异域文化的适应能力。适应能力包括文化适应、语言能力、乐观的态度、成熟的心智等。

语言沟通能力。语言沟通能力主要是指使用语言进行交流的能力和信息表达能力。首先，跨文化管理人员应具备使用通用语言进行规范报告的能力，如美国、澳大利亚、英国等使用英语作为工作语言，熟练运用英语进行工作汇报、总结是进行畅通沟通的基础。其次，掌握东道国的语言也至关重要。掌握东道国语言有利于拉近与东道国人员的距离，加深对对方的理解，消除彼此的陌生感和不信任感，提高沟通效率。此外，肢体语言等无声语言在人际沟通中发挥积极作用。

国际化视野。经济全球化的发展要求国际企业站在全球化发展的角度，以开放的视野，从全球范围内去挖掘具有国际化视野，掌握国际企业管理经验，并熟悉国际政治、经济、文化和法律环境的精英人才。

（2）国际化人才选择途径。

首先，注意吸引本国海外优秀人才。例如，经过多年的对外开放，我国有一大批旅居海外的优秀留学人才，他们在国外学习生活多年，对当地文化有充分了解，同时具备中国文化的深厚底蕴，中国经济高速发展为这些留学生创业提供了难得的机遇。因此，走出国门的中国企业应注意吸收有外国文化背景的留学人才，使其参与企业的国际化管理，应对文化差异风险。

其次，注意培训现有的管理人才，提高他们的国际化管理水平。例如，通过选派公司优秀人才到海外学习或通过岗位轮换的形式，使他们能够接触国际市场前沿，了解不同国家的文化动态、文化特色，为跨国企业培育和储备一支国际化的人才队伍。爱立信在北京建立中国爱立信管理学院，开设工商管理、通信技术等相关课程，每年都要从学院中选拔优秀学员充实到爱立信在东道国的各子公司。这些学员在进入东道国之后能够很快适应东道国的社会环境，各项工作开展井然有序。

最后，积极吸引东道国优秀人才。国际投资企业普遍认为吸收东道国优秀人才，建立本土化员工队伍及管理层更有利于公司的长远发展。本土化员工更能理解东道国消费者的风俗习性、需求特点，更能帮助企业将其一流的管理技能、科学技术扎根于东道国文化，为其在东道国拓展市场奠定基础。IBM中国研究中心、微软中国研究院都雇用了大量中国员工，这些员工为其在中国市场的发展做出了重要贡献。这一点对中国的跨国企业具有积极的启示意义。实施人才本土化策略是国际社会发展趋势，中国企业在跨国经营时必须摒弃不合适的人才管理方法，减少外派海外企业管理人员，积极完善公司治理结构，吸收更多的当地管理人员参与企业建设，这样既有利于维护本地员工的利益，也有利于提高当地社会对我国企业的认知度和接纳度。

4. 实施本土化经营策略

实施本土化经营策略是国际企业避免文化差异和冲突，降低文化风险，保证直接投资顺利实施的有效措施之一。本土化经营策略涉及内容广泛，包括经营策略本土化、人力资源本土化、研发活动本土化、企业组织设计本土化等多个方面。本土化战略能很好地适应东道国的文化环境，在最大程度上降低文化差异冲突。比如，首先，人力资源本土化可以降低人力资源成本。人力资源管理成本作为跨国企业在国际投资中一项重要支出，对企业发展影响重大，特别是人力资源密集的高科技企业尤为突出。因此，国际企业努力降低人力资源成本，合理利用人力资源成为其控制成本的重要内容。人力资源本土化能够显著降低企业成本，增加企业的利润。据统计微软中国员工的成本仅为美国的1/3～1/2，可见人力资源本土化具有显著优势。同时，跨国企业如果不实施人力资源本土化策略而是由公司总部外派管理人员，不但要在人员招聘与甄选、薪酬与培训上投入大量资金，并且外派人员的工资往往是本地人员的数倍，增加了人力成本。其次，人力资源本土化可以利用当地雇员熟悉东道国的风俗习惯、市场动态以及政府的各项法规等优势，而且雇用当地员工可方便国际企业在东道国拓展市场、站稳脚跟。人力资源本土化还可以避免当地势力对国际企业的抵触行为，尽量减少国际企业与当地文化融合过程中产生的冲突。我们以在华跨国公司人力资源本土化为例进行说明。在华跨国公司是西方文化背景下的产物和文化代表，其在与中国企业和本土员工打交道时面临跨文化差异问题。这种跨文化差异不仅体现在双方沟通上存在障碍，还体现在绩效考核、员工升迁、企业管理等诸多方面，这些差异给跨国企业在华业务的经营管理带来困扰。跨国企业聘用中国员工实施本土化策略可以很容易地规避相关问题。因为中国员工深受中华文化熏陶，在为人处事的方式和经营管理的模式方面更容易和中国现实相结合，能够更顺利地与地方政府、社区居民、其他公司组织和谐相处。

本土化策略还包括对外直接投资企业尊重当地宗教信仰、民族传统、风俗习惯。例如，伊斯兰教教徒不吃猪肉，回避猪革制品；印度教教徒视牛为神圣的，绝不吃牛肉；在印度、阿拉伯等国家认为左手不清洁，不能用左手与他人接触或用左手传递东西。东道国的这些禁忌是企业对外直接投资过程中必需高度关注的，只有尊重对方国家的习俗和禁忌，才能规避文化差异冲突，取得投资成功。此外，还应提高企业的本地化程度，培育企业在当地的营销网络，开发符合当地消费习惯的产品，培育当地消费者对公司品牌和产品的认同感。

5. 促进文化认同，实现多元文化的相互融合

识别和重视文化差异的目的是消除文化差异所带来的矛盾和冲突，实现跨文化融合，在承认彼此差异的基础上，相互吸收、相互补充和协调，形成一种稳定的组织文化。

首先，跨国企业应在跨文化融合的过程中，努力塑造宽松的文化氛围，以共同认可的价值观相互协作和沟通，提高员工的凝聚力、向心力，使员工文化、管理文化和企业制度文化实现有机融合，形成一种相互融合、相互协调的组织文化。上海通用汽车在合资之初即确立了以学习理解、规范行为、灵活务实为基础的合作理念。共同价值理念为中美员工的沟通与合作提供了良好的文化基础，事实证明共同价值的合作理念推动了上海通用汽车的健康发展。

其次，国际企业更应着眼于未来，塑造共同愿景，推动跨文化融合。所谓共同愿景展示了企业未来发展方向，它可以使管理者很清晰地了解企业的长期发展方向和未来业务，同时激励每个员工把自己的思想与行为同企业的经营业务和目标有机结合起来。通过共同愿景的塑造，组织能够摈弃自身的偏见和陈旧观念，这将有助于跨国企业化解投资过程中的文化风险，增强企业文化适应能力。

再次，积极培育员工归属感。企业和员工之间关系除了存在雇用合同外，还存在一种心理上的归属感。归属感来自企业激励机制以及员工对公司的信任等。跨国企业需在来自不同文化的员工间建立起企业归属感。归属感的建立促使员工自觉地把自己视为企业的主体，发挥自己的聪明才智，将个人的前途融入企业的发展中去。跨国投资是国际企业扩大规模、提升竞争力、谋求生存和发展的重要方式，跨国企业在直接投资过程中应清醒地认识到归属感的建立对企业的意义。

最后，积极推动文化变迁。文化变迁是国际投资企业应对文化风险的举措之一。当国际投资企业面临异国文化的挑战时，不仅会学习和适应异国文化，多数情况下还会采取措施对东道国文化的某些方面加以变革。与文化适应相比，文化变革会面临更大挑战和更多阻力。阻力的大小通常与文化层面有内在联系，即与文化的正式层面、非正式层面和技术层面紧密联系。文化的正式层面指的是文化的核心部分，根深蒂固，很难改变。如宗教信仰、社会习俗等属于正式层面，跨国企业很难通过改变人们的宗教信仰去实现投资的目的。文化的非正式层面指的是人们在社会中习得的文化，非正式文化一定程度上是可以改变的。人们的生活偏好属于非正式的文化，跨国企业可以通过一系列活动对偏好施加影响。技术层面文化是指通过教育来传递的文化。这一层面文化改变较容易。企业进行文化变革难度大于文化适应，但是变革一旦成功，国际企业就会居于主动地位，成为国际文化变迁的促进者。本田公司进入美国摩托车市场即是成功推动文化变革的范例。以前，美国人对骑摩托车印象不佳，总是与犯罪、暴力等联系在一起。为此本田公司展开了积极的营业推广活动，使用受美国人尊敬的人物代言，最终改变美国人对摩托车的不良印象，从而打开美国市场。事实上，20世纪六七十年代的日本、改革开放后的中国社会生活发生巨大变化，这其中固然有社会自身发展的原因，但跨国企业在推动文化变革中发挥的积极作用不容忽视。

当然，跨国公司在推动当地文化变革时需要考虑当地对文化变革的容忍程度或对抗程度。任何文化或多或少的存在一定程度的排外情绪，对外来文化的介入应采取一种谨慎的态度。对东道国抵触情绪较大的因素应采取适应学习的态度；对抵触情绪较小的因素，应通过渗透参与，引导文化因素朝有利于自身方向变革。此外，跨国企业应对东道国文化变革方向、过程、速度有一个清晰明确的认识。只有这样才能更好地适应东道国文化环境，有的放矢地推动东道国文化变革，减少文化差异对公司的影响。

6. 建立有效的文化沟通机制

跨文化沟通是指在一种文化中编码的信息在特定文化背景中有特定含义，当它传递到另一文化单元时，需要经过解码和破译才能被对方接受、感知和理解。[①] 当不同文化之间的个体进行信息传递时，信息的编码和解码都受相关文化影响，我们说存在跨文化沟通机制（见图 6 – 1）。当信息发送者 A 发出信息时，按照编码者所处文化环境的编码规则进行有效编码，以准确表达编码者所要表达的意图，当编码信息到达信息接收者 B 时，它将被解码，而解码规则是接受者所处文化环境的编码规则，如果发送者和接受者所处文化有差异，原始信息的含义就可能被修改。原因在于接受者和发送者编码规则不一致，信息沟通出现障碍。有效沟通就是让发送者的思想和接受者的思想完全一致，即当 A 的编码规则等于 B 的编码规则时，二者的思想才可能出现一致。

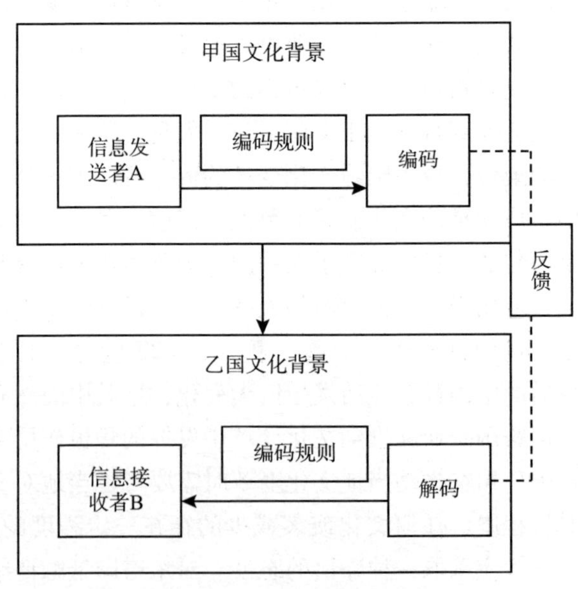

图 6 – 1　跨文化沟通机制

① 马勇强．跨国公司管理［M］．北京：清华大学出版社，2012：237.

（1）影响跨文化沟通的主要因素。

①感知。感知与文化有很密切的关系。一方面，人们对外部刺激的反应，对外部环境的倾向性、接受的优先次序是受文化因素影响的；另一方面，当感知形成后，它又会对文化的发展以及跨文化的沟通产生影响。在跨文化沟通过程中，研究感知或知觉对沟通的影响具有十分重要的意义。人们在沟通过程中存在的种种障碍和差异，主要是由感知方式的差异所造成的。要进行有效的沟通，我们必须了解来自异国文化环境中人们感知世界的不同方式。

②文化定式。文化定式是指人们对其他群体成员持有的简单看法。文化定式可能是由过度泛化导致的，即认为群体中的每个成员都具有整个群体的特征；也可能是忽视文化的动态性和变迁性引起的。随着时间推移，当对方文化环境出现变化时，人们仍然视而不见，形成思维定式，就会影响沟通效果。改革开放以来，中国社会发生了翻天覆地的变化，人民生活富裕起来，人们的价值观、生活方式发生重大变化，如果没有看到这些变化，仍以过去的思维看待现代问题，就会产生定式，影响沟通效率。文化定式虽然有其必然性但不是不可避免的，只是由于我们大多数人都很怠惰，不愿意培养了解不同境遇中其他人的必要能力，所以总是用各种方法将这些问题简单化。文化定式影响人们对文化现象的理解，具有片面性和不易变化的局限性，对成功进行跨文化沟通是无益的。

③种族中心主义。种族中心主义是人们作为某一特定文化中成员所表现出来的优越感。它是一种以自身的文化价值和标准去解释和判断其他文化环境中的群体的一种趋势。民族中心主义发生的主要原因是对文化差异的不熟悉，它不仅会导致沟通失败，甚至可能发生对抗或敌意。例如，一位美国人在秘鲁推行民主管理模式，要求各车间负责人主动征求工人的意见，并从中选取合理意见加以利用。可是民主管理推行时间不久，工人们纷纷辞职，原因是秘鲁文化中人们敬重权威，不仅服从上司，而且把上司看成自己的主人。工人们认为上司征求意见是缺乏主见的表现，没有领导能力，既然上司无能，未来没有希望，不如尽早辞职，以便找到新的工作。但美国人对此完全不理解，以美国人崇尚民主、参与意识较强的观念揣度秘鲁员工，导致沟通失败。

④沟通错位。如果不了解对方文化差异，容易出现跨文化沟通障

碍；但是了解对方文化特征，也不一定会克服文化障碍。原因在于沟通双方如果同时放弃了自己的立场，采取了对方的立场，结果是双方在沟通中出现新的不一致，从而使沟通失效。

（2）建立有效的文化沟通机制。

在国际企业进行直接投资过程中，合作双方由于文化差异带来的文化冲突有时是不可避免的。文化冲突发生后，如何进行有效的文化沟通，化解文化差异风险对国际直接投资成功与否非常关键，而建立有效的跨文化沟通机制是进行有效沟通的前提。国家层面上加强与世界各国的科技文化交流，增强民族间的相互理解，是加强文化沟通的有效途径。企业层面上建立上通下达的信息沟通渠道，合作双方或多方能够表达自己的诉求，进行有效的信息反馈，消除误解，避免冲突。惠普收购康柏之后，为推动文化沟通和协调，专门成立了跨文化推进工作小组。工作小组一方面积极吸收来自不同文化背景员工的建议，另一方面对跨文化工作进行周密安排和详细规划，提倡什么、反对什么规划中都非常明确具体。员工层面上鼓励不同文化背景员工间相互交流合作，增强彼此了解，深化彼此感情，化解文化冲突。总之，对于在多种文化交叉环境中工作的管理者来说，建立有效的沟通渠道和沟通机制对跨文化沟通具有重要作用。

发展有效地跨文化沟通机制应注意以下几点：一是沟通要注意场合、时间、地点，同时沟通者在沟通过程中应注意多种角色的转换，以协调缓和沟通气氛。二是注意克服沟通障碍。很多沟通问题是由于误解或信息传递不准确造成的，如果管理者在沟通过程中注意克服沟通障碍，就会减少这些问题的发生。三是注意沟通的全面性。国际企业不仅应加强与企业员工的沟通，还应积极与当地社会各阶层沟通交流，在社会慈善、用工制度、保护当地环境等领域以较高的标准要求自己，树立良好的企业形象，这也是强化沟通、化解跨文化风险的措施。

7. 对风险程度不同的国家制定差异化的进入策略和风险防范策略

发达国家与发展中国家的经营环境存在很大差异。在发达国家，商业环境一般较为规范，有严格的知识产权保护制度，重视法律作用和社会契约，各种中介组织在社会生活中发挥重要的作用。相反，在一些发展中国家，经营环境存在很大不确定性，社会生活缺乏明确的行为规范，商业活动与个人关系界限模糊不清。从国家角度看，不同国家文化差异冲突程度是不同的。如美国文化具有开放包容的特征，在美投资的外国企业面临的文化差异风险小，而有些国家市场相对封闭、民族主义倾向明显，对外来投资抵触情绪浓厚，文化差异风险大。例如，发生在南美地区的“国有化”浪潮。[①] 外国投资者在当地的资产业务被收归国有，这与南美国家民族主义情绪有很大关联性。

对外直接投资企业应针对不同国家的社会文化特点制定差异化的冲突应对策略。这一点对于中国海外投资企业来说尤其值得深思。国外普遍认为我国海外投资企业具有国有企业背景，东道国对来自中国的投资反应较为敏感，尤其是国有垄断大企业的投资，这些投资可能涉及战略性资源（如石油、矿山等），国有企业的背景加上战略性资源，往往会引起有关部门的关注，加上国外带有偏见性的舆论导向，海外反应有时表现过于激烈。面对不和谐的声音，中国投资方需要认真对待，采取一些灵活措施，应对挑战。例如，在市场进入方式上，国际直接投资企业可以采用新建和并购两种方式，两种方式各有特点，在应对跨文化风险方面存在差异。采用跨国并购方式进行投资时，目标企业的管理架构和企业文化能够得以保留，因此能够较好地适应东道国的文化环境，但是存在母公司和子公司之间在管理体制、企业文化等方面的磨合问题，而且可能由于信息不对称导致文化风险。相较而言，新建方式可以通过管理机制设计与人事安排等手段减少文化差异风险，保证母子公司间信息畅通，但新建企业是否适应东道国的经营环境则有很大不确定性。因此，从跨文化风险管理角度来看，在选择市场进入方式时，应重点考虑进入模式与东道国文化环境的适应性问题。如果选择合资方式，那么在股权安排上，对海外投资的股权要求不必绝对以获得股权或控股权为最高目标，可以考虑以获取资源能源的稳定供应权益为底线，以减少东道国的民族抵触情绪等所带来的风险。在进入时机上，尽量安排在国际环境友好的气氛下进行，积极与对方沟通，获得对方的理解，在公关安排上坚持低调，不宜大张旗鼓的宣传，过分宣扬在民族主义情绪高涨的国

① 南美国家将能源、电信等部门收归国有。2011 年厄瓜多尔将美国能源发展公司在厄瓜多尔的分公司收归国有。2012 年玻利维亚总统莫拉莱斯宣布对西班牙电网集团所属的玻利维亚国家电网公司实行国有化政策。同年，阿根廷总统克里斯蒂娜签署法令，宣布对西班牙雷普索尔公司控股的阿根廷石油企业 YPF 公司实施国有化。

家会适得其反。另外，应注意制定有针对性的风险防范策略。从事跨国经营的中国企业可以根据需要设置风险管理部门，制定风险战略管理计划，选择合适的风险控制工具，制定有针对性地的跨文化风险管理策略。例如，管理风格、方法或技能方面的冲突可以通过互相传授和学习来克服，改变较易；生活习惯和风俗习惯的冲突可以通过文化交流来解决，但需要较长时间；而人们基本价值观念的差异往往较难改变，这就需要跨国企业对内部员工进行文化整合与一体化，在求同存异的基础上达到企业内部价值观的一致。

8. 积极履行企业社会责任，主动融入当地社会，推动对外直接投资持续发展

企业社会责任是指在市场经济条件下，企业在追求股东利润最大化的同时，还应承担对员工、消费者、社区以及政府和整个社会的一系列利益相关者的社会责任义务。20 世纪 80 年代企业社会责任观念开始在欧美国家兴起，并逐渐演变成企业社会责任运动。企业社会责任对对外直接投资的积极意义主要表现为：企业社会责任有利于对外直接投资企业树立良好的企业形象，提高和扩大企业的知名度；企业社会责任有利于对外直接投资企业更好地融入当地社会文化环境，从而弥补因社会文化差异形成的企业陌生感，促进双方相互了解，增强异域文化的认同感，提高企业形象和认知度，化解文化差异风险；企业积极履行社会责任能够取得东道国政府、社会组织、公众的好感，消除误会，排除矛盾，促进各方关系和谐发展，为国际直接投资活动创造有利条件。为此，对外直接投资企业可以采取以下措施，以推动对外直接投资持续和良性发展。

（1）牢固树立企业社会责任意识。

企业社会责任理念是企业生产经营活动的战略指导思想，是具有现代意识的企业经营哲学。目前，国际企业包括国际知名的跨国公司在履行社会责任方面存在这样或那样问题，说明企业社会责任还未成为国际企业的自觉行动，企业尚未形成重视社会责任的自觉意识，以至于企业的股东和经营管理者也未形成一套体现社会责任的规范和行为准则。对此，应加强对企业管理者的社会责任意识培训，使企业家充分认识企业与社会的关系，理解企业经济责任与社会责任的关系，认识企业履行社会责任的重要意义，树立正确的社会责任观和使命感。国际企业要推进对外直接投资的健康发展，必须牢固树立企业的社会责任理念，强化企业社会责任意识。当企业生产经营活动对公众和环境等产生不利影响时，要有勇于承担社会责任，积极消除那些由自身行为引起的不良社会影响，求得企业自身长远发展。

其次，加强企业社会责任舆论宣传，营造推进企业履行社会责任的氛围。要充分利用媒介舆论，引导企业和公众对“企业社会责任”问题给予重视和思考，使企业在创造利润的过程中不忽视社会责任问题；同时，加大对社会责任的研究力度，强化企业自身的社会责任，建立社会责任长效机制，完善企业社会责任治理机构。

（2）增加社会责任投入，改善生产经营条件。

第一，增加投入改善员工工作环境和生活条件。企业社会责任首先表现在企业管理者对职工身心健康的关注、员工工作生活条件的改善等方面，这不仅关系到企业长久持续健康发展，而且关系到社会的发展与稳定。为应对国际社会对企业社会责任标准的要求，也为积极贯彻以人为本和构建和谐社会的号召，国际企业应主动加大生产设施、生活设施资金投入，积极改善员工工作生活条件。

第二，加大环境保护资金投入力度，承担保护环境和维护自然社会和谐的责任。针对环境破坏严重、环保投入资金不足的问题，国际企业特别是对环境危害较严重的矿山、造纸、化工等相关企业，应严格遵守东道国的法律法规，增加环保投入，引进环保设施，提升环保标准，减少对环境的污染，真正承担起保护环境的社会责任。

第三，主动投身社会责任事业，提升履行企业社会责任意愿。企业应该严格遵循与维护诚信的基本道德法则与商业社会的契约精神，诚实为本，文明经营。要始终坚持与合作伙伴、供应商之间形成平等互利、合作共赢的伙伴关系；遵守国家关于公平竞争、反垄断和消费者权益保护方面法律法规，维护公平交易和公平竞争，反对任何不正当竞争的手段；积极促进当地社区就业，努力拉动当地经济的发展，为当地经济社会做贡献；积极捐助参加当地教育、卫生、医疗、养老等社会公益事业，建立和谐社区，尊重文化的多样性。

（3）增强企业承担社会责任的实力。

承担社会责任需增加投入，短期内影响企业的利润水平，特别是对于中国企业来说，由于我国推进市场经济时间较短，国内企业存在规模偏小、实力较弱、社会责任承担能力不足问题。为此，需要不断深化改革，提升企业竞争力，增强企业承担社会责任的实力。首先，加快现代企业制度建设，不断完善和强化内部管理，提升企业获利能力，创造更多的利润。利润多了企业承担社会责任的实力自然增强了。其次，抓住政府深化改革的机遇，通过兼并收购等战略性重组，壮大企业自身实力，增强企业在市场中的竞争力。最后，要完善公司治理结构。如在公司董事会内吸收更多的外部董事，以代表利益相关者的多元化利益，选配企业社会责任感较强的管理人才担任要职，在坚持依法诚信经营的前提下，不断提高经营业绩，增强企业持续发展的后劲。

值得强调的是企业承担社会责任固然要增加投入，短期内可能影响企业利润，但从长远来说，企业增加社会责任投入，有利于促进相关企业改善劳工的基本生产和生活条件、加强安全生产管理、加强环境保护，使企业的生产活动建立在可持续发展基础之上。而且，企业承担相应的社会责任与追求利润最大化之间并非是矛盾的。那些在市场竞争中自觉承担相应社会责任的企业，在社会公众中容易获得更高的信任度，有助于树立良好的企业形象，其产品和服务对消费者具有更大的吸引力，从而有助于增强企业的长远发展能力。

参考文献

[1] 陈红儿，孙卫芳．跨国公司跨文化管理研究综述 [J]．湖北经济学院学报，2007 (7)：23 - 27.

[2] 陈晓萍．跨文化管理 [M]．北京：清华大学出版社，2009.

[3] 崔家玉．中国对外直接投资动因 [J]．大连海事大学学报：社科版，2010 (9)：12 - 14.

[4] 崔钦清．关于文化差异如何影响 FDI 进入模式的文献综述 [J]．消费导刊，2008 (11)：229 - 230.

[5] 杜凯，周勤．中国对外直接投资：贸易壁垒引发的跨越行为 [J]．南开经济研究，2010 (2)：44 - 63.

[6] 顾卫平，薛求知．论跨国并购中的文化整合 [J]．外国经济与管理，2004 (4)：2 - 7.

[7] 郭晓玲．中国企业跨国经营中的文化风险控制 [J]．中国集体经济，2010 (8)：75 - 76.

[8] 何超华．跨国并购中的企业文化整合模式：理论与运用 [J]．商业研究，2005 (1)：155 - 157.

[9] 何伟，冯春丽．跨国公司进入模式与技术转移：模型分析与政策启示 [J]．世界经济研究，2005 (2)：67 - 71.

[10] 胡麦秀，薛求知．技术环境壁垒与企业的最佳投资模式选择——绿地投资还是跨国并购 [J]．经济管理，2007 (23)：44 - 49.

[11] 李倩倩，薛求知．文化因素对跨国经营的分层影响机制研究 [J]．兰州学刊，2010 (9)：70 - 73.

[12] 刘兴亚，李湘宁等．资产专用性、文化差异与外资进入模式选择 [J]．金融研究，2009 (3)：72 - 84.

[13] 鲁桐，李朝明．温州民企国际化 [J]．世界经济，2003 (5)：55 - 63.

[14] 孟凡松．西方跨文化管理研究述评［J］．商业经济，2010（8）：31－33.

[15] 牛力娟，周淼．中国企业跨国并购中文化整合模式的选择与启示——以联想集团并购IBM个人电脑事业部为例［J］．云南财经大学学报，2006（4）：103－107.

[16] 潘镇，鲁明泓．外商在华直接投资进入模式选择的文化解释［J］．世界经济，2006（2）：51－61.

[17] 彭汉香．文化差异与管理差异［M］．上海：上海财经大学出版社，2010.

[18] 孙国辉．国际商务管理［M］．北京：清华大学出版社，2007.

[19] 王朝晖．跨文化管理［M］．北京：北京大学出版社，2009.

[20] 王俊．文化差异与跨国公司在华投资的独资化倾向［J］．国际贸易问题，2007（12）：99－105.

[21] 文余源．FDI理论与区位决策述评［J］．地理科学进展，2008（3）：60－73.

[22] 吴静芳，陈俊颖．影响我国企业跨国并购因素的实证分析——基于2000～2005年上市公司并购案例［J］．上海经济研究，2008（4）：33－40.

[23] 伍德里奇．横截面与面板数据的经济计量分析［M］．王忠玉译．北京：中国人民大学出版社，2009.

[24] 冼国明，杨锐．技术积累、竞争策略与发展中国家对外直接投资［J］．经济研究，1998（11）：56－63.

[25] 许晖．中国企业拓展国际市场的模式与策略研究——以荷兰中资企业的实证分析为例［J］．南开管理评论，2003（1）：26－30.

[26] 宴国祥．国际营销中文化差异性研究［J］．北京工业大学学报：社科版，2006（3）：34－40.

[27] 杨泉．跨国企业中的跨文化管理［J］．中国人力资源开发，2002（3）：22－24.

[28] 姚战琪．金融部门FDI和金融服务贸易理论与实证分析［J］．财贸经济，2006（10）：10－15.

[29] 姚战琪．跨国并购与新建投资——作为跨国公司进入方式选

择理论的最新进展 [J]. 财贸经济, 2004 (1): 74-79.

[30] 张海东. 国际商务管理 [M]. 上海: 上海财经大学出版社, 2009.

[31] 张一弛. 我国两岸三地对美直接投资的进入模式: 一向基于数据的分析报告 [J]. 管理世界, 2003 (10): 33-39.

[32] 赵曙明. 国际企业管理: 文化、战略与行为 [M]. 程德俊译. 北京: 机械工业出版社, 2009.

[33] 周长辉, 张一驰等. 中国企业对外直接投资驱动力与进入模式研究的理论探索: 一个整合性框架 [J]. 南大商学评论, 2005 (4): 149-161.

[34] 周江. 国际商务中文化差异维度理论模型综述 [J]. 商场现代化, 2005 (1): 155-157.

[35] 周凌霄. 东道国文化环境对跨国公司对外投资行为的影响 [J]. 亚太经济, 2007 (1): 125-128.

[36] 朱狄. 信仰时代的文明: 中西文化的趋同与差异 [M]. 北京: 中国青年出版社, 1999.

[37] 庄恩平. 东西方文化差异与对外交流 [M]. 上海: 华东理工大学出版社, 1998.

[38] Arjun Bhardwaj, Joerg Dietz, Paul W. Beamish. Host Country Cultural Influences on Foreign Direct Investment [J]. Management International Review, 2007, 47 (1): 29-50.

[39] Barkema, H. G., Vermeulen, F.. What Differences in the Cultural Backgrounds of Partners are Detrimental for International Joint Ventures? [J]. Journal of International Business Studies, 1997, 28 (4): 845-864.

[40] Björn Ambos, Bodo B. Schlegelmilch. Innovation in Multinational Firms: Does Cultural Fit Enhance Performance? [J]. Management International Review, 2008, 48 (2): 189-206.

[41] Buono, Anthony F., James L. Bowditch & J. Lewis, J.. When Cultures Collide: The Anatomy of A Merger [J]. Human Relations, 1985, 38: 477-500.

[42] Cartwright, S. & C. L. Cooper. The Role of Cultural Compatibility in Successful Organizational Marriage [J]. Management Executive, 1993

(7): 57 -70.

[43] Chatterjee Michael H. Lubatkin, David M. Schweiger & Yaakov Weber, Y.. Cultural Differences and Shareholder Value in Related Mergers: Linking Equity and Human Capital [J]. Strategic Management Journal, 1992 (13): 319 -34.

[44] Daniel R. Denison, A K. Mishra. Toward a Theory of Organizational Culture and Effectiveness [J]. Organization Science. 1995, 6 (2): 204 -223.

[45] Davidson, William H.. The Location of Foreign Direct Investment Activity: Country Characteristics and Experience Effects [J]. Journal of International Business Studies, 1980, 12 (Fall): 9 -22.

[46] Davidson, W. H.. Market Similarity and Market Selection: Implications for International Marketing Strategy [J]. Journal of Business Research 1983, 11 (4): 439 -56.

[47] Dunning, J. H., Bansal, S. H.. The Cultural Sensitivity of the Eclectic Paradigm [J]. Multinational Business Review, 1997, 5 (1): 1 -16.

[48] Eckbo, B. Horizontal Mergers, Collusion and Stockholder Wealth [J]. Journal of Financial Economics, 1983, 11 (1): 241 -273.

[49] Ekeledo, I, Sivakumar K.. Foreign Market Entry Mode Choice of Service Firms: A Contingency Perspective [J]. Journal of Academy Market Science, 1998, 26 (Fall): 274 -92.

[50] Hennart, J. F., Larimo, J. The Impact of Culture on the Strategy of Multinational Enterprises: Does National Origin Affect Ownership Decisions? [J]. Journal of International Business Studies, 1998, (3): 515 -538.

[51] Hill, Charles W. L., Peter Hwang, and W. Chan Kim. An Eclectic Theory of the Choice of International Entry Mode [J]. Strategic Management Journal 1990 (18): 117 -28.

[52] Hofstede, Bram Neuijen & Geert Sanders. Measuring Organizational Cultures: A Qualitative and Quantitative Study Across Twenty Cases [J]. Administrative Science Quarterly, 1990 (35): 286 -316.

[53] Hofstede, G., Bond, M. H.. The Confucius Connection: From Cultural Roots to Economic Growth [J]. Organizational Dynamics, 1998, 16

(4): 5 -21.

[54] Jones, G. K, Teegen, H. J. Global R&D Activity of U. S. MNCs: Does National Culture Affect Investment Decisions? [J]. Multinational Business Review, 2001, 9 (2): 1 -7.

[55] Jones, G. K., Davis, H. J. National Culture and Innovation: Implications for Locating Global R&D Operations [J]. Management International Review, 2000, 40 (1): 11 -39.

[56] Jones, G. K., Davis, H. K.. National Culture and Innovation: Implication for Locating Global R&D Operations [J]. Management International Review, 2000, 40 (1): 11 -39.

[57] Keith D., Brouthers et al. Explaining the National Cultural Distance Paradox [J]. Journal of International Business Studies, 2001, 32: 177 -189.

[58] Kirkman, B. L., K. B. Lowe, and C. B. Gibson. A Quarter Century of Culture's Consequences: A Review of Empirical Research Incorporating Hofstede's Cultural Value Framework [J]. Journal of International Business Studies, 2006, 37: 285 -320.

[59] Kogut, B. and H. Singh. The Effect of National Culture On The Choice Of Entry Mode [J]. Journal of International Business Studies, 1988, 19: 411 -432.

[60] Lane, Henry W., Paul W. Beamish. Cross-cultural Cooperative Behavior in Joint Ventures in LDCs [J]. Management International Review, 1990, Special Issue: 87 -102.

[61] Lee H - S, Shenkar O, Li J.. Cultural Distance, Investment Flow, and Control in Cross-border Cooperation [J]. Strategic Management Journal, 2008, 29 (10): 1117 -25.

[62] Lincoln, J. R., M. Hanada & J. Olson. Cultural Orientations and Individual Reactions to Organizations: A Study of Employees of Japanese-owned Firms [J]. Administrative Science Quarterly, 1981, 25: 93 -115.

[63] Loree & S. Guisinger. Policy and Non - Policy Determinants of U. S. Equity Foreign Direct Investmen [J]. Journal of International Business Studies, 1995, 26: 281 -299.

[64] Metters, R.. A Case Study of National Culture and Offshoring Services [J]. International Journal of Operations & Production Management. 2008, 28 (8): 727 -747.

[65] Mitra D, Golder P.. Whose Culture Matters? Near-market Knowledge and its Impact on Foreign Market Entry Timing [J]. Journal of Marketing Research, 2002, 39 (3): 350 -65.

[66] Morosini, Piero., Harbir Singh. Post Cross-border Acquisitions: Implementing National Culture Compatible Strategies to Improve Performance [J]. European Management Journal, 1994, 12 (4): 390 -400.

[67] Morosini, Piero. Managing Cultural Differences: Effective Strategy and Execution across Cultures in Global Corporate Alliances [M]. Oxford, UK: Pergamon Press, 1998.

[68] Papadopoulos N, Chen H., Thomas DR. Toward a Tradeoff Model for International Market Selection [J]. International Business Review, 2002, 11 (2): 165 -92.

[69] Piero Morosini., Scott Shane., Harbir Singh. National Cultural Distance and Cross - Border Acquisition Performance [J]. Journal of International Business Studies, 1998, 29 (1): 137 -158.

[70] Puxty, A. G.. Some Evidence Concerning Cultural Differentials in Ownership Policies of Overseas Subsidiaries [J]. Management International Review, 1979, 19: 39 -50.

[71] P. Buckley., L. J. Clegg et al. The Determinants of Chinese Outward Foreign Direct Investment [J]. Journal of International Business Studies, 2007, 38 (2): 499 -518.

[72] Robert Grosse and Len J. Trevino. Foreign Direct Investment in the United States: An Analysis by Country of Origin [J]. Journal of International Business Studies, 1996, 27 (1): 139 -155.

[73] Rothaermel F. et al. International Market Entry by U. S. Internet Firms: An Empirical Analysis of Country Risk, National Culture, and Market Size [J]. Journal of Management, 2006, 32 (1): 56 -82.

[74] Scott A. Shane. The Effect of Cultural Difference in Perceptions of Transactions Costs on National Differences in the Preference for International

joint Ventures [J]. Asia Pacific Journal of Management. 1995, 10 (1): 57 -69.

[75] Shenkar, O.. Cultural Distance Revisited: Towards a More Rigorous Conceptualization and Measurement of Cultural Differences [J]. Journal of International Business Studies, 2001, 32: 519 -535.

[76] Sidney J. Gray, Youngok Kim, The Impact of Entry Mode Choice on Foreign Affiliate Performance: The Case of Foreign MNEs in South Korea [J]. Management International Review, 2008 (2): 165 -188.

[77] Sivakumar, K. /Nakata, C.. The Stampede Toward Hofstede's Framework: Avoiding the Sample Design Pit in Cross - Cultural Research [J]. Journal of International Business Studies, 2001, 32 (3): 555 -574.

[78] Slangen A. J. , Hennart J - F. Do Multinationals Really Prefer to Enter Culturally Distant Countries through Greenfields rather than Through Acquisitions? The Role of Parent Experience and Subsidiary Autonomy [J]. Journal of International Business Studies, 2008, 39 (3): 472 -90.

[79] S. Malhotra et al. A Comparative Analysis of the Role of National Culture on Foreign Market Acquisitions by U. S. Firms and Firms from Emerging Countries [J]. Journal of Business Research, 2010, 63 (8): 9 -18.

[80] Tihanyi, L. , D. A. Griffith, and C. J. Russell. The Effect of Cultural Distance on Entry Mode Choice, International Diversification, and MNE performance: A Meta - Analysis [J]. Journal of International Business Studies, 2005, (36): 270 -283.

[81] Wilkins, A. and W. G. Ouchi. Efficient Cultures: Exploring the Relationship between Culture and Organizational Performance [J]. Administrative Science Quarterly, 1983, 28: 468 -481.